"十三五"普通高等教育本科部委级规划教材

品牌管理与营销

BRAND MANAGEMENT AND MARKETING

李 喆 刘 华 | 编著

中国纺织出版社有限公司

内 容 提 要

本书为"十三五"普通高等教育本科部委级规划教材。

本书为关于时尚品牌、奢侈品品牌、生活方式品牌的管理与市场营销的指导性用书，介绍了时尚产业中品牌管理与营销的重要理论概念、构成框架、驱动因素和分析模型，并阐述了在全球时尚与零售业中这些理论的实际运用与操作流程。通过解读分析来自时尚品牌、奢侈品品牌与生活方式品牌零售企业的丰富案例，使学生了解品牌管理与营销的全过程，内容由浅入深，图文并茂。

本书既可作为高等院校时尚专业教材，也可作为时尚行业从业人员学习的参考用书。

图书在版编目（CIP）数据

品牌管理与营销/李喆，刘华编著 . --北京：中国纺织出版社有限公司，2019.9
"十三五"普通高等教育本科部委级规划教材
ISBN 978-7-5180-6323-9

Ⅰ. ①品…　Ⅱ. ①李… ②刘…　Ⅲ. ①品牌—企业管理—高等学校—教材 ②品牌营销—高等学校—教材
Ⅳ. ①F273.2 ②F713.3

中国版本图书馆 CIP 数据核字（2019）第 123897 号

策划编辑：魏 萌　　特约编辑：李海江
责任校对：楼旭红　　责任印制：王艳丽

中国纺织出版社有限公司出版发行
地址：北京市朝阳区百子湾东里 A407 号楼　邮政编码：100124
销售电话：010—67004422　传真：010—87155801
http://www.c-textilep.com
E-mail：faxing@ c-textilep.com
中国纺织出版社天猫旗舰店
官方微博 http://weibo.com/2119887771
北京玺诚印务有限公司印刷　各地新华书店经销
2019 年 9 月第 1 版第 1 次印刷
开本：787×1092　1/16　印张：13.25
字数：238 千字　定价：49.80 元

前言

在经济全球化的背景下，消费者对于跨文化跨地域的产品与服务的认知及购买与消费行为与日俱增。因此，时尚产业品牌管理与品牌营销策略对于品牌与企业的发展有着举足轻重的作用。

本书作为"十三五"普通高等教育本科部委级规划教材，是为了满足时尚产业品牌管理与营销教学与实践的需求，对时尚产业品牌管理与营销在互联网时代的理论探索与实践指导进行的一次尝试。本书主要以时尚品牌、奢侈品品牌、生活方式品牌三个篇章为切入点，围绕时尚产业品牌管理与营销策略，结合设计与产品研发中的许多战略性与创新性决策，为时尚与市场架起了一座桥梁。品牌管理与营销在时尚产业的每个环节都发挥着作用，从产品的研发到终端零售都产生影响，无论是在高端定制、奢侈品品牌或者设计师品牌中的作用，还是在高街品牌与快时尚品牌中都起着同样的作用。本书希望为读者建立商业目标、品牌价值、企业架构及消费者需求之间的整体联系。因品牌管理与营销课程体系系统性较强，还需进一步完善专业理论体系和实践案例，本书描述不尽之处还望读者见谅。

本书由李喆、刘华共同编著，李喆负责编写第一篇与第二篇，刘华负责编写第三篇。王妍云、朱靓云、叶心尧、周阳阳、戎亚维对全书图片与文字资料进行编辑、整理，全书由李喆进行修改统稿。

感谢"北京服装学院高水平教师队伍建设专项资金"支持（项目编号：BIFTBJ201802），感谢对此书提供帮助付出辛苦的同仁们！

由于编者的理论水平及实践经验所限，不足之处在所难免，敬请各位同仁及读者批评指正。

编者
2019 年 1 月

教学内容及课时安排

章/课时	课程性质/课时	节	课程内容
第一章/2	基础理论/24	●	时尚与时尚品牌
		一	时尚与时尚品牌的含义
		二	时尚品牌的生命周期
第二章/6		●	时尚品牌管理
		一	时尚品牌管理概述
		二	时尚品牌管理的企业组织
		三	时尚品牌管理的流程
		四	时尚品牌管理的误区
第三章/4		●	时尚品牌定位
		一	时尚品牌定位概述
		二	时尚品牌定位步骤
		三	时尚品牌差异化定位方法
第四章/4		●	时尚品牌营销策略
		一	时尚品牌的消费特性
		二	时尚品牌的体验营销
		三	时尚品牌的社交媒体营销
第五章/4		●	时尚品牌危机管理
		一	时尚品牌危机的类型
		二	时尚品牌危机处理内容
		三	时尚品牌危机处理实操
第六章/4		●	提升时尚品牌价值
		一	时尚品牌延伸概述
		二	时尚品牌的层级策略
		三	快速消费品时代的中国时尚品牌
第七章/4	理论应用与实训/8	●	时尚品牌的全球化战略
		一	国外时尚品牌如何适应中国市场
		二	中国时尚品牌如何进入国际市场
第八章/4		●	时尚买手管理
		一	时尚买手需具备的能力
		二	时尚买手的未来发展

章/课时	课程性质/课时	节	课程内容
第九章/4	基础理论/20	●	奢侈品与奢侈品品牌
		一	关于奢侈品的本质
		二	从奢侈品到奢侈品品牌
第十章/4		●	奢侈品的艺术性与商业性
		一	奢侈品与艺术家合作
		二	奢侈品大秀
		三	奢侈品展览
		四	奢侈品博物馆
		五	奢侈品艺术性与商业性的关系
第十一章/4		●	奢侈品品牌管理
		一	奢侈品品牌管理概述
		二	奢侈品品牌管理模式
		三	奢侈品品牌管理存在的问题
第十二章/4		●	奢侈品品牌定位
		一	奢侈品行业细分
		二	奢侈品品牌商业模式
第十三章/4		●	奢侈品品牌延伸
		一	奢侈品品牌延伸模型
		二	奢侈品品牌延伸的策略
		三	奢侈品品牌延伸的风险
第十四章/4	理论应用与实训/12	●	奢侈品品牌营销
		一	奢侈品品牌媒体营销
		二	奢侈品品牌故事营销
		三	奢侈品品牌视觉营销
		四	奢侈品品牌体验营销
		五	奢侈品品牌跨界营销
第十五章/4		●	奢侈品品牌危机管理
		一	奢侈品品牌危机类型
		二	奢侈品品牌危机预警
		三	奢侈品品牌危机应对策略
第十六章/4		●	奢侈品品牌本土化策略
		一	国外奢侈品品牌在中国的发展策略
		二	中国本土奢侈品未来的发展方向
		三	中国本土奢侈品品牌的潜在挑战

章/课时	课程性质/课时	节	课程内容
第十七章/4	基础理论/8	●	生活方式与生活方式品牌
		一	什么是生活方式
		二	生活方式品牌与非生活方式品牌
第十八章/4		●	生活方式品牌模型
		一	生活方式品牌的消费需求模型
		二	生活方式品牌的市场潜力模型
		三	生活方式品牌理念模型
第十九章/4	理论应用与实训/8	●	生活方式品牌营销案例
		一	欧美生活方式品牌
		二	日本生活方式品牌
		三	中国生活方式品牌
第二十章/4		●	生活方式与时尚、奢侈品的关系
		一	生活方式与时尚的关系
		二	生活方式与奢侈品的关系

注 各院校可根据自身的教学特点和教学计划对课程时数进行调整。

目录

第二篇　奢侈篇

第一篇 时尚篇

时尚与时尚品牌

课题名称： 时尚与时尚品牌

课题内容： 时尚与时尚品牌的含义

时尚品牌的生命周期

课题时间： 2 课时

教学目的： 本章的教学目的是掌握时尚与时尚品牌的定义与内涵，通过分析时尚品牌构成要素、品牌价值等一般知识进一步阐释时尚品牌的分类。在此基础上学习时尚品牌的生命周期四个阶段的特征及规律，进而理解时尚品牌对于企业发展的重要作用。

教学方式： 讲授教学

教学要求： 1. 使学生理解时尚的含义以及由来。

2. 使学生掌握时尚品牌的含义与分类。

3. 使学生理解欧洲、美国与日本时尚品牌生命周期规律及特征。

4. 使学生理解时尚品牌的作用。

课前/后准备： 通过文献检索与资料查询，整理时尚产业的发展脉络，厘清时尚与品牌关系。

第一章　时尚与时尚品牌

  每个人对时尚的理解不同，有人认为时尚即是简单，与其奢华浪费，不如朴素节俭；有人认为时尚只是为了标新立异。现实中很多与时尚不同步的人被指为老土、落伍；其实，对时尚的理解有一个人为的相对标准，因为是相对的，所以有其适用范围，对一些人来说是时尚的，对另一些人来说可以不是，如果时尚这个词被理解为绝对标准那就无法解释。比如，很多时尚达人都有帆布情结，喜欢帆布生活，喜欢的是一种简约、自由和随性的生活态度。随着城市白领阶层的压力越来越大，象征挣脱束缚、享受自由的帆布生活得到更多人的喜欢。

  时尚与跟风相近却有性质上的区别，有人说时尚的特点就是轮回，所以时尚不会定性在某个年代，却有那个年代的标志，但是，时尚不是随波逐流。时尚也不是一味的抄袭明星达人，而是穿着得体适合自己，所以想要了解时尚，先要了解自身。

第一节　时尚与时尚品牌的含义

一、时尚的含义

  时尚，源自"fashion"，是个地地道道的舶来词。时尚的释译有很多种："Fad：时尚，一时流行狂热，一时的爱好。""mode：方式，模式，时尚。""style：风格，时尚法，文体，风度，类型，字体"。"vogue：时尚，时髦，流行，风行""Fashion：样式，方式，流行，风尚，时样。""Trend：趋势，倾向"。时尚就是前沿、先锋、革命，潮流就是风气、推崇、拥戴。从古至今，时尚一直流行于世。它存于每个人的生活中，它挂在众人的嘴边，我们甚至可以说，时尚，影响着每个人以及每个人生活的方方面面。

  顾名思义，时尚就是"时间"与"崇尚"的相加。"时尚"一定是符合以下三个要素的，并且很简单的符合，不需要把它复杂化，即符合时代感、有一定的流行度和受众群体以及不断变化的。在这个极简化的意义上，时尚就是短时间里一些人所崇尚的生活。这种时尚涉及生活的各个方面，如衣着打扮、饮食、行为、居住、甚至情感表达与思考方式等。很多人会把时尚与流行相提并论，其实并不如此。简单地说，时尚可以流行，但范围是十分有限的，如果广为流行只是"初级阶段"，而它的至臻境界应该是从一拨一拨的时尚潮流中抽丝剥茧，萃取出它的本质和真义，来丰富自己的审美与品位，来打造专属自己的美丽"模板"。追求时尚不在于被动的追随而在于理智而熟练的驾驭。总之，时尚是个包罗万象的概念，它的触角深入生活的方方面面，人们一直对它争论不休。不过一般来说，时尚带给人的是一种愉悦的心情和优雅、纯粹与不凡感受，赋予人们不同的气质和神韵，能体现不凡的生活品位，精致、展露个性。同时我们也意识到，人类对时尚的追求，促进了人类生活更加美好，无论是精神的还是物质的。

时尚是一个时期的流行风气与社会环境，时尚引领潮流，是流行文化的表现。时尚的事物可以指任何生活中的事物，例如时尚发型、时尚人物、时尚生活、潮流品牌、潮流服饰等。一个时期内社会环境崇尚的流行文化，特点是年轻、个性、多变以及公众认同和仿效。

二、时尚品牌的含义

一般认为，品牌是一种商品区别于另一种商品的标志，是商品独特个性的代表。随着某种商品逐渐受消费者的喜爱，其品牌也越来越受人们的欢迎。品牌已不仅仅是代表一个产品的符号，而是体现了产品的内在价值。良好的品牌声誉是企业最重要的无形资产。由此，我们认为时尚品牌是由时尚和品牌组成的简单名称，品牌的成就与时尚密不可分。因此，一般认为销售好的品牌都可以称之为时尚品牌。

在现今的品牌市场，大致可将品牌分为三大阵营：

第一类是以奢侈品集团掌舵的奢侈类时尚品牌，他们的竞争者已经不是广义上的大众时尚品牌，而早已将目标锁定为顶级奢侈品品牌。每年路易·威登（Louis Vuitton）、迪奥（Dior）、香奈儿（CHANEL）、爱马仕（HERMÈS）的首饰、手表都在大规模地瓜分原本属于诸如卡地亚（Cartier）、宝格丽（BVLGARI）、萧邦（Chopard）的市场份额。虽然奢侈类时尚品牌是以高级时装发家，但是如今他们对配饰设计的重视可见一斑，爱马仕（HERMÈS）的珠宝系列，如珐琅手镯与珐琅吊坠，无论是做工的精良与外观的设计都不亚于宝格丽（BVLGARI）的首饰。

第二类则被称为零售类时尚品牌，而这类时尚品牌现在早些年间大规模地侵占中国市场，他们具有一流的设计理念和市场运作。作为世界三大零售时尚巨头的 ZARA、H&M、C&A 在入驻上海不足两年的时间内，就抢占了原本属于本地及香港时尚品牌的至少60%的市场份额。而当众多国内品牌尚未重视配饰的生产与设计时，ZARA 和 H&M 却以设计出众、价格低廉的配饰深得消费者的垂青，甚至在门店中专门划分了属于配饰的销售区。随着，年轻一代对于时尚品消费需求的日益增强，时尚业开始成为商家们都想瓜分的一片沃土。而在近两年，我国的国产品牌开始兴起，中国时尚产业也在迅速萌发，与以往不同中国品牌也越来越重视原创设计，重视品牌价值，对时尚的感悟也是越来越深，如国产运动品牌李宁，在2018年似乎有卷土重来之势，推出"李宁悟道"系列，宣扬了中国文化、中国设计，深受年轻人的喜爱，也摒弃了以往落伍的品牌形象。

第三类是近几年新兴的生活方式品牌，生活方式品牌的出现也是顺应了目前人们越来越不满足于只购买属于自己的商品，随着经济水平、国民生产总值的增高人们开始更加注重整个购物的体验过程，并且注重一站式购物，希望在一个品牌店能够置办包揽生活方方面面的物品。生活方式品牌不仅只限于服饰或首饰等。另外像前两类的品牌也开始争先抢占生活方式品牌的市场，ZARA HOME 的出现也是 ZARA 想要率先抢占这块新兴市场，还有无印良品、宜家等大众熟知的品牌现在在中国市场发展的也是风生水起。

第二节　时尚品牌的生命周期

随着社会经济的发展和生活水平的提高，消费者的品牌意识日益增强，越来越多的企业也已经意识到今天的市场竞争实质上就是品牌的竞争，只有依靠品牌才能创建持续的竞争优势。众所周知，产品有生命周期，而品牌也有生命周期，也有其内在的成长规律。那么对于时尚品牌的生命周期的研究就很有助于企业去更好的管理品牌，为品牌做一个更加准确的定位。

广义的品牌生命周期包括品牌法定生命周期和品牌市场生命周期。前者是指经过法律规定的程序，品牌在注册后受到法律保护的有效使用期，后者是指随着产品或企业进入市场，品牌从进入市场到退出市场的全过程。狭义的品牌生命周期特指品牌市场生命周期。信息时代瞬息万变，随着外部市场环境的变化，企业组织环境的调整，以及产品自身或其他因素的影响，品牌的诞生、崛起和消亡已成为一种常见的市场现象。品牌这种与其所代表的产品相异的市场生命活动规律，称为品牌生命周期（Brand Life Cycle，BLC）。

英国学者约翰·菲利普·琼斯对传统的品牌生命周期理论作了较为深入的实证研究，结果发现，传统的生命周期理论存在缺陷：品牌发展过程并不完全遵循成熟以后必衰退的规律。事实证明，时尚品牌的生命周期也不会随某一款产品的衰退而进入衰退期，而会随着品牌战略的调整形成扇形的生命周期。

根据欧洲、美国、日本等地区和国家时尚产业的发展历程，选取了每个阶段创建的典型品牌进行品牌生命周期研究，总结各国时尚品牌生命周期规律特征如下。

一、欧洲时尚品牌生命周期的规律特征

如今世界上知名度高、影响力大的欧洲品牌大多在产业发展早期诞生，以其悠久的历史和持续不断的创新力拥有众多忠诚顾客和稳定的市场地位。20 世纪 70 年代法国在世界时尚业地位确立后，大量品牌诞生，并借法国之名飞快发展。欧洲品牌均因出色、独特的产品设计进入并立足市场，既包括早期创建的香奈儿（CHANEL）、古琦（GUCCI）、迪奥（Dior）等品牌，也包括较晚诞生的范思哲（VERSACE）等品牌。

欧洲品牌的快速成长离不开大规模的国际市场扩张和公共关系活动（名人、明星效应、获奖、参加各国时装展）。如 1923 年创建的古琦（GUCCI）自 1953 年开始的 20 年时间里进行大规模市场扩张，同时利用好莱坞明星效应进行宣传，迅速成长为国际顶级时装品牌。1960 年创建的华伦天奴（VALENTINO）自 1980 年开始的 20 年时间里同样进行大规模的国际市场扩张，并借时尚媒体广泛宣传，参加各国时装展，很快成就了其国际时装品牌的市场地位。其中，欧洲时尚产业的国际地位令这些品牌的市场扩张变得较为容易。

早期创建的欧洲品牌在创建 50~60 年后进入第一次衰退期，原因主要是品牌创始人年迈或去世、家族企业内部矛盾、市场快速扩张以致管理失控。欧洲品牌的再循环均始于企业管理层组织结构的调整和重新定位，包括产品设计总监和品牌管理总监的更换、市场逐渐走向自营管理、新定位适应新需求。正如古琦（GUCCI）重整后，总监制定了企业的公关、品质、定位、理念。

如今，在欧洲，新兴品牌创建容易，有了更多更新的方式，如通过为明星定制服装，与强势品牌跨界合作，迅速跻身于世界一线时装品牌之列。

二、美国时尚品牌生命周期的规律特征

美国的知名时尚品牌主要诞生于第二次世界大战后的产业成长阶段，在产业保护政策支持下，法国品牌退出，大量美国品牌成长起来，并以技术革新和营销创新快速确立其市场地位。20 世纪 80 年代美国在世界时尚业地位确立后，大量品牌诞生，尤其出现众多设计型时装品牌，进一步稳固了美国的时尚业地位。

1853 年创建的美国时尚品牌如 Levi's，品牌诞生源于产品的独特设计，且受美国休闲文化环境的影响，产品的实用性是设计的主要方向。而第二次世界大战诞生的品牌如 GAP、Esprit 等，更多是因准确的市场定位和有效的营销策略而成功。第二次世界大战后，除大众成衣品牌外，也出现了很多风格独特的时装品牌，如 ANNA SUI、CALVIN KLEIN、DKNY 等，且随着美国在世界时尚业地位的确立，这些时装品牌很快取得了世界市场的认可。

美国品牌的快速成长源于对产品、品牌、市场的升级。多元化产品、产品创新、产品线延伸、国际市场开拓是品牌成长阶段的主要策略。如 1853 年诞生的 Levi's 在其品牌成长期依次推出了浅蓝色牛仔裤、麦穗色牛仔裤、水洗牛仔裤、穿洞破烂牛仔裤等新产品，每次新品的推出都能引领潮流，同时也打造了其行业领导者的地位。1969 年创建的 GAP 则是将高科技技术应用于销售终端管理，提高服务品质和效率，最终成为全球服装零售排行榜第一品牌。1981 年创建的 GUESS 将性感、前卫的品牌风格延伸到香水、箱包、手表等多个时尚领域，同时进行国际市场扩张，最终实现品牌快速成长。

美国品牌进入衰退期的主要原因是品牌老化、无法适应市场的变化。20 世纪 90 年代后美国市场变化快，无论是历史悠久的品牌还是新兴品牌，都因来不及应对而进入衰退

期。在度过短暂的衰退期后，美国品牌往往凭借重新定位、品牌形象更新、经营模式调整获得新生，进入再循环阶段。新兴品牌创建有了更多的选择，或者是独特的品牌风格设计，或者是创新的企业经营模式。

三、日本时尚品牌生命周期的规律特征

日本的知名时尚品牌主要诞生于 20 世纪 60~70 年代，这些品牌到 20 世纪 90 年代日本在世界时尚业地位确立后，市场地位更加稳固，且到今天，这些品牌依然是市场的主流品牌。

早期出现的品牌如 UNIQLO，利用创新的经营模式，在较好的品质和较低的价格之间，找到平衡，真正满足了大众消费者的服装需求，从而立足市场。早期出现的时装品牌如三宅一生，首先在欧洲市场以创新的产品设计创建品牌、提高知名度，欧洲丰富的时尚资源和规模的时装需求为这些品牌快速成长提供了良好环境。

日本时尚品牌的升级归功于 20 世纪 90 年代品牌大规模的市场扩张，由此日本服装品牌乃至日本时尚产业在国际市场的地位得到了全面提升。早期创建的品牌在 2000 年后逐渐进入缓慢发展期或衰退期，原因主要是在面临新的市场需求和竞争环境时没有及时调整企业战略所致。

新兴的时尚品牌以特色的产品风格而立足市场，20 世纪 90 年代日本在世界时尚业地位确立后，这些品牌在国际市场尤其是亚洲市场得到了快速的认可。

在对各国时尚业进行阶段划分、品牌梳理后，根据每个品牌的发展特点对品牌进行阶段性划分发现，时尚品牌生命周期大致分为孕育形成阶段、快速成长阶段、缓慢发展或衰退阶段、再循环阶段。

孕育形成阶段既是一个品牌寻找方向、明确定位的阶段，也是品牌的积累阶段。各国时尚产业发展早期创建的品牌最初都是始于一家店铺，店铺的风格、定位逐渐清晰，得到认可，知名度提高，同时利润增加，为下一阶段的发展积累了充足的资金。这些品牌的孕育形成阶段持续较久，约 20~30 年时间，因此，这一阶段不仅积累了资金，同时也扎实了企业基础。各国时尚产业的国际地位确立后创建的时尚品牌，在创建之初往往经历了精心策划，确定定位然后才开始经营企业。对于这些新兴品牌，孕育形成阶段是品牌传达定位、建立知名度、打开市场的阶段。由于前期资金储备，这一阶段往往大力进行品牌推广，品牌打开市场在时间上缩短很多，这一阶段往往持续 3~5 年，但是这类品牌往往第二阶段品牌发展动力不足。

快速成长阶段是品牌有形资产和无形资产快速增长的阶段。市场扩张是推动服装品牌快速成长的主要战略。但是，市场扩张对品牌成长推动作用的大小，取决于经历第一阶段后品牌自身的发展动力，如同人的生命力。根据结构主义思想，市场扩张是品牌外结构发生的变化，它能发挥多大作用取决于品牌内结构的特征。若品牌内结构的复杂度能适应外结构的变化，品牌发展动力足够，那么市场扩张战略必然大幅推动品牌快速成

长。反之，则不然。纵观历史，经历了 20~30 年，甚至更久的孕育期的时尚品牌，往往发展动力充足，在创建国际市场知名度、打开国际市场，以致确立市场地位时很快，且市场地位非常稳固。如今行业领导者大多是这类品牌。当然，新兴品牌也有发展非常好、给老品牌很大压力的案例，比如 ZARA。前面提到，新兴品牌在此阶段发展动力不足，原因主要在于内结构的复杂度不够，因此，这类品牌在快速成长战略制定的同时，必须迅速健全品牌内部的组织结构和制度，学习积累品牌管理的经验和教训，以防内外结构不协调，拖垮品牌。我国时尚产业发展以来，曾经出现品牌短命现象，短命的主要原因就在此。另外，根据经验，品牌所在国家或城市在世界时尚业的地位也会影响品牌成长。

缓慢发展或衰退阶段往往是人们不愿看到，但却不可避免的阶段。根据案例，时尚品牌缓慢发展或进入衰退期原因很多。内因主要来自三方面：一是创始人或品牌主要管理者、首席设计师年迈，品牌老化，缺乏活力；二是家族企业内部矛盾导致品牌分裂；三是外部市场扩张过度导致管理失控。外因主要在于市场变化和竞争压力，品牌无法适应新市场、无法满足新需求，品牌优势逐渐削弱，以致品牌发展趋向缓慢甚至倒退。时尚品牌应在发展态势良好时，就要警惕这些可能致使品牌衰退的因素。

再循环阶段是品牌重塑获取新生的阶段。重新定位和品牌内外结构调整是该阶段的第一战略。重新定位并非是对原有定位的否定，而是基于新市场特征，对原定位进行调整。通过更换管理者或设计师等主要人员，调整品牌线、品牌架构，制定新的市场经营与管理方式，最终为品牌找到新的竞争优势、找到活力。缩短衰退期，快速进入再循环阶段，将有利于品牌资产的保护。

四、时尚品牌的作用

品牌是一个企业存在与发展的灵魂。众所周知，产品本身是没有生命力的。只有产品，没有品牌，或者是只有贴牌，没有品牌的企业更是没有生命力和延续性，只有重视品牌，构筑自身发展的灵魂，企业才能做大做强。时尚品牌也是如此。

时尚品牌代表着时尚集团企业的竞争力，企业产品参与市场竞争有三个层次，第一层是价格竞争，第二层是质量竞争，第三层是品牌竞争。今天的竞争已经发展到了品牌的竞争。品牌意味着高附加值、高利润、高市场占有率；品牌意味着高质量、高品位，是消费者的首选。好的品牌可以为企业带来较高的销售额，可以花费很少的成本让自己的产品或服务更有竞争力。未来营销之战将是品牌之战，是为获得品牌主导地位而进行的竞争。拥有市场比拥有企业更重要，而拥有市场的唯一途径是拥有占据市场主导地位的品牌。由此可见，品牌及品牌战略已经成为企业构筑市场竞争力的关键。

品牌意味着客户群对于消费者来讲，有品牌的产品不仅在质量上能给予消费者以保证，更重要的是他能满足消费者在消费时的那种愉悦感，从心理上得到了更大的满足，这就是品牌的价值。任何价值都是相对于人而言的，可以说万物本无价，因人的需求才产生了价值，所以无论产品价值与品牌价值都是相对于需求而言的。从心理学家马斯洛的需求理论中我们知道，人类的需求是有层级的，从生理需求到自我实现需求越高越难以满足，而在满足这些需求的条件中，只有小部分是来自于对物质条件的需求，大部分需求是一种精神需求，或者说是一种精神欲望，这就是产品价值与品牌价值的基本区别关系。

现在需要把品牌观念理清楚，品牌其实是产品概念对应的消费者的情感需求。企业所塑造的产品品牌应该是该产品对应的消费者的情感价值的具体体现。产品可以贩卖，品牌也能贩卖，消费者买一个产品，获得的是产品功能利益，而如果消费者买的是有品牌价值的产品，它就会获得除产品价值之外的品牌价值。产品满足的是消费者的功能需求，而品牌还可以满足消费者的情感需求。消费者为了两种需求的同时满足，就会选择品牌消费。

思考题

1. 简述时尚与时尚品牌的关系。
2. 时尚品牌进入衰退期具体解决措施有哪些？

时尚品牌管理

课题名称： 时尚品牌管理

课题内容： 时尚品牌管理概述

时尚品牌管理的企业组织

时尚品牌管理的流程

时尚品牌管理的误区

课题时间： 6 课时

教学目的： 本章的教学目的是掌握时尚品牌管理的定义与内涵，通过分析时尚品牌管理构成要素理解品牌与消费者的关系。通过案例解读时尚企业组织架构，进一步明确时尚品牌管理的流程与误区。

教学方式： 讲授教学

教学要求： 1. 使学生掌握时尚品牌管理的构成要素及定义。

2. 使学生掌握时尚集团的组织架构与运行机制。

3. 使学生掌握时尚品牌创建与管理的六个步骤。

4. 使学生掌握时尚品牌管理的四个误区。

课前/后准备： 学习田野调查法，并利用该方法实地走访时尚集团，进行调研。

第二章　时尚品牌管理

第一节　时尚品牌管理概述

时尚品牌管理的构成要素包括功能的感觉、心理的感觉、品牌的认知等，具体表现为增加购买信心，提高身份，实现顾客价值，从而提高市场份额，带来更高利润，增加企业的价值。时尚品牌价值的形成是这样一条线：首先是顾客有品牌意识，继而产生品牌联想，而后产生对品牌的态度，接下来是对品牌的购买行为，最后带来企业价值。我们的品牌管理就是要提升顾客的品牌意识，让其对品牌产生正向联想和积极的态度，从而发生购买行为，实现价值。

随着社会的进步和经济的发展，人们的生活水平不断提高，消费结构发生了很大变化。当衣食住行等维持生理需求的物质消费已基本满足以后，人们在精神方面的消费需求就表现得越来越突出；消费者在选购商品时，比以往更加注重心理上的、情感上的满足，在这些方面，时尚品牌的作用越来越重要。具体而言，时尚品牌的功能可总结为：一是识别。时尚品牌自身含义清楚，目标明确，专指性强。只要一提起某品牌，在消费者心目中就能唤起记忆、联想以及感觉和情绪，同时意识到指的是什么。二是信息浓缩。时尚品牌的名称、标识物、标识语含义丰富、深刻、幽默，并且以消费者所掌握的关于品牌的整体信息的形式出现。三是安全性。一个熟悉的品牌，特别是著名时尚品牌，在长期市场竞争中享有崇高声誉，能够给消费者带来信心和保证，能满足消费者所期待获得的物质、功能和心理的满足。四是附加价值。附加价值是指被消费者欣赏的产品基本功能之外的东西。总之，品牌的功能就是给消费者提供除商品本身以外的各种各样的超值享受。

所谓时尚品牌管理，是对时尚行业的品牌的全过程进行有机地管理，以使品牌管理在整个企业运营中起到良好驱动作用，不断提高企业的核心价值和品牌资产，为企业造就百年金字招牌打下基础。对于一个企业而言，创造出一个品牌并不难，难的是在品牌创立之初就想到要作百年，在品牌已经打造出来后还能设法将其保持巩固下来并继续发展下去。而要突破这个难关，最重要的就是时尚品牌管理。时尚品牌管理虽然只是品牌创造过程中的一部分工作，但应该被视为最关键的工作。它承担着对品牌创造活动进行计划、组织、协调、控制的职能。其本质在于是调动企业全部力量，以时尚品牌为聚焦点，实施对顾客购买认知与购买行为的全过程管理。

一个有效的时尚品牌管理，对于产品参与市场竞争并获胜，有着至关重要的意义。因为一个成功时尚品牌本身就具有识别商品的功能，为广告宣传等促销活动提供了基础，对消费者购买商品起着导向作用。其次，品牌还有法律保护的商标专用权，将有力遏制不法竞争者对本企业产品市场的侵蚀。再者，管理好的时尚品牌会使商标赢得好的声誉，有利于新产品进入市场。最后，时尚品牌的商品对顾客具有更强的吸引力，有利于提高市场占有率。

同时，有效的时尚品牌管理会有助于提高产品质量和企业形象。品牌是商品质量内涵和市场价值的评估系数和识别徽记，是企业参与竞争的无形资本。企业为了在竞争中取胜，必然要精心维护品牌的商誉。对产品质量不敢掉以轻心，害怕砸自己的牌子。创品牌的过程必然是产品质量不断提高和树立良好企业形象的过程。

当然从社会利益而言，在时尚行业中这还有利于保护消费者利益。因为品牌是销售过程中，产品品质和来源的保证，有助于消费者购买自己偏好的品牌，以得到最大的满足。当产品质量出现问题时，有助于消费者的损失得到补偿。

但是，创建时尚品牌并非一日之功，它是一个长期、持续的过程，不会像许多人想象的那样大张旗鼓、轰轰烈烈，也不会简单得仅靠巨额广告费的投入就可完成，它需要不菲的投资，更要进行系统策划，制定品牌创建系列方案，聘请专业咨询机构为企业策划有针对性的品牌创建方案。时尚品牌建设一方面需要企业领导人摆正心态，深刻认识目前企业的产品状况、市场状况、时尚品牌状态，并根据这些状态制订切实可行的策略；另一方面又需要他们能正确认识所处的行业地位，大胆利用外部资源，正确决策。而目前，企业创建品牌很多是硬性广告的高强度投入，成本过大。从长远看，应走低成本道路，实行软硬广告方式的结合，并与公共关系、促销、公益募捐活动挂钩。不能只取短期的轰动效应，要追求美誉度、好感度，要积极培植顾客对品牌的忠诚度，使品牌整体达到优化，对品牌数量和质量、现有和未来的市场占有率、盈利能力等指标进行品牌分类管理。

第二节　时尚品牌管理的企业组织

时尚品牌管理的企业组织是在企业内部设置了一套负责品牌管理相关事务的岗位和人员。对时尚品牌管理重视的一个体现就是设置了专门的品牌管理组织机构。从历史的眼光来看，存在五种品牌管理组织形式，即业主负责制、职能管理制、品牌经理制、品类经理制和品牌管理委员会。每种组织形式都在特定的历史阶段发挥巨大作用，但又都存在一定的局限性。下面列举 Inditex 集团的组织与管理模式。

Inditex 是西班牙排名第一、全球排名第三的服装零售商。旗下共有 8 个服装零售品牌，包括 ZARA、Pull & Bear、Massimo Dutti、Bershka、Stradivarius、Oysho、Uterqüe、ZARA HOME，在全球 87 个国家和地区有超过 6300 家店铺。ZARA 是其中最有名的品牌，ZARA 的目标消费群是收入较高并有着较高学历的年轻人，主要为 25 ~ 35 岁的年轻时尚群体，强调以较低价格享受快速时尚流行服饰，其产品超过 50% 针对女性消费市场，约 20% 针对男性消费市场，剩下的则是针对儿童群体，每年设计 40000 多种款式，选取 12000~20000 款投放市场，ZARA 作为精准时尚（Precise Fashion）模式的领导品牌，声名显赫，利润丰厚，成为赢利性品牌的典范。

一、组织变革过程

Inditex 集团原有的组织架构是传统型的，其市场运营部门、产品开发部门、生产部门等所有部门都是相互独立的，部门之间协调沟通很少。后来，集团不断地对组织架构进行变革，最终建立起以设计团队为核心的运营模式、相应的组织架构和有效的沟通协调机制，企业运营的效率得到突破性转变。组织架构如图 2-1 所示。

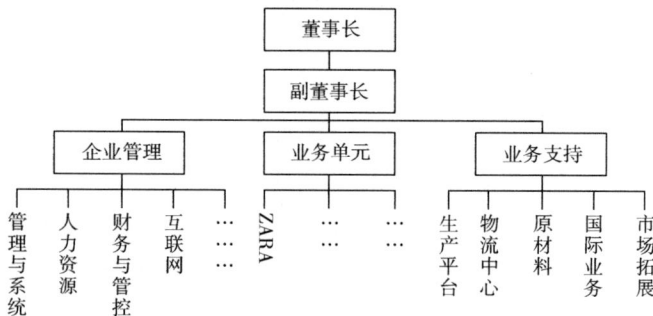

图 2-1　组织架构（资料来源：长城战略咨询公众号）

二、组织运行的配套机制

Inditex 集团划分为业务单元、业务支持、企业管理前中后三个平台，运营权力集中在业务单元，而业务单元按照品牌划分，每个业务单元以设计团队为核心，通过社交化方式获得设计创意，主要有四种途径：第一，设计师参加高档时装品牌发布会获取灵感；第二，各地买手"复制"时尚潮流；第三，时尚捕手搜寻当季人们热衷的潮流元素；第四，销售终端通过信息系统实时为设计师提供当下客户的时尚偏好。

ZARA 社交化的创意获取模式简图如图 2-2 所示。

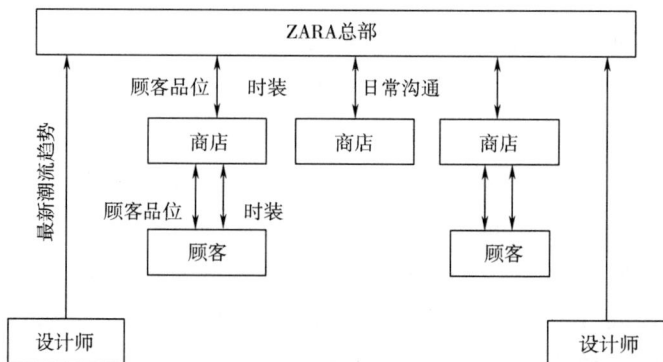

图 2-2　ZARA 社交化的创意获取模式简图（资料来源：长城战略咨询公众号）

整个设计团队由设计师、市场专家、采购与生产计划专员在一起办公，随时组成设计团队进行无障碍交流，设计师负责从全球任何渠道获取灵感，整合素材进行快速设计；市场专家管理部分店面，负责收集分析店面销售信息，并频繁与店长保持联系；采购与生产计划专员负责规划订单的整个过程，考虑是否外购原材料，是否进行外包生产，而店铺负责将销售数据及销售过程中顾客的意见或者店员对款式、面料、花色的想法建议，甚至是顾客身上穿着的可模仿的元素等各种信息反馈给设计团队，可以随时在设计过程中提出自己的意见。ZARA 社交化的设计模式简图和 ZARA 社交化创意获取模式简图是一样的。

此外，ZARA 拥有卓越的 IT 系统，运营顺畅，大大缩短了产品从设计到上市的周期，主要体现在四个方面：

1. **收集顾客需求信息** 各种时尚信息从各专卖店源源不断地进入总部办公室的数据库，设计师们一边核对当天的发货数量和每天的销售数量，一边利用新信息来发明创新以及改进现有的服装款式。在决定具体款式所用布料、剪裁方式以及价格时，设计师必须首先访问数据库。

2. **服装信息标准化** 对一个典型的服装零售商来讲，不同的或不完全的尺寸规格、不同产品的有效信息，通常需要几个星期才能被添加到它们的产品设计和批准程序中；但是在 ZARA 的仓库中，产品信息都是通用的、标准化的，这使得 ZARA 能快速、准确地准备设计，对裁剪给出清晰生产指令。

3. **产品信息和库存管理** 卓越的产品信息和库存管理系统，使得 ZARA 的团队能够管理数以千计的布料、各种规格的装饰品、设计清单和库存商品；ZARA 的团队也能通过这个系统提供的信息，以现存的库存来设计一款服装，而不必去订购原料再等待它的到来。

4. **分销管理** ZARA 的分销设施非常先进，极大地节省了人力资源。地下传送带将商品运到货物配送中心；ZARA 还借用了每小时能分检超过 60000 件的衣服的读取工具。在总部还设有双车道的高速公路直通配送中心。由于其高快速、高效的运作，这个货物配送中心实际上只是一个周转地。

整体来说，集团组织架构与社交化的设计、运营方式为其快速、少量、多款的产品定位起到了很好的支撑作用。ZARA 的成功在一定程度上体现了社交化思想对于传统制造业的重要意义，当前社交化变革风潮涌起，不仅改变了人与人之间的交往模式，更深刻改变了企业的外部发展环境，企业只有积极拥抱社交化，带动自身商业模式创新才能立于不败之地。

第三节 时尚品牌管理的流程

在时尚品牌的管理过程中，粗略地分大致应有三个阶段，第一步是怎么把一个普通商品变成一个品牌。因为如果仅仅是卖一个普通商品的话，那么它没有什么附加值，卖不出什么好价钱；如果竞争对手稍微好一点，强一点，市场就会被抢走，因为商品有很强的替代性。但是如果做成一个时尚品牌，这个时尚品牌有很高的知名度和认知度的话，竞争对手再想取代就比较困难。第二步是建立忠诚度的问题。很多企业花很多钱做广告包括利用名人效应，都做得很好，很到位，用广告和名人几乎一夜之间打出知名度，但是，没有对技术、产品质量和消费者感情上的投入，去提高消费者的忠诚度，结果到最后依旧是昙花一现。第三步是从单一品牌到多品牌管理。这实际上也是一个很困难的转变。多品牌的管理要比单一品牌复杂得多。比方说在品牌的定位上，单一品牌对于企业来说相对容易定位。可以定在高档的，针对某一类型的客户，针对城市消费者，等等。只有一个品牌的时候，你即使定位不太准也不会对自己有太大的影响。但是你如果有几个品牌的话，定位不准确，就会导致麻烦，可能出现自己和自己竞争，而不是不同的品牌针对不同的竞争对手。

时尚品牌管理体系的建立意味着企业已经从纯粹的产品管理和市场管理中超越出来，企业的经营是将产品经营和时尚品牌无形资产经营融为一体的商业模式，而时尚品牌管理的对象，涉及品牌创造的全过程及各方面工作。对此，时尚品牌创造与管理过程分六大步骤，每个步骤包含一项或若干项品牌创造与管理工作。

一、时尚品牌展望

时尚品牌展望分为三步。首先是预测时尚品牌未来的环境和趋势，如优衣库实体店需要分析线上门店对它的销售是否带来销售额。其次是明确品牌目标，如五年内品牌线上销售成为快时尚业内前三名等。最后是确定品牌价值观，即公司所持有的一种持久的信念。

二、时尚品牌企业文化

企业文化作为一种"黏合剂"，不仅能够激励员工，将员工凝聚在一起，还能提高股东对品牌的信任水平，提高品牌业绩。例如，ZARA 的设计师拥有的共有价值观体系对他们的态度和行为的影响，他们的创新意识，严谨的工作态度，团队协作精神是 ZARA 组织文化的表现。

三、时尚品牌目标

时尚品牌经营要方向感，这种理念要转化成明确的目标。时尚品牌的目标包括长期目标和短期目标，长期目标指导短期目标的制定，短期目标是为了实现长期目标。例如，ZARA 一直占据着快时尚的领头地位是它的长期目标，短期目标就是不断更新产品来符合供应链和销售的链接。

四、时尚品牌的本质

时尚品牌的特征、利益、感情回报、价值观、个性品质等概念根据"手段—目标链理论"叠加成为一个品牌的金字塔，该金字塔有助于理解品牌本质，即品牌的核心概念。例如，瑞士护肤品牌法尔曼（VALMONT）把研发了 20 多年的活细胞疗法运用到了护肤产品里，而这也成为品牌的核心成分和技术。品牌本质可以进一步深化为品牌定位和品牌个性。

五、时尚品牌的传播途径

对公司内部进行时尚品牌传播有两条途径，分别是注重功能性价值的机械主义途径和注重情感价值的人文主义途径。机械主义途径包括价值链分析、外包战略、核心竞争力和服务流程，人文主义途径包括员工价值观、员工授权和相互关系。

六、时尚品牌评估

时尚品牌管理不仅要强调时尚品牌的战略意义，如品牌展望、组织文化、品牌目标、环境分析等，还要对品牌本身的传播和提升赋予足够的重视。

第四节　时尚品牌管理的误区

在现代时尚产业经营中，尽管人们很重视时尚品牌的管理，然而其中仍然存在不少的误区，企业最怕的就是动荡与失误，有时仅仅一次失败，患上一种病症，步入一个误区就足以拖垮一个企业，或者大伤元气。直接拿市场做实验，就是拿企业的生命做赌注，这是现代企业经营最忌讳的。企业运作犹如开车，要保证安全第一，如果连命都搭上了，再快又有什么意义。为此，大致归纳一下种种常见误区，总结出如下九大典型来，希望能有所裨益。具体分为四个方面：概念误区、目标误区、创建误区和管理误区。

一、时尚品牌概念模糊

时尚业的品牌产品可分三类：大众化产品、高档产品和奢侈品。有不少的人对企业的品牌究竟是什么完全搞不清楚，简单地认为品牌不过是一块牌子，就是一些时尚品牌名称、商标、口号等，而把真正的时尚品牌反倒当作名牌来对待，以为要经营品牌就是创名牌，使得时尚品牌管理出现单一化倾向。

事实上，在完整的时尚品牌识别体系中，商标是时尚品牌的标志和名称部分，便于消费者识别。除了时尚品牌名称、商标、口号、形象使者、代言人、产品外形和包装设计等视觉标志体系外，它还包括时尚品牌个性（即赋予品牌生命化的性格和形象）、时尚品牌核心概念（即品牌产品长期树立的主要价值、主要特征）、时尚品牌延伸概念（即品牌在不同时期、不同市场迎合顾客所具有的各种价值、特点）、时尚品牌认同、时尚品牌定位、时尚品牌传播等设计内容。在这里，时尚品牌不仅仅是一个易于区分的名称和符号，更是一个综合的象征，需要赋予其形象、个性、生命。这样，顾客对品牌，才会从形式到价值内容、从宣传到实证、从感性到理性、从点到面等多方位，形成完整的印象，完成由未知到理解、购买的转变，从而说服、支持和坚定顾客对品牌的认同、忠诚。

对于商标和时尚品牌的关系可以用一句形象的话比喻，即是："商标是掌握在企业手中，而品牌是在消费者心中。"因为当消费者不再重视你的品牌，品牌就一无所值了。时尚品牌价值不同于银行的存款，它只是存在于消费者的头脑中，假若时尚品牌出现危机，消费者对品牌的信心下降，那么时尚品牌价值就会减少。

二、时尚品牌定位不准

在时尚品牌经营中，企业品牌必须有较强的方向感，即找准自己的品牌定位，不要迷失方向。由此，时尚品牌定位就有着非常重要的作用，它是使时尚品牌的价值特征和宣传点与顾客的关键购买动机保持一致的做法。通俗地说，产品所具有的价值特征和宣传内容，必须是顾客最想要的和最想听（看）的，并且还要比竞争对手做得好、做得快。

然而，在实际时尚品牌传播中，企业界普遍对定位感到迷茫，于是就只好跟随潮流，人云亦云了。结果，所有产品似乎都是一个企业生产出来的，毫无个性可言。在产品日益同质化的今天，如果在传播上仍不能有所区别，将会很快淹没在信息的海洋中，被人遗忘。

三、时尚品牌发展失衡

在时尚品牌管理中，往往强调某一方面，而忽略其他方面，造成典型的失衡，其中最常见的就是强调广告而忽视其他内容。当然，在时尚品牌管理中，广告无疑是占着非常的地位，在打响时尚品牌知名度方面确实功不可没，但是很多企业因此就迷信广告的作用。于是，有些企业，不是扎扎实实地在提高产品质量和增加售后服务上下功夫，而是一味地进行广告宣传，他们都认为：只要加大广告投入，进行铺天盖地的媒体轰炸，就可以促进产品销售，树立一个时尚品牌。那么，时尚品牌真是广告打出来的吗？例如，最具特色的独特搞怪广告，那么一定不能缺少凯卓（KENZO）。凯卓的创始人高田贤三有个外号，叫"时装界的雷诺阿"，意思是这人眼里永远只有快乐和想象。

实际上，广告仅仅是提升品牌知名度的手段之一，时尚品牌知名度可以在短期内通过广告宣传达到，但是广告宣传也仅仅只能够提高时尚品牌的知名度，而要提高品牌的美誉度，就必须扎扎实实地提高产品的质量和提供周到、完善的售后服务。否则，无论投入多少广告费，也难以创出经世不衰的名牌。而消费者购买的是品牌，并非产品的功能，产品的功能是时尚品牌的核心本体，但是时尚品牌也有独特的个性和特色，产生和消费者情感及信赖的联系，已与竞争品牌区分。在这样一个策略指导下进行时尚品牌的广告运作，不仅会在广告中提供给消费者产品功能的利益，更要传递给消费者时尚品牌主张和情感利益，在品牌整体的规划和设计之下进行的广告运作"都是对品牌有效的投资"，贯穿所有的时尚品牌运动，不拘时间和空间，而非短期的巨额广告投入。时尚品牌的创建，广告只是利用工具，而非依赖的法宝。一个有效的广告，应该建立在一个正确的策略基础之上，如目标市场、品牌状况、竞争品牌、产品特点、目标人群、品牌定位、广告目的、诉求重点等，遵循这一策略发展而成的广告才是正确、有效的。

成功的时尚品牌创造，其核心是创造具有竞争优势的顾客价值，通过时尚品牌识别设计、整合营销传播、表达理念、兑现承诺，最终在顾客心目中建立被顾客认同的品牌印象。时尚品牌创造过程，是一项长期工程，是在时尚品牌长期的运动中建立其自有资产；作为保持时尚品牌稳定销售的主要指标——品牌忠诚度，更不是短期广告所能达成的，它涉及战略、市场调研、品牌识别设计、产品开发、质量管理、生产、价格制定、销售渠道建设、广告、直接营销、事件营销、销售促进、服务、整合营销传播管理、时尚品牌管理等全方位的工作。它除了需要完善的时尚品牌规划设计，持续保持优良的产品品质获得顾客满意度外，更有时尚品牌长期一致的传播在消费者心中建立的价差效应（与其他品牌比较，顾客愿意做出多大程度的额外付出）；同时，消费者对时尚品牌品质的肯定更是广告所无法做到的，它不仅需要品质恒定如一，更有对时尚品牌在发展过程中提出的创新要求。这些都满足了，创造出来的时尚品牌，才具有强大、持久的生命力。靠广告、宣传吹起来的品牌，是不堪一击的。

时尚品牌管理中的广告运用首先应当进行策略性的时尚品牌分析，包括顾客分析、竞争者分析和自我品牌分析。在这里应当注意，是时尚品牌分析，而非市场分析。时尚品牌分析涉及时尚品牌形象、品牌策略、品牌遗产、企业组织价值、品牌力等关于时尚品牌方面的内容，和市场分析有很大的区别。其次，在时尚品牌分析的基础上，建立一套完整的时尚品牌认同系统，包括基本认同和延伸认同，必须从以下四个方面进行创建：产品、企业、性格、符号。虽然这是四个完全不同的概念，但是它们却有一个共同的目的，就是利用这些不同的层面，建立更清晰、更丰富、更与众不同的时尚品牌认同。最后，根据认同中能提供比较利益的点进行时尚品牌定位，并针对某个目标群进行积极的传播。

四、未形成时尚品牌核心价值

一些企业认为时尚品牌靠的是做好广告宣传和促销活动就行，产品好不好、强不强，并不看重，只要知名度打出来了，何患忠诚度，这实际上是一种严重近视的行为。于是，我们看到许多中国企业大打广告战、公关战，其广度、深度和方式、方法，都做到了无孔不入，相对于效果而言，这的确可以在短期内树立一个知名时尚品牌。可是，品牌有知名度，就可以使消费者对品牌产生忠诚度吗？答案显然是否定的。时尚品牌的知名度是指品牌在消费者心目中的认知度与突出性，对某些产品来说它就是购买的驱使力。知名度更多的是一个定性的指标，它的评估层面包括品牌认知、回想提及率、品牌独占性、熟悉性等，也是品牌的重要资产之一。时尚品牌忠诚度是时尚品牌资产的重心，拥有一群忠诚的消费者，就像为自己的时尚品牌树立了一道难以跨越的门槛，它能阻挡竞争对手的刻意模仿与破坏，也是一个时尚品牌所要追求的最终目标。它的两个评估指标分别是价差效应和满意度。

其实，现在市场上相互竞争的同类产品或替代产品繁多，其性能、品质、价格相差无几，靠比拼产品与价格的余地越来越小。而顾客买谁家的品牌产品，关键是顾客如何看待品牌，头脑中有没有品牌的位置。时尚品牌，是经过企业刻意设计品牌识别体系，在顾客心目中留下的一种综合印象。时尚品牌创造，就是以时尚产品为中心、为聚焦点，调动产品开发、生产、营销等全部力量，配合品牌策略，对顾客的购买认知心理与行为所进行的管理。所以说，只有掌握顾客的认知规律，创造强势的时尚品牌，才能抓住顾客的注意力、抓住顾客的心，赢得竞争。

时尚品牌的核心价值是品牌的精髓，一个品牌独一无二并且最有价值的部分通常会表现在核心价值上。但是很多企业并不知道自己的核心价值是什么，而是一味地贪多求大，力图包罗万象，结果却是什么也表达不出来。这就好像一个先天不足的种子，注定成不了参天大树。品牌若是如此，则消费者对之的看法永远是淡淡的。

时尚品牌的核心价值是指可以兼容多个时尚产品的理念，时尚品牌是在消费者心中建立的，核心价值其实是消费者对品牌理解的概括，核心价值可以刻画产品的价值，也可以刻画消费者本身，还可以刻画品牌与消费者的互动关系。一个成功的时尚品牌是有其独特的核心价值与个性的，若这一核心价值能包容拓展产品，就可以大胆地进行时尚品牌延伸。全力维护和宣扬时尚品牌核心价值已成为许多国际一流时尚品牌的共识，是创造百年金字招牌的秘诀。

找准了时尚品牌的核心价值，才能最终实现消费者对时尚品牌的印象和看法，才能获得消费者真正的时尚品牌认同，在时尚品牌塑造中，重要的不仅仅是对消费者怎么说，更重要的是为消费者真正准备了什么。时尚品牌认同就是对时尚品牌细致入微的设定，包括产品、企业、个性、符号等全方位的时尚品牌内容。

思考题

1. 时尚品牌管理的操作流程具体如何实施？
2. 在时尚品牌管理中，应如何避免管理误区？
3. 如何理解时尚品牌管理在企业发展中的作用？

时尚品牌定位

课题名称：时尚品牌定位

课题内容：时尚品牌定位概述

时尚品牌定位步骤

时尚品牌差异化定位方法

课题时间：4 课时

教学目的：本章的教学目的是掌握时尚品牌定位的定义与内涵，通过品牌定位方法，从市场细分、目标市场选择、市场定位三个维度掌握时尚品牌定位的方法。在此基础上学习解决时尚品牌在提供产品或服务时与其他公司的产品或服务的差异化问题。

教学方式：讲授教学

教学要求：1. 使学生掌握时尚品牌定位的概念与内涵。

2. 使学生掌握基于 STP 的时尚品牌定位方法。

3. 使学生掌握时尚品牌定位的四种差异化方法。

课前/后准备：通过资料检索与市场调研，整理时尚品牌定位资料，比较学习参考。

第三章　时尚品牌定位

第一节　时尚品牌定位概述

一、时尚品牌定位的概念

所谓时尚品牌定位就是抢占消费者的心智，即自己的品牌特征在消费者心目中占有一定的位置。将预计的时尚品牌目标定位传递给消费者的战略称为时尚品牌定位战略。定位战略可以分为将特定产品进行定位的产品定位战略与将特定品牌进行定位的品牌定位战略。时尚品牌与其他品牌不同，不能用女士上衣、裤子、夹克等个别商品的功能及用途进行定位。其发展到现在已经不属于新发明创造的商品，难以把所有产品形象概括为同一个形象。时尚商品的定位应该具体到时尚品牌。

在消费者心中只有拥有某些新东西才有可能定位特定品牌。这是与其他竞争企业差别化的因素，也是定位战略成功的关键。特定品牌拥有的差别化因素可以概括为款式设计，款式设计是形成特定品牌形象的决定因素，时尚品牌的定位应该是形象的定位。时尚品牌的抽象形象应联系到消费者体现自身形象的表达方式，并且可以满足消费者个性的自我实现上。

二、时尚品牌定位包含的内容

1. **时尚品牌品质的确定**　时尚品牌品质涉及产品的耐久性、可靠性、精确性等属性。企业确定品牌品质大体上可以在低品质、普通品质、优良品质和特优品质中选择。时尚品牌品质的决策可依市场细分原理确定。例如，宝马公司在品牌定位上始终是白领阶层的成功人士，凸显其品位和身份。因此，其生产的小汽车以高质量和高品位为特色，始终坚持"品质、效率和专业化"的品牌价值。

2. **时尚品牌重新定位**　随着市场状况变化、消费者对商品爱好的转向，时尚品牌也会对品牌态势进行调整，如改变产品的品质、包装、设计配方。为此企业应当考虑品牌重新定位的收益、风险等情况。时尚品牌重新定位是企业适应经营环境、市场竞争的需要，也是时尚品牌实施经营战略的需要。通过重新定位，企业及其产品在消费者心目中的形象得以改变，"旧桃换新符"能够使企业获得更大的生命力。

时尚品牌之所以需要重新定位，是因为出现了需要重新定位的一些客观情况。这些情况大致可以归纳为以下几方面：

（1）扭转原有定位存在的问题：时尚品牌定位存在的问题，可能是原有品牌定位错误，也可能是原有品牌定位未能实现企业的营销目标或原有品牌定位模糊。出现这些情况，都需要对品牌进行重新定位。例如，生产销售万宝路香烟的菲利普·莫里斯公司是全球烟草巨头。但其在早期香烟的消费者群体定位是女性，而不是男性，使其经营业绩不佳。

（2）出于市场竞争的需要：市场竞争格局本身是影响时尚品牌定位的重要因素，也是时尚品牌进行重新定位的原因之一。以宜家（IKEA）为例，在1998年宜家是以高档时尚的形象进入中国市场的，然而随着中国家居市场的逐渐开放和发展，消费者在悄悄地发生着变化，那些既想要高格调又付不起高价格的年轻人也经常光顾宜家。这时，宜家没有坚持原有的高端定位，而是锁定那些家庭月平均收入3350元以上的工薪阶层，重新定位自己的目标顾客，并针对其消费能力对在中国销售的1000种商品进行降价销售，最大降幅达到65%。只有来自内心的力量才能持久，重新定位后的品牌要获得消费者的忠诚，就必须从内心打动目标顾客，引起目标顾客的情感共鸣。

（3）目标人群的消费观念发生了变化：在现代生活节奏不断加快的今天，人们的消费观念也在悄悄地发生变化，原先赋予目标消费群体的时尚品牌定位可能变得不合时宜。在这种情况下，企业品牌重新定位变得十分有必要。例如，保洁公司在开始打进中国市场时，将"飘柔"定位于"二合一"带给人们的方便和使头发柔顺的功效。但公司后来经过调查发现，人们最需要的是建立自信。因此，公司从2000年起开始对该品牌以自信为诉求重新进行定位。

（4）时尚品牌实施新战略的需要：具体来说分以下两种情况，一是原有时尚品牌定位不利于企业新的市场战略，二是实施新的战略之所需。企业为适应环境的变化而需要进行战略转型或调整，这就可能牵涉到品牌的重新定位。当然，由于时尚品牌重新定位对企业生产经营战略影响极大，时尚品牌在进行品牌重新定位时，需要综合考虑各方面因素，特别是消费者的反映和可接受度。

在时尚品牌重新定位的实施策略上，主要应了解品牌重新定位需要经过的几个步骤。主要内容有：

（1）调查与分析评估，明确时尚品牌的竞争优势。在分析与评价企业原有品牌需要改变的原因基础上，从竞争对手、企业本身实力、消费者行为和市场状况等方面分析企业目前所面临的市场环境。同时需要重视消费者对品牌的认知和评价。

（2）选择最具有时尚品牌竞争力的定位。时尚品牌确立新的品牌定位，需要在调查分析的基础上，以获得最大限度的竞争优势为根本指针。为此，时尚品牌需要对重新定位的品牌在消费者的认可度、与企业形象的匹配和便于确立在竞争中的优势等方面加以权衡。

（3）制订整合营销传播方案，在不断传播中强化新的品牌形象。时尚品牌可以通过广告、促销、公关等多种手段和形式树立新的品牌理念，以使重新定位后的品牌形象尽快扎根于消费者心目中。

第二节　时尚品牌定位步骤

时尚品牌定位是一种技巧，也是一个过程，为了获得清晰、准确的时尚品牌定位，必须遵循一定操作程序。品牌定位可以按照 STP 的步骤进行定位，那么时尚品牌定位也可依据此方法进行定位，也就是市场细分、目标市场选择和市场定位这三个必要步骤。三者之间的关系如图 3-1 所示。

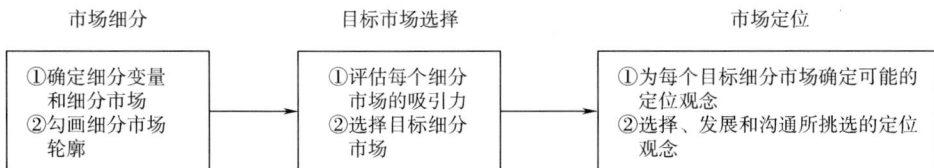

市场细分	目标市场选择	市场定位
①确定细分变量和细分市场 ②勾画细分市场轮廓	①评估每个细分市场的吸引力 ②选择目标细分市场	①为每个目标细分市场确定可能的定位观念 ②选择、发展和沟通所挑选的定位观念

图 3-1　时尚品牌定位步骤

一、市场细分

1. **市场细分的含义**　市场细分是市场将行为相同或者具有相似需求的顾客分为截然不同的顾客群的过程。每个顾客群都作为独特的市场目标而施以完全不同的市场策略。这个过程开始于这样的划分基础——一个与产品紧密关联的可以反映顾客要求或者顾客营销变量的回应的因素，可能是购买行为、用法、所寻求的利益、意图、偏好或忠诚度。

例如，我们可以把时装市场按产品类别进行细分，可分为服装、配饰、香水及化妆品、家居产品等。其中服装市场可进一步分为女装、男装和童装市场。按照产品用途可进行细分，可分为牛仔服、内衣、运动装、正装以及当季潮流服装。

2. **市场细分的原则**　时尚品牌在进行市场细分时，需遵循以下原则：

（1）可衡量性：指用来细分市场的依据和细分后的市场是可以计量的。要保证细分依据的可衡量性，首先，要做到所确定的细分依据必须清楚明确，以便在每一个细分市场中找到真正相似的消费者行为，并方便营销人员具体操作。其次，要做到所确定的细分依据必须能够从消费者那里得到确切的信息，并且可以衡量这些因素各占的重要程度，以便能够进行定量分析。最后，经过细分后的市场范围、容量、潜力等必须是可以衡量的。

（2）可达到性：指细分后的市场是企业可以利用现有的人力、物力、财力去占领的。其具体表现为企业有力量生产目标市场上消费者需要的产品，目标顾客也能了解本企业生产的这类产品，并且知道在哪里买到这类产品。否则，如果细分后的市场是企业能力所达不到的，那就没有必要对这些市场进行细分。

（3）有价值性：指细分后的市场值得占领，主要是指细分后的市场要有适当的规模和发展潜力，以适应企业发展壮大的要求。这里要注意，灵活的生产技术能使公司比较宽松地掌握这一标准。

（4）稳定性：指细分后的市场在一定时期内保持相对稳定，以便企业占领该市场后能在较长时期内获利。倘若目标市场的消费行为不断变化，营销工作就难以取得成功。

（5）科学性：即市场细分是建立在众多科学理论基础上的，是在对大量市场调研工作实践分析之后所做出的客观、抽象的总结，因此能够科学地引导企业未来的目标市场营销工作。

3. 市场细分的标准　消费者人数众多需要各异，但企业可以根据需要按照一定的标准进行区分，确定自己的目标人群。市场细分的主要依据主要有：地理标准、人口标准、心理标准和行为标准。根据这些标准进行的市场细分分别是地理细分、人口细分、心理细分和行为细分。

（1）地理细分：依据地理特点细分就是企业按照消费者所在的地理位置、地理环境等变数来细分市场，然后选择其中一个或几个子市场作为目标市场。在进行地理细分时，除地理位置以外，地理环境也是一个重要的参考因素。从地形方面讲，可分为平原、丘陵、山区、沙漠地带等；从气候条件方面讲，可分为热带、亚热带、温带、寒带等。地理环境直接影响人们的生产、生活方式，因而对消费的内容和结构也有不同的要求。一方面，由于不同地区的消费者有着不同的生活习惯、生活方式、宗教信仰、风俗习惯等偏好，因而需求也是不同的。比如欧洲和亚洲的消费者由于肤质、生活条件的不同，对护肤品、化妆品的需求有很大差别，因此，当羽西在中国打出"特别为东方女性研制的化妆品"口号时，得到了中国女性的青睐。另一方面，现代企业尤其是规模庞大的跨国企业，在进行跨国或进行跨国或跨区域营销时，地理的差异对营销的成败更显得至关重要。正所谓："橘生淮南则为橘，生于淮北则为枳"。同时，小规模的厂商为了集中资源占领市场，也往往对一片小的区域再进行细分。当然，对消费者的划分仅从地理特点因素出发较为笼统，还需要结合其他因素进行综合考虑。

（2）人口细分：人口细分是根据消费者的年龄、性别、家庭规模、家庭生命周期、收入、职业、受教育程度、宗教信仰、种族以及国籍等因素将市场分为若干群体。由于消费者的需求结构与偏好，产品品牌的使用率与人口密切相关，同时人口因素比其他因素更易于量化，因此，人口细分是细分市场中使用最广泛的一种细分。年龄、性别、收入是人口细分最常用的指标。消费者的需求购买量的大小随着年龄的增长而改变。青年人市场和中老年人市场有明显的不同，青年人花钱大方，追求时尚和新潮刺激；而中老年人的要求则相对于保守稳健，更追求实用，功效，讲究物美价廉。因此，企业在提供产品或服务，制定营销策略相对这两个市场应有不同的考虑。

性别细分在服装、化妆品、香烟、杂志中使用得较为广泛。男性市场和女性市场的需求特点有很大不同，比如女士化妆品和男士化妆品的诉求点截然不同。例如，SK-Ⅱ品牌在2012年推出了其男士系列产品线SK-Ⅱ MEN，强调专为男士设计，相比于女士系列特别添加了薄荷配方以保持肌肤清爽散发男性魅力。

根据收入可以把市场分为高收入层、白领阶层、工薪阶层、低收入群等。高收入阶层和白领阶层更关注商品的质量、品牌、服务以及产品附加值等因素，而低收入者则更关心价格和实用性。当然，许多企业在进行人口细分时，往往不仅仅依照一个因素，而是使用两个或两个以上因素的组合。

（3）心理细分：心理细分是根据消费者所处的社会阶层、生活方式及意识倾向特征对市场加以细分，在同一地理细分市场中的人可能显示出迥然不同的心理特征。比如美国一家制药公司就以此将消费者分为现实主义者、相信权威者、持怀疑态度者、多愁善感者四种类型。

在进行心理细分时主要考虑的因素是：

①社会阶层：由于不同的社会阶层所处的社会环境，成长背景不同，因而兴趣偏好不同，对产品或服务的需求也不尽相同，美国营销专家菲利浦·科特勒将美国划分为七个阶层：上上层，即继承大财产，具有著名家庭背景的社会名流；上下层；即在职业或生意中具有超凡活力而获得较高收入或财富的人；中上层，即对其"事业前途"极为关注，且获得专门职业者，独立企业家和公司经理等职业的人；中间层，即中等收入的白领和蓝领工人；劳动阶层，即中等收入的蓝领工人和那些过着劳动阶层生活方式而不论他们的收入有多高，学校背景及职工怎样的人；下上层，即工资低，生活水平刚处于贫困线上，追求财富但无技能的人；下下层，即贫困潦倒，常常失业，长期靠公众或慈善机构救济的人。

②生活方式：生活方式是指一个人在社会中的生活形态，这种形态直接表现在态度、兴趣和观念上。态度是指个人如何花费时间和金钱；兴趣反映了人们目前认为重要的事情；观念反映了人们对自己和周围世界的看法。

人们消费的商品往往反映了他们的生活方式，因此，品牌经营者可以据此进行市场细分。例如，温德姆酒店集团对外宣布，即将推出两个新品牌：蔚景和爵怡。蔚景定位为"极客"塑造提供热衷尝试一切新技术的酒店；爵怡则定位为"社交"，提供下班后到酒店大堂"喝一杯"的生活方式。

③意识倾向：意识倾向是一个人心理特征的集中反映，意识倾向不同的消费者往往有不同的兴趣偏好。消费者在选择品牌时，会有理性上考虑产品的实用功能，同时在感性上评估不同品牌表现出的倾向。当品牌个性和他们的自身评估相吻合时，他们就会选择该品牌，20世纪50年代，福特汽车公司在促销福特和雪佛莱汽车时就强调个性的差异。

（4）行为细分：行为细分是根据消费者对品牌的了解、制度、使用情况及其反应对市场进行细分。这方面的细分因素主要有以下几项：

①时机：即是顾客想出需要，购买品牌或使用品牌的时机，如结婚、升学、节目等。

②购买频率：是经常购买还是偶尔购买。

③购买利益：价格便宜、方便实用、新潮时尚、炫耀等。

④使用者状况：曾使用过，未曾使用过，初次使用、潜在使用者。

⑤品牌了解：不了解、听说过、有兴趣、希望买、准备买等。

⑥态度：热情、肯定、漠不关心、否定、敌视。

二、目标市场选择

在市场细分的基础上对细分出来的子市场进行评估，以确定时尚品牌应定位的目标市场。确定目标市场时需要评估细分市场。时尚品牌评估细分市场的核心是确定细分市场的实际容量，评估时应考虑三个方面的因素：细分市场的规模、细分市场的内部结构吸引力和企业的资源条件。

潜在的细分市场要具有适度需求规模和规律性的发展趋势。潜在的需求规模是由潜在消费者的数量、购买能力、需求弹性等因素决定的，一般来说，潜在需求规模越大，细分市场的实际容量也越小。但是，对时尚品牌而言，市场容量并非越大越好，"适度"的含义是个相对概念。对小企业而言，市场规模越大需要投入的资源越多，而且对大企业的吸引力也就越大，竞争也就越激烈，因此，选择不被大企业看重的较小细分市场反而是上策。

细分市场内部结构吸引力取决于该细分市场潜在的竞争力，竞争者越多，竞争越激烈，该细分市场的吸引力就越小。有五种力量决定了细分市场的竞争状况，即：同行业的竞争品牌、潜在的新参加的竞争品牌、替代品牌、品牌产品购买者和供应商。这五种力量从供给方面决定细分市场的潜在需求规模，从而影响到市场实际容量。如果细分市场竞争品牌众多，且实力强大，或者进入壁垒、退出壁垒较高，且已存在替代品牌，则该市场就会失去吸引力。

决定细分市场实际容量的最后一个因素是企业的资源条件，也是关键性的一个因素。时尚品牌的经营是一个系统工程，有长期目标和短期目标，企业行为是计划的战略行为，每一步发展都是为了实现其长远目标服务，进入一个子市场只是企业品牌发展的一步。因此，虽然某些细分市场具有较大的吸引力，有理想的需求规模，但如果和企业的长期发展不一致，企业也应放弃进入。而且，即使和企业目标相符，但企业的技术资源、财力、人力资源有限，不能保证该细分市场的成功，则企业也应果断舍弃。

因此，对细分市场的评估应从上述三个方面综合考虑，全面权衡，这样评估出来的企业才有意义。通过评估，时尚品牌经营者会发现值得进入的细分市场，这也就是时尚品牌经营者所选择的目标市场。

三、时尚品牌具体定位

时尚品牌定位即针对目标市场需求，针对目标消费者的心理需求，来确立自己企业或品牌的市场位置或消费者的心理位置。时尚品牌定位就是要根据目标消费者心理的空隙，为品牌确定一个与众不同的主张，确立一个独一无二的市场地位。

中端市场时装产品的设计和定价都是为了迎合高档市场和大众化市场之间层次消费的客户。立足高端市场的设计师或时装品牌也愿意推出副线牌或辅助品牌，从而把自身品牌扩展到中端市场。See By Chloé 可以叫克洛依（Chloé）的副线品牌，Betty Jackson Two 也是贝蒂·杰克逊（Betty Jackson）主系列的副线品牌。香蕉共和国（Banana Republic）、Cos、Whistles、Reiss 等商业街零售品牌也属于中端市场。部分品牌在定位自己市场层级时，往往以"平价奢侈品"作为突破口，实际上占领的就是中端时装市场。许多人认为应该让更广泛的人群享有高档消费，而消费者本身预算有限，平价奢侈品现在也成为具有潜力的重要市场。

大众市场时装主要代指商业街连锁品牌或时装零售连锁店，如 GAP、Topshop、ZARA 等在大中城市商业街开设店铺的品牌，有些甚至是国际连锁店，如 GAP 和 ZARA。在这个级别市场上，"商业街""快速时尚"和"大众市场"几个词之间的界限模糊，因而也包含了如 Primark、New Look 等较低档的品牌。

平价零售品牌，例如，Primark、法国零售品牌 Kiabi 以及德国品牌 Takko 等在欧洲范围内实现了自身连锁品牌的扩张。Primark 已在西班牙、德国、荷兰等国开设店铺，Takko 则把零售店覆盖到了奥地利、捷克斯洛伐克、匈牙利、荷兰、立陶宛和爱沙尼亚等国。由于担心平价零售品牌越来越多地挤入市场，西班牙时装连锁品牌 MANGO 于 2009 年 8 月推出了一条新的低端产品线，名为"Think Up"，用以维护其市场竞争力。这一崭新系列推出了超过 90 件单品，秉承"特别价格，创意生活"的口号。

时装市场的层次划分不断深化，层次越来越精细，很难完全理清。越来越多的时装公司实施扩张性的企业或品牌策略，以吸引更多层级的消费者。就像 MANGO 推出 Think Up 的例子所表明的，零售品牌或时装品牌推出价格实惠的产品，可以提高需求量。相应地，推出高档奢侈产品，提升市场定位，则是为了吸引时尚敏感型消费者，他们可以接受较高的价格。

第三节 时尚品牌差异化定位方法

时尚品牌在提供产品或服务时如与其他公司的产品或服务雷同，它将难以在市场中生存下去。所以时尚品牌必须寻找自己与其他公司的差异。差异化需要对消费者有吸引力，并与这种产品和服务的方面相关。差异化定位方法可具体到以下四个方面：

一、产品差异化

时尚品牌能够在许多不同的产品或者服务的层面上产生差异：产品形式、特色、性能、耐用性、可靠性、可维修性、风格和设计等方面。

时尚品牌定位的一个通常的产品要素是"质量"，产品优质的企业更为赚钱，因为良好的质量允许企业制订更高的价格；它们更多地受益于回头客、顾客忠诚以及积极有效的关系传播；而且高质量的成本比低质量的成本不会高很多。高价对顾客来说往往是优质产品的信号。包装、分销渠道、广告和促销手段也会影响产品的质量形象。

二、人员差异化

公司可通过培养训练有素的人才来获得强大的竞争优势。经过严格训练的人员具有六方面的特性：称职，员工具有所需要的技能和知识；谦恭，员工友好，尊重他人，体贴周到；诚实，员工诚实可信；可靠，员工能始终如一、正确无误地提供服务；负责，员工能对顾客的请求和问题迅速做出反应；沟通，员工力求理解顾客并清楚地为顾客传达有关信息。例如，迪士尼公司一直以来对服务的定位都是"想让顾客满意，先让员工满意"。他们认为让员工心情舒畅，员工才能更好地为顾客提供优质服务。让员工感到快乐，才能将快乐传递给到迪士尼来寻找快乐的顾客。

三、渠道差异化

时尚品牌可通过设计分销渠道的覆盖面、专长和绩效来取得竞争优势。随着互联网和电商的冲击，线下实体商业遇冷，"快、准、狠"的时尚行业同样受到了冲击。业绩下滑、竞争加剧、库存积压、门店关闭、品牌同质化严重，陷入困境的快时尚品牌想继续保持国内市场的优势和地位，就需要加速转型与时俱进，找准应对措施。2018 年初瑞典瑞典快时尚品牌 H&M 及其家居产品线 H&M Home 入驻天猫商城。H&M 的入驻，意味着在互联网和电商的冲击下快时尚品牌正在加速转型。来自西班牙的 ZARA、日本的优衣库、美国的 GAP 很早就入驻天猫，同时还开发了许多有特色的线上服务。ZARA 集团曾表示，集团业绩上涨主要受益于集团在网上扩张店铺的策略。

四、形象差异化

顾客购买产品的时候能从公司或品牌形象方面得到一种与众不同的感觉。形象是公众对公司和产品的认识方法。树立一个有效的形象必须做三件事。它必须通过一种与众不同的途径传递这一特点，从而使其与竞争者相区分。它必须产生某种感染力，从而触动顾客的内心感觉。它必须利用公司可以利用的每一种传播手段和品牌接触。

思考题

1. 时尚品牌定位的步骤是什么？
2. 时尚品牌定位过程中应注意哪些问题？
3. 尝试为一个时尚品牌做一个定位方案。

时尚品牌营销策略

课题名称： 时尚品牌营销策略

课题内容： 时尚品牌的消费特性

时尚品牌的体验营销

时尚品牌的社交媒体营销

课题时间： 4 课时

教学目的： 本章的教学目的是了解时尚品牌的消费特性，通过学习时尚品牌在消费
升级与跨界联合背景下的体验式营销与社交媒体营销策略，掌握时尚品
牌整合营销传播的具体方法。

教学方式： 讲授教学

教学要求： 1. 使学生了解消费升级背景下时尚消费的变化。

2. 使学生了解时尚品牌体验式营销的内容。

3. 使学生掌握时尚品牌在社交媒体上的营销方法。

4. 使学生掌握时尚品牌营销策略具体步骤。

课前/后准备： 通过社交媒体分析不同时尚品牌营销方式，实地调研感受时尚品牌
的体验式营销。

第四章　时尚品牌营销策略

第一节　时尚品牌的消费特性

时尚品牌经常被赋予个性化的特征，例如，百事可乐的青春、活力与自信；万宝路的阳刚、粗犷、成熟、豪迈；哈雷摩托的激情、叛逆、爱国与喜爱冒险，以此调动顾客的情感以促成购买。消费时代的一个重要特点在于不是着重于消费商品本身，而是消费所蕴含的符号意义，而时尚是符号意义的一个方面。奥格威曾一针见血地指出品牌即是个性，在 1955 年的一次演讲中奥格威说："厂商若能致力运用广告为他们的品牌建立最有利的形象，塑造最清晰的个性，必能获取市场最大的占有率，进而产生最高的利润。让我们记住，正是品牌的整体个性而不是琐细的产品差别，决定了它在市场上的最终地位。"

时尚消费存在四个方面的变化，首先，随着消费者美好生活的需求的增加，时尚产业从过去的单一化转变为现在的多元跨界；其次，在过去只是一种符号，人们通过消费物品来表明自己所在的阶层，人们倾向于用奢侈品来装点自己，现在这股潮流变了；再次，从追求消费转向追求个性消费，现在的消费者越来越追求自我和革新；最后，就是消费者从过去的物质消费转变为现在的精神消费，越来越追求精神上的愉悦。

消费升级背景下，每一个消费者对于生活细节都有着极致的追求，都希望消费的产品更加有品质。时尚不再只是奢侈和高端的代名词，时尚已经成为一种生活态度，一种生活方式，多彩化时尚的绽放才是今天时尚的主要特征。人们对于生活中的很多小细节、小物质都在追求着时尚，甚至一个小饰品都成为时尚的标志。例如，火热的故宫文创纸胶带，富有历史背景的色彩与故宫元素的加入受到很多消费者的欢迎，出现了惊人的销量，很多消费者将胶带贴在大牌香水、口红的外壳上，增加了香水或口红外观的颜值与时尚感。对于消费者来说，现在已经不再是"随便买把伞"的时代，人们偏向于将时尚变成生活的日常。大英博物馆与天堂伞合作打造了一款产品并将其 IP 授权，将博物馆藏品的元素加入到这款新产品设计中，通过现代设计融合时尚路径，让世界文明融入日常的生活中。

越来越多的消费者开始追逐跨界化领域的消费，推动这一消费趋势的有两大群体。一个是精英化人群，随着中产阶级人群的崛起，强大的购买力让他们成为消费市场主力军，而且对于品质生活有了更加极致的追求；一个就是年轻化人群，以90后为主体的他们对于世上还有着多元化的理解。而时尚品牌的消费更应该从这两个主要群体入手进行品牌精准化人群定位。

随着人们对于创新时尚生活方式的关注，消费者对于绿色消费和环保消费的认同度也越来越高，环保也越来越明显的体现在时尚的元素当中，人们不仅仅是对自然的关注，对人与自然的关系的再思考、对减少污染循环利用的身体力行、对健康生活方式的提倡等，都会从各个方面影响时尚的产品设计和营销理念。例如，Adidas 与海洋环保组织 Parley for Oceans 合作推出的 Ultra Boost × Parley 运动鞋，其制作原料——聚酯纤维全部是由海洋垃圾制作而成，且在一年内达到一百多万双的惊人销量。Levi's 用激光在牛仔裤上做出各种磨损效果来减少因添加化学物质而导致生产过程的污染。环保主义倡导开创了"可持续时尚"，这是一种慢时尚，包括很多快时尚品牌都开始倡导环保公益的行动更好地和消费者在"责任"层面进行沟通。

对于很多消费者而言科技就是一种时尚，38.7%的人希望人工智能让自己更时尚，现在越来越多的时尚产品都与智能相结合从而提升附加值。例如，Under Armour 每秒读取 2 万数据的智能跑鞋；Foreo 的明星产品 Luna 露娜系列洁面仪，能够在按摩肌肤的同时促进细胞再生，时尚品牌更加应该准备投入人工智能的开发。

总之，时尚品牌消费是营销心理学研究的一个热点和难点，时尚价值是一直消费者追求的基本价值之一，当时尚成为企业发展的基本策略，把握时尚规律，深挖时尚之源，进行时尚设计，发展时尚的市场策略，将变的十分重要。因此，在对未来的时尚消费预测中，营销心理方案也必然日趋完善和系统理论化。企业必须分析当前时尚的特点，把握消费者的心理，从而设计出适合市场的时尚产品；研究消费者信息和时尚信息、科技成果信息，并将信息最终纳入产品，进而夺取市场，赢得消费者。

第二节　时尚品牌的体验营销

时尚作为极为复杂的文化现象，包含了一个全球性的生产与零售行业，同时也跨越了高附加值制造业和现代服务业的产业界限，其中涵盖了时尚理念的设计与传播、时尚产品的制造采购与销售、时尚服务的设计与系列经营活动的提供等。毫无疑问，品牌建设与市场营销在当今时尚业中的地位举足轻重，两者被看作是企业价值体系、商业目标与个人理想、愿望及与消费者实际需求之间的整体串联体系。而在如今体验经济的背景下，顾客体验的过程在时尚体系的每个环节中都至关重要，无论是定制、奢侈品与设计师品牌，还是独立小众品牌或大众品牌中，它都影响着从产品的开发设计到零售的整条产业链。基于顾客体验的营销活动实际上是创造顾客价值的一种模式。一方面它可对顾客的需求进行全面的探讨，分析企业经由哪种方式可以更靠近顾客群体，并为产品和营销战略进行定位；另一方面借助接触点理论可以确定顾客体验的关键环节，从而设计、实施并实现顾客体验所需的整个活动流程。上海作为全国时尚知名企业、知名品牌的聚集地，也是中国零售业态发展最为完备的城市，聚焦其服装业的发展，可探寻现阶段中国时尚品牌营销模式的一个状态。

跨界合作已成为热门趋势，网购热潮的冲击下，为抵抗电商分流，服装实体销售终端开始将触角伸向更多领域，奢侈品品牌、快时尚品牌纷纷在店内开辟出咖啡、书店、发廊、餐厅等，品牌的营销形式也玩得越来越多元了。

在电子科技飞速发展的今天电商发展十分迅速，但是在时尚品牌注重电子商务的同时不可以忽视本身的实体营销。现在的时尚品牌消费者作为消费的主要活跃人群，获得品牌信息的咨询不仅仅是在电子广告媒体宣传，还可通过在平时密集的聚会过程中不同的朋友会获得大量不同的时尚信息品牌信息。而逛街休闲的时间对于消费者来说逛街更多的是在逛体验，通过切身的体验来感受不同品牌所带来的不同感受，当消费者在体验活动中有收获时，他们愿意自发地通过社交媒体进行传播，同时体验活动也可以产生内容用于品牌的后续传播。

第三节　时尚品牌的社交媒体营销

目前，社交媒体已经成为网络广告的战场主场。相比传统的广告模式，社交媒体内容维护相对简单，具有发布门槛低、实时性强、交互便捷、个性色彩浓厚等优势。比如，时尚品牌通过微博平台可以让消费者了解最新资讯和信息的同时，自己来决定关注哪些品牌以及品牌的哪些方面；并通过快速的信息共享，发表个人观点并提出相关建议，这种互动拉近了消费者和产品的距离，同时增进了品牌的亲切感。时尚品牌在微博平台中的推广让消费者体会到了生活的趣味，情感的共鸣以及病毒式的传播。不断增长的粉丝和他们的建议可以给产品的设计者更多的灵感。而这其中时效性的优势也不可忽视，同时相对于纸质的宣传品也更加体现了低碳的理念。

人人都爱时尚品牌，在社会化网络也是一样。时尚品牌利用社会化媒体有着天然的优势，这些优势注定了时尚品牌利用社会化媒体比一般的行业要容易被用户接受和深得人心：时尚品牌和明星大腕有着天然的联系；时尚品牌在线下已经形成口碑，拥有各自的粉丝；时尚品牌独特的内容如时装大片、创意广告都是粉丝们都会争抢传播。

时尚品牌应加强社会化媒体平台信息传播可控性管理。社会化媒体信息传播速度的加快给企业的品牌管理带来了新的问题，随着社会化媒体传播可控性管理难度加大，一度失控的信息传播局面有可能给企业造成难以承受的影响。企业要真正发挥社会化媒体平台的营销价值，弱化负面信息流对品牌和网络新闻给企业带来的反向冲击，必须第一时间认真为消费者解释负面消息的原因。加强信息传播可控性管理，把不利于品牌发展的负面评论的影响降到最低。

时尚品牌要注重通过社会化媒体平台创建品牌性格所谓的品牌性格就是将品牌的性格塑造得跟人一样，一个对社会公德、消费导向等有正面影响的"正义"性格。人格化了的品牌，会形成良好的企业形象、品牌魅力，从而带来更多正面的品牌效应。在社会化媒体营销对时尚品牌中国市场影响意义的一次采访中，严骏这样说道："对奢侈品品牌而言，更重要的是创建大型粉丝部落并在该网络群体中突出自身与众不同的卓越品牌人格。"品牌人格犹如企业人格的外化表现，社会化媒体的平台让消费者在加速建设品牌性格方面起到推动作用。

时尚品牌要利用社会化媒体建立与消费者的互动社会化媒体的互动魅力在商业及专业人士之间都达成共识，大部分时尚品牌开通微博的初衷都是希望利用网络收集关注者的建议和看法，互动在社会化媒体的光环下成了它的主要利剑，在挖掘社会化媒体对时尚产品的现实意义中，企业要注重形成消费者对品牌正面评价，把品牌口碑推荐的影响力作为营销的重心。世界奢侈品研究协会的一项调查显示，42%的富裕消费者认为"来自于可信信息源的排名和评价"是影响其购买决策的最重要的因素。可见消费者的自发推荐在时尚品牌社会化媒体营销中的意义。

时尚品牌要挖掘符合自身发展的社会化媒体营销模式，社会化媒体的优势让时尚品牌纷纷为找出最为适合自身发展的品牌传播方法而努力，找到一种最符合自身发展且与网络传播特点结合紧密的营销模式相当重要，社会化媒体除了在品牌宣传上做了基础工作还应该带动一系列的增值服务，比如，品牌及零售商的社会化媒体营销不仅带动了零售业绩，还通过与网络媒体运营商提供企业定制服务或与第三方开发者合作。

随着新媒体时代的来临，网络平台的飞速发展使得时尚品牌与社会化媒体营销紧密地结合起来。今天虽然很多成功的营销模式出现，但是时尚品牌，尤其是奢侈品品牌在社会化媒体中的推广依然乏力，但我们深信随着时尚品牌与新媒体技术的同步发展，它的前景值得期待。

整合品牌传播的首要价值，在于它提供一种全过程的管理，用以协调品牌资源，维持和促进企业发展。要制定一个整合品牌传播计划，首先需要采用一个战略的方法，这种方法强调建立和客户或者消费者之间更为稳固的联系。以下是成功实施整合品牌传播的十个步骤：

一、明确品牌在企业中充当的角色

品牌通常定义为通过创造顾客忠诚，以确保未来收入的一种关系。由此，整合品牌传播的起始点包括分析品牌所充当和能充当的角色，以确保获得更高的忠诚度。要评估品牌的价值，就要考虑对企业战略的审视以及顾客、雇员和关键股东等因素。这个步骤对一些传统意义上关于商业发展关键驱动要素的假定提出了挑战。这些传统理念包括："价格是我们唯一的附加价值""我们仅仅是一个产品提供商""我们不能疏远了分销伙伴"等，这些理念需要根据其可能性，而不是它曾经怎样发挥过良好效果，进行重新地审视。

二、理解品牌价值的构成要素

一直以来，执行管理层在寻求一个可以对营销传播的投资回报进行量化的工具，而得到的结论是仅仅被告知无法单独获得这类数据。在整合品牌传播的范式下，这种情况将会得到改观。整合品牌传播计划给管理人员提供一套和企业其他投入的资产相关的，用以判断品牌资产投资绩效的工具。

一些公司通过品牌价值评估的方式来判断投入的绩效，这种方式得出一个以基准（Benchmark）品牌价值为目标的测量方法。但是，在整合品牌传播过程中的价值"评估"并不需要计算出原始的数字。因为品牌价值评估可以识别出品牌价值的作用要素，它可以帮助显示或测量传播活动对品牌价值的影响效果，或者进行预测。

通过对从一个测量周期到另一个测量周期品牌价值相对变化的测量，我们可以客观地对建立和促进品牌方面所进行投入的回报进行量化，从而评估整合传播计划的整体效果。

三、明确谁是品牌信息期望到达的人群

品牌的角色明确之后，接下来至关重要的一步是要找出关键的目标受众。要区分这种努力的优先次序，很有必要辨别出哪些是驱使企业成功的受众，哪些仅仅是对企业的成功起一定的影响作用。

成功地影响了核心受众，由此获得的企业绩效足以强大到激发那些起一定作用的受众的关注和反应。首要的挑战，在于要设计一个联系核心受众的品牌战略，和一个联系功能受众的传播计划。

四、形成"大创意"

大创意是指独特的价值诉求。传播千篇一律的信息是对有资源的一种浪费，而传播意味深长的独特性则是成长的催化剂。大创意源于对受众需要、市场动态以及本企业商业计划的一种清楚理解。大创意与企业用以迎合关键受众需要的策略是相匹配的。伟大的创意需要符合四个基本的标准：符合受众需要、诉求区别于竞争对手、诚实可信，并且具备能够随着企业业务的发展而发展的内在张力。

五、改变认知来获得大创意

一旦顾客形成了和品牌的忠诚关系，受众将逐渐被纳入到这个过程中。在这个过程中，新形成的感知可能会妨碍对品牌独特承诺的反应能力。这种"感知障碍"需要有所突破，以传达"大创意"。

在这些障碍中，有一部分显得尤其难以克服。如果这种障碍是和认知关联的，可以通过增加信息的曝光度来解决这个问题。但是，如果遇到的是信任方面的问题，就需要改变目标受众看待品牌价值的态度。

六、通过信息传播改变消费者认知

改变消费者对品牌的认知并不是件容易的事情，它需要一种传播上的努力，这种努力需要具有穿透消费者每日因接触过载信息所形成的"防卫墙"的能力。要想获得他们注意，传播者必须通过精心准备的信息以消除混乱，并促使他们改变心理预设。一个携带大创意的驱动性信息，可以在媒介预算适度的情况下获得良好的传播效果。在媒介投放之前，务必确认信息的准确性，这将有助于优化投入回报。

七、利用媒介改变认知态度

一旦获得大创意，就需要使用合适的传播媒介。通常，在每一个卷入的阶段都需要使用个性化的媒介来适应受众的需要。广告和公关是建立品牌认知的有力工具，它们对品牌相关性的形成也有潜移默化的作用。接触频率高的媒体，间接的、直接的或者是互动的，对于品牌相关性和逐渐形成独特价值的感知，也很有帮助。

一旦购买决策形成，直接的互动是形成满意度和忠诚度最有效的手段。但是这么做也有一定的挑战性，需要平衡各种媒体的作用力量，以建立一种整合的、可以最有效地传播信息的媒体解决方案。

八、确定最佳媒介组合

执行的最根本的挑战，在于确定最佳媒介组合以促使目标受众形成强烈的品牌忠诚度。诀窍是在有限的媒介预算的前提下，优化信息传播的力量。这将有助于产生一种驱动性的投入回报，并确保未来的收益。创造性的媒介计划，用以合理使用媒介预算，将是影响成功的一个非常重要的技巧，特别是在头一年。然后，作为一个示范性的结果，在接下来的第二年及再往后，这将成为进行品牌投入的一个预算参考。

九、效果测量

投入需要在清楚了解事实的前提下进行。在和其他投资的比较中，要使人相信整合品牌传播上的投入，是一种投资而非花销，就需要展示一个相应的令人满意的投入回报。通过定量的方法了解信息和媒体的传播效果，将有助于在接下来的几年中优化传播效果。

十、从第五步开始重复整个过程

整合品牌传播是一个有机的过程，通过积极的深入展开，可以使之得到滋长并变得更加强大。测量了首次效果后，返回到整合品牌传播活动的初始，并考虑进一步提升的机会。

重新回到对信息的考量上，探求使他们更具有驱动性的机会；重新回到媒介计划上，考量是否到达目标受众；重新回到媒介预算上，考量这些预算是否被合理配置；最后，重新回到评估工具上，确定它们是否有助于对推动和管理计划的深入了解。

思考题

1. 时尚品牌的消费特性包括哪些？
2. 体验营销与其他营销方式比较有哪些特点？
3. 如何为时尚品牌制定营销策略？

时尚品牌危机管理

课题名称： 时尚品牌危机管理

课题内容： 时尚品牌危机的类型

时尚品牌危机处理内容

时尚品牌危机处理实操

课题时间： 4 课时

教学目的： 本章的教学目的是了解时尚品牌危机的类型、处理原则以及掌握针对时尚品牌危机处理方案。通过实际案例的解读，为学生提供一条理论与实践结合的学习途径。

教学方式： 讲授教学

教学要求： 1. 使学生掌握危机的含义及处理原则。

2. 使学生掌握时尚品牌危机公关的具体做法。

3. 使学生掌握不同类型时尚品牌危机公关应对方法。

课前/后准备： 搜集正反两个方面的时尚品牌危机处理案例，并进行比较与评估。

第五章　时尚品牌危机管理

　　危机管理最早由史蒂文·芬克在《危机管理——为不可预见危机做计划》进行系统的阐述。危机管理在我国起步较晚，20 世纪 90 年代才开始传入我国。对企业进行危机管理已经是相当一部分企业的共识。危机在我国是一个普遍现象，据零点调查最近公布的《京沪两地企业危机管理现状研究报告》显示，京沪两地半数企业处于危机状态。时尚品牌作为企业的一项无形资产，如何不让危机波及企业的时尚品牌这就涉及危机中的时尚品牌管理。时尚品牌危机管理，即企业在发生危机时对企业的时尚品牌进行管理，让时尚品牌资产保值增值。时尚品牌危机管理是一个难题，目前企业的做法不一。

第一节　时尚品牌危机的类型

　　美国危机管理专家奥古斯都说："危机就像是普通的感冒病毒一样种类繁多，无法一一列举。"了解时尚品牌危机类型的正确详细的分类，有利于寻找最精准的应对危机的解决机制，能帮助时尚品牌在日常的运营过程中做到正确的危机风险规避，在不同危机处理层面进行危机策略的制订、执行。具体分类如下：

　　（1）内容危机：产品质量问题，风格滞后危机。

　　（2）形象危机：媒体报道失实，遭遇造假。

　　（3）管理危机：服务危机，财务危机，法律危机，延伸策略失误危机，管理机制不完善，管理层个人形象危机，企业信誉危机。

　　（4）关系纠纷危机：碰到恶意消费者，黑社会的敲诈，得罪势力集团，不正当竞争。

　　总的来说，在危机来临时，首先要在四大危机分类中确认危机的类型，并采取有效措施是危机处理过程中的良好开端。英国危机管理专家里杰斯特提出，运用"填补信息真空策略"来化解时尚品牌危机。莱德贝特提出了危机处理的三"T"法则，即提供真实情况→提供全部情况→尽快提供情况。因为危机发生后，一般媒体和公众非常关注，更加信任媒体的报道和评论，对于时尚品牌方的否认或辩解只会激发反感情绪。在今日组织生态的开放系统中，非均衡结构与复杂形式、对初始状况的敏感度与回馈机能，影响着组织危机处理的始末。

　　据其定义，危机是一种不可预见的突发事件。组织由于不可预见的威胁、事故或灾难而进入危机状态。为可能发生的危机事件采取相关机制是危机处理步骤中一项非常重要的准备工作，一旦发生危机，这些方案将会令组织有效地应付危机，化险为夷。由此得知，充分防范、巧妙化解，也成为危机应对中的重要一环。

我国著名危机管理专家游昌乔提出了解决危机的"5S"原则，即速度第一原则、承担责任原则、真诚沟通原则、系统运行原则、权威证实原则，这一理论在国内被沿用至今。社会化媒体时代，当时尚品牌面临危机，在与媒体和公众沟通时，也需遵循"4S"原则。时尚品牌与重要关系网如媒体、员工及家属和社会一般公众保持良好关系，有利于时尚品牌形象的重塑。

一、速度第一原则

当危机发生时，最关键的是要在"第一时间"告诉公众事实真相，消除外界误解，同时有力传播时尚品牌正面信息，使目标公众对企业坚定信心，并形成清晰良好的印象。当事企业在第一时间对媒体发布信息时，要注意避免"四不可"：一，不可封锁消息。既然封锁消息是不可能的，不如变堵为疏。二，不可保持沉默。一旦关键时刻没有权威的声音，就会给谣言的产生和传播以巨大的空间，为危机的解决带来极大的麻烦。三，不可失去实效性。人们接受信息有"先入为主"的规律，因此，再好的信息和口径，哪怕是天衣无缝、完美无缺，如果失去时效性，效果都等于零。四，不可含糊不清、前后矛盾。无数的事实表明，危机处理是否顺畅与相关信息的公开透明程度密切相关。公开透明程度越高，公众获得的信息越多，头脑中的疑虑、社会上的谣言就会越少，公众情绪就越稳定，危机处置也越顺利。反之，公众信任度降低，危机处理难度增大，危机破坏程度加深。

2013 年 11 月，因欧盟消费者安全科学委员会的一则报告，让一直稳坐全球香水销售冠军、被业界称为"永不过时的神话"的香奈儿（CHANEL）明星产品 5 号香水陷入了致敏风波。由于"5 号香水"成分中有一种"树苔"物质含致敏成分，被欧盟消费者安全科学委员会列入建议禁售产品，这势必打击了消费者的购买行为。

"致敏门"风波发生后，香奈儿表示，针对某些潜在致敏原成分的规定酝酿改变，而这个改变影响将波及整个美容化妆品业。事实上，即使一些天然产品中也含有这些成分，可能会导致某些过敏体质的个人产生过敏现象。香奈儿中国公关部也马上发布官方声明称，香奈儿的产品是非常安全的，"我们在产品生产过程中始终恪守相关行业规定，同时致力于保证产品的品质以及独特。"当前，香奈儿 5 号在中国市场仍正常销售，并销售额不减。

任何企业，尤其是作为世界著名的时尚品牌，遭遇各种突发舆论危机都是不可避免的。解决危机的关键在于能否在第一时间内做出迅速反应及灵活回应，解除处于舆论风口浪尖的威胁，澄清事实真相，挽回消费者的信任。

二、承担责任原则

目光短浅的时尚品牌，为了保护短期利益，在时尚品牌危机管理中往往将公众利益和社会责任束之高阁，最终却为之付出巨大代价。因此，当时尚品牌危机发生时，企业必须承担社会责任，具体可以从公众利益和情感两方面出发，一方面，通过媒体或直接安抚利益受损方，承担责任，淡化矛盾；另一方面，站在受害者的角度去理解他们，公开致歉，赢得信任。

爱茉莉 2016 年 volume up oil tint 唇釉"召回门"引发社交平台热议，据悉，爱茉莉太平洋官方正对因微生物超标的四批次产品进行召回，国内淘宝店主也对此积极响应，在线提醒消费者对涉及召回批次的产品及时进行退换货。

从爱茉莉太平洋官网资料可见，爱茉莉集团宣称召回部分爱茉莉 volume up oil tint 唇部产品。究其原因，主要是由于微生物基准值超标，部分产品导致一些消费者在使用后出现嘴唇肿胀、起脓包等症状。据了解，召回产品分别是精油唇釉 2 号和 5 号，共 4 批次（3 批次 2 号唇釉和 1 批次 5 号唇釉）。

在这份公告中，爱茉莉官方表示：首先，消费者可以前往临近的爱茉莉卖场进行退换货，卖场人员应积极协助前来退换货的消费者进行相关化妆品退换货事宜。其次，化妆品店内保管相关化妆品的销售者应停止销售，向公司退货。

品牌官方的声明已得到多家淘宝代购店铺的积极响应。多家淘宝网代购商家在其该部分产品上附上"爱茉莉召回 2 号和 5 号 volume up oil tint 产品的消息"，来提醒消费者进行退换货。爱茉莉品牌将公众利益放在了首位，赢得了好感。网友对爱茉莉这种行为表示认可，并称将继续支持该产品。

三、真诚沟通原则

时尚品牌要做到"三诚"：第一，诚意。在时尚品牌危机事件发生后第一时间，企业应通过新闻发言人向媒体和公众说明情况，必要时致以诚挚的歉意，从而赢得公众的理解和信任；第二，诚恳。一切以消费者的利益为重，不回避问题和错误，及时与媒体和公众沟通，向大家说明事件处理的进展情况，重建信任与支持；第三，诚实。诚实是企业危机处理最关键的原则之一。人们会原谅一个企业犯错误，但不会原谅其谎辩的行为。

四、系统运行原则

在面对媒体和公众时，企业必须防止前后表述不一现象的出现，且绝不能信息混乱，应做到：第一，由新闻发言人统一对外，发出"一个声音"，形成有效的对外沟通渠道；第二，表态力求科学、严谨，避免相互矛盾；第三，非事态紧急或特殊情况，尽量不要让"一把手"在第一时间直接出面表态。一般而言，应由新闻发言人或是分管副职先出面，必要时再由"一把手"出面表态。在与媒体和公众沟通时，企业可以采取曲线救国的方式，请具有权威性的第三方说话，重获信任。对企业来说，第三方包括政府部门、行业协会、专业机构、消费者协会、技术专家和相关意见领袖等。争取权威的第三方对媒体或者公众进行客观表述是危机公关能否成功的一个重要因素。与危机没有直接联系的第三方说话更容易让人相信，而且，第三方规模越大，声音越大，影响就越大。因此，发生品牌危机时，企业应尽量争取具有权威型的第三方的支持，请他们针对利益相关者的情绪和诉求的变化趋势，传达企业采取的补救行动，表达诚意，争取信任。

第二节　时尚品牌危机处理内容

时尚品牌产生危机后，企业要进行以下步骤的操作：

（1）信息收集：收集危机内容、危机的传播来源。

（2）信息分析：分析危机的性质、危机的矛头。

（3）问题决策：第一时间针对危机的问题进行危机决策的制定。

（4）措施制定：拟定危机处理的措施方案，甚至几套应对方案。

（5）化解处理：积极沟通，以最快的速度站出来发声；聘用并使用第三方来为时尚品牌说话；视媒体为沟通的渠道，和媒体处理好关系；认真对待事件发生后的头 24 小时。

（6）动态调整：适当的根据危机处理反应进行调整，真诚对外。

（7）经验总结：事件平息过后的自我总结，恢复管理机制。

一、第一时间召开媒体会议

当社会上出现不利于企业时尚品牌形象的舆论时，企业应视情况举行新闻发布会，通过发布积极正面消息，释疑解惑，消除负面消息的不利影响。与媒体良好沟通，正确引导舆论方向。

二、利用官方微博及时传递信息

搭建健全的网络沟通平台，主要是借助官方微博、微信公众号、QQ、官网等自媒体平台。例如，通过官方微博，企业在日常的运营中能够及时了解公众对企业或时尚品牌的认知与态度，由此可及早发现危机的苗头，主动沟通，及时处理，从而将危机提前化解。当负面消息危害到企业信誉时，官方微博可以非常主动地在第一时间向媒体和公众发布信息，主动、透明、公开地回应外界质疑，防止事态进一步扩大。

三、与意见领袖建立良好关系

信息的传递是按照"媒介→意见领袖→受众"这两级传播的模式进行的，这一理论就是著名的"两级传播理论"。这一理论发现了对他人态度产生很大影响的意见领袖。这些"意见领袖"，是指活跃在人际传播网络中，经常为他人提供信息、观点或建议，并对他人施加个人影响的人。社会化媒体当中，意见领袖的"意见""言论"都会对民众有强大的影响力，他们的粉丝力量强大，粉丝的传播速度极快。当危机来临时，意见领袖的"站队"会对时尚品牌影响很广。所以，网络意见领袖是影响公众态度和行为的关键资源。时尚品牌应当充分的利用好意见领袖的强大影响力，使其正面引导舆论。

四、时尚品牌危机后的恢复管理

时尚品牌危机的恢复管理，是对出现危机的时尚品牌进行一系列的形象再塑造过程，通过整合各方资源，尽快消弭危机对时尚品牌造成的消极影响，保持、提升和巩固消费者及其他相关利益群体的时尚品牌忠诚度。作为企业，首先，需要对时尚品牌形象进行后续的恢复和提升。危机对时尚品牌的形象造成的伤害是不言而喻的，即使是成功处理了时尚品牌危机，时尚品牌形象仍然相对于危机之前有了相应的下降，企业员工、消费者、社会公众、各种组织机构、渠道商等都对时尚品牌的信赖度或忠诚度有一定程度的减损，这个时候，恢复和提升时尚品牌形象就成了此一时期的重要任务。其次，对时尚品牌危机事件进行总结，为今后的危机管理提供经验和支持，避免重蹈历史覆辙。正如奥斯卡·王尔德说："人们总是习惯于把他们犯过的错误称之为经验。"时尚品牌将一次危机处理全过程的得失记录下来，对于以后防范和处理危机都具有积极的借鉴意义。

时尚品牌在危机事件后进行的系列有计划、有步骤的措施，仍然可以修补时尚品牌的形象，逐渐提升时尚品牌的价值。在策略上，首先需要制订一个详细的恢复计划。首先是需要对危机所造成的损失和当前可利用的内外各种资源的有效性进行评估。通常是对时尚品牌的形象、时尚品牌利益相关者的心理、时尚品牌消费者危机管理研究后续发展的生产经营环境进行整体评估，然后提出相应措施，着手实施。其次，恢复管理是与反应管理同时存在，并协同推进的。反应与恢复本是不可分割的管理行为，注意二者之间信息的互通有无，可以减少管理成本的浪费。最后，恢复过程需要经历过时尚品牌危机和执行过恢复计划的人员参与。因为恢复管理不仅要满足企业和时尚品牌发展的需要，也必须考虑到遭受危机影响的人的忧虑和需要。在处理过程中要注意细节问题的广泛性和重复性交流，要注意消费者和其他公众等对时尚品牌态度的反馈信息，时刻让他们感觉到他们所关心的、所在意的都正在被有效处理。

五、时尚品牌危机中媒体的应对策略

为了应对危机发生时不可避免的媒体报道，每一家时尚品牌都应拥有处理媒体事务的团队和方案。在社会化媒体时代，人人都是记者，每位消费者都可随时曝光时尚品牌的负面消息，而且随着信息流通的进一步发达，信息传递速度和范围的不可控性、信息内容制造及反馈的即时性、传播工具的便携性和不易觉察等特征日益凸显，时尚品牌对负面信息的控制也越发困难。可以说，一个时尚品牌能否有效控制其负面信息的传播，及时、有效地解除危机，维护时尚品牌形象和利益，是关乎其生死存亡的大事。因此，正确、有效处理危机是一个时尚品牌基业长青的重要保证。

在现代社会中，媒体作为社会公正的守望者，作为民主社会中的"第四种权力"，它常常站在民众的角度。商业活动中，它是消费者申诉权利的主要窗口。媒体与消费者容易构成一种利益一致的关系，而时尚品牌则容易与这种利益关系形成对立，走向负面。有效的媒体管理可以帮助时尚品牌化解危机。正是由于媒体是危机信息的集散地，它可以影响着整个社会舆论的走向。在时尚品牌危机管理中，管理者与媒体的沟通直接影响着外界对事件的了解和对组织形象的认识，因此与媒体的沟通与协调就显得十分重要。在与媒体进行沟通时，必须根据媒体的特点，采取有效的管理措施，才能使媒体的宣传有利于时尚品牌危机管理工作。在危机没有发生之前，就应该和媒体建立良好的关系。最好的媒体公关之道就是在平时注意积累与媒体之间的关系，尤其企业的公共关系部门或者企业文化中心的相关负责人要注意和媒体建立和谐融洽的关系，不能临到危机时才想起公关。

通常来说，首先要注意分析媒体特点，有针对性的传播。其次，平时积极参加新闻媒体的活动。再次，要一视同仁对待各方媒体记者并注意策略。在时尚品牌危机发生后，危机管理者首要的是确定一个合适的新闻发言人，对外传递权威准确一致的信息，避免信息的混乱和谣传。最后，要尊重媒体，及时而有耐心、有礼貌地回答媒体的提问，并尽可能地为媒体提供获得信息的方便。当媒体有不符合事实真相的报道时，应该主动与有关记者联系，纠误并全面提供符合事实真相的资料，并且不可责怪媒体而树立敌对面。在时尚品牌危机平息后，同样注意与媒体的沟通也有利于时尚品牌形象的恢复。要向媒体表示感谢，促进友谊。在当前，除了要处理好传统媒体的沟通管理外，对于新兴的互联网媒体也要加强沟通，在媒体管理中注意二者的协调统一。当时尚品牌危机的信息源自于互联网时，危机管理者需要从网络的源头去处理。当网络负面报道发生并引起一定关注时，企业应该立即启动网络危机应对方案，但同时不能忽略所有转载过或是报道过危机事件的传统媒体，要及时地将准确的信息传达给他们，让所有的媒体都听到同一个声音。

在处理时尚时尚品牌与媒体的关系，首先，要接受媒体介入的不可避免性，整个危机处理过程中，要将媒体考虑进来。给予媒体最多的信息和最好的合作，需要听取意见，并在整个危机处理过程中要进行信息通报的群体之一。其次，要学会与媒体打交道并利用媒体。时尚品牌需要利用媒体潜在力量、速度和传播途径，要求对处理和沟通的目标非常明确，这建立在对于媒体合作的风险和好处有着良好的判断。使得媒体的潜在功能变成现实。媒体具有快速沟通的能力。所以，应该经常评估这一强大信息渠道的最佳可能性。

总之，在危机中媒体永远起着至关重要的作用。所以所有的时尚品牌运作程序和系统应该在考虑到这一关键因素的情况下，处理那些复杂的、苛刻的状况。同时，时尚品牌应该给危机处理人员下达指示，使他们训练有素，在与媒体打交道或利用媒体的时候做好准备发出属于自己的声音。

第三节　时尚品牌危机处理实操

当今世界以及经济的高速发展在为众多时尚品牌提供了宽阔的生存空间和良好的发展机会的同时，也将众多时尚品牌暴露在越来越激烈的竞争当中。一个个时尚品牌的消失和一次次市场的风云变幻使越来越多的人发现，在闪光的机遇背后隐藏着的是令人畏惧的危机。危机公关，作为现代企业经营中的一大重要管理手段，在当今社会中显得越来越必要。面对危机，有的企业反应快速、积极应对，将危机化为转机；有的企业却欲盖弥彰，消极沉默，对企业形象以及品牌造成不可磨灭的损失。

在这个社交媒体日益盛行的年代，对时尚品牌而言，一不留神就会引起轩然大波，特别是涉及国家、种族、版图的问题，如果处理不当，后果不堪设想。下面，我们以GAP "问题地图 T 恤" 事件为例进行危机公关分析与研究。

一、GAP "问题地图 T 恤" 事件始末

2018 年 5 月 14 日凌晨，有网友在微博晒出美国知名服装品牌 GAP 发行的一款印有中国地图的 T 恤，T 恤上所印地图把属于中国领土的重要地区台湾、藏南、阿塞克钦、南海给 "抹去了"，渤海的样子也变了形，如图 5-1 所示。

此事一经蔓延，立刻引发中国民众的强烈不满，这对本就经济不景气的 GAP 而言无疑是重创，因为不论在哪个国家，地图标注都是很敏感的。特别对于中国而言，领土一点都不能少。

图 5-1　GAP 问题地图 T 恤

二、GAP 危机应对措施

　　中国民众在网络大肆讨伐，面对来自国内外舆
论的压力，GAP 的品牌公关于第一时间 5 月 14 日晚间 7 点 20 点分，在 GAP 官方微博对
"问题地图 T 恤"发出了致歉声明，并称："盖璞集团尊重中国的主权和领土完整。我们
获知在个别海外市场发售的一款 GAP T 恤上的中国地图设计有误，我们对这一无意的失
误感到万分的抱歉。"如图 5-2 所示。

声　明

盖璞集团尊重中国的主权和领土完整。我们获知在个别海外市场发售
的一款 GAP　T 恤上的中国地图设计有误。我们对这一无意的失误感到万
分抱歉。我们现在正在进行内部检查，以尽快纠正错误。该款产品已从中
国市场撤回并全部销毁。

作为一家负责任的企业，盖璞集团严格遵守中国的法律法规。我们感
谢客户、媒体、员工和政府监管机构等有关各方的关注和支持。未来，我
们将致力于更加严格的审查，以防止类似失误再次发生。

盖璞集团

图 5-2　GAP 声明

三、相关各方危机处理立场

　　1. **国家机构**　2018 年 5 月 15 日，中国外交部发言人陆慷在例行记者会上回答记者
关于这件事的提问，表示："我注意到，据报道，GAP 集团已经就此发表声明致歉，表示
该集团尊重中国的主权和领土完整，正进行内部检查，将尽快纠正有关错误。声明还表
明，该集团严格遵守中国法律法规，以后会严格审查，防止类似失误再次发生。我们已
经注意到了这个声明，我们将继续听其言，观其行。"

　　2. **媒体**　积极、真实、及时披露相关信息。当前，媒体的力量是巨大的，当 GAP 发
生危机时，媒体加以如实报道，推动了对 GAP "问题地图 T 恤"事件的关注度与曝光度，
让广大消费者深刻了解最真实的动态与新闻，及时掌握第一手资料，增加了对 GAP 危机
事件的传播速度。

　　3. **消费者**　中国民众一直在主权板块问题上尤为敏感，GAP "问题地图 T 恤"事件
也直接引发了消费者的抵触情绪，消费者对于这样的事件感到尤为气愤。而对于 GAP 在
第一时间发表的致歉声明，消费者也由之前坚决抵制的态度变得平缓了许多。

四、危机启示

　　重视消费者投诉，面对危机，勇于承担错误和责任。"态度决定命运"，对本次 GAP

危机事件来说，这句话再也贴切不过了。在此次危机事件的处理上，态度比方法更重要。如果态度过关，方法就算有所欠缺也会挽回损失；而态度不好，再好的方法也会无济于事。

临阵不慌，从容应对。出手要"快、准、狠"，在此次危机中，GAP官方微博第一时间发出致歉声明，虽然给出的答复不能让所有人都满意，但是也是将危机负面影响降到最低。

当品牌出现危机时，要以真诚的态度面对消费者，积极与消费者沟通，争取主动性。企业必须高度重视与消费者之间的沟通与关系维护。指定新闻发言渠道，一致对外，此次，GAP就是以微博的形式向外传达了歉意，同时也保证信息的统一性和畅通性。

思考题

1. 时尚品牌危机会给企业带来什么样的潜在影响？
2. 时尚品牌早、中、晚期危机处理的侧重点有何不同？
3. 时尚品牌危机处理的基本步骤是什么？

提升时尚品牌价值

课题名称： 提升时尚品牌价值

课题内容： 时尚品牌延伸概述

时尚品牌的层级策略

快速消费品时代的中国时尚品牌

课题时间： 4 课时

教学目的： 本章的教学目的是了解品牌延伸的定义与模型、品牌延伸与营销战略的意义。掌握目前时尚品牌的分层方法，并对中国时尚品牌进行分析，结合实际情况学习中国时尚品牌价值提升策略。

教学方式： 讲授教学

教学要求： 1. 使学生掌握时尚品牌延伸的概念与模型。

2. 使学生掌握时尚品牌分层方法及注意事项。

3. 使学生掌握中国时尚品牌提升品牌价值策略。

课前/后准备： 通过调研了解中国时尚品牌的层级状况，找到一个与国内时尚品牌对标的国际时尚品牌进行比较与分析。

第六章　提升时尚品牌价值

第一节　时尚品牌延伸概述

一、时尚品牌延伸概念

所谓时尚品牌延伸，就是指一个时尚品牌从原有的业务或产品延伸到新业务或产品上，多项业务或产品共享同一品牌。时尚品牌延伸是多元化经营企业面临的最重要的战略问题，因为企业经营战略的核心和目的就是品牌战略，而品牌延伸是品牌战略的重要内容之一。随着企业经营规模的扩大，多种经营和品牌延伸成为更多企业家的选择。前文已有专门章节予以论述，本章只作一些补充。

在时尚品牌延伸理论中，一般可分为两种类型：一是相关论，它是品牌延伸与管理方面很重要的一个理论依据。在相关论的指导下，一般认为企业的两个产品类别接近，技术很相同，那么就可以延伸。而另一种理论则是核心价值理论，它认为一个时尚品牌成长过程中能不能延伸，是用一品牌还是多品牌，这首先要以核心价值作为思考的理论基础。如果核心价值相同的话，产品的物理属性就算相差很远，也可以延伸。比如 Supreme 可以是衣服和滑板，因为它们都可以是时尚品牌，象征的是一种身份。那么滑板的功能就已不是为了出行用的，眼镜也并不只是真正来解决视力问题，其物理属性和原始功能退化了。派克笔从高档延伸到低档为什么失败了？因为它破坏了原来的高档、高层次的象征。所以说品牌核心价值理论是解决了很多物理属性、原始功能相差很远，但都可以用同一个品牌这样的一个问题。

二、时尚品牌延伸的模型

消费者对延伸品牌或延伸产品的态度取决于三个因素，即原品牌的感知或知觉质量、原产品与延伸产品的关联性、延伸产品的制造难度，如图 6-1 所示。

具体而言，时尚品牌延伸模型包含四项基本假设：

消费者感知的原品牌质量越高，他们对延伸产品的接受程度越高，反之则越低；原产品与延伸产品关联性越强，原产品的高品质特征越容易惠及延伸产品，反之，这种惠及或波及效应将受到限制；原产品和延伸产品关联性越强，消费者对时尚品牌延伸评价

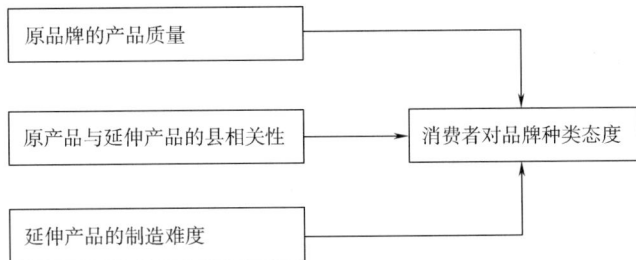

图 6-1 时尚品牌延伸模型（资料来源：品牌管理，南开大学出版社）

越高，反之则越低；延伸产品设计、制造难度越大，消费者对时尚品牌延伸评价越高，反之则越低。

三、时尚品牌延伸模型与营销战略意义

目前，也有营销理论不同意时尚品牌延伸，比较一致的观点是，时尚品牌应该是专门化，不应该将时尚品牌延伸到一个新产品上去。一个知名时尚品牌的确立，依赖于消费者对于产品（品牌）的认知和在长期使用中逐渐建立的对该品牌的信赖感，这种认知和信赖是消费者在使用产品的过程中通过亲身体验而获得的，最后时尚品牌便依附消费者对产品的体验的无意识归纳得以存在。如果你将这样一个品牌用于一个不相关或完全不相关的产品之中，消费者原有对这个时尚品牌的认知图式势必要对新产品产生反向拉力。这种拉力进而会混淆了新产品的特性，结果以新产品的失败而告终。

时尚品牌延伸与塑造品牌意义联想是一个复杂问题。具体地说，从时尚品牌延伸的产品关联性机制，告诉经营者一个基本原理就是当原品牌（消费者原品牌知识）与延伸产品之间相适合时，时尚品牌延伸就容易取得成功。而原品牌与延伸产品的适合性受到两个条件影响：一是产品—特征—相似性；二是品牌—概念——致性。前者是指原品牌产品特征或性能与延伸产品之间的相似性；后者则是对前者的发展，更强调品牌概念意义和联想与延伸产品之间的包容性。

认知心理学研究表明，抽象概念的联想一般比具体概念的联想更丰富。这一原理运用到时尚品牌延伸上含义就是具体产品的特征联想在延伸时比抽象的概念意义联想更困难。也就是说，时尚品牌意义联想越丰富，品质信誉越高，产品延伸的宽度就可能越大，在市场上成功的可能性也就越大。所以时尚品牌延伸中原品牌概念形象是十分重要的方面。

四、时尚品牌延伸战略

从战略角度考虑，时尚企业在发展过程中有三种增长方式：一体化增长、多元化增长和密集式增长。一体化增长是指企业向产业的上游或下游延伸，或者同时向上游和下

游延伸；多元化增长是指企业将业务扩展至其他与主营业务不相关的领域。密集式增长可用产品、市场矩阵表示，如图6-2所示。

	现有产品	新产品
现有市场	1.市场渗透战略扩大现有市场份额	3.新产品开发战略品种、材料、顾客层、价位段、品牌和产品形象的扩大
新市场	2.市场开发战略顾客群、地理区域、销售渠道的扩大	4.多元化战略

图6-2 时尚企业密集式增长市场模型

1. **市场渗透战略** 企业在现有市场上设法扩大现有品牌的市场份额。这可通过扩大卖场面积、争取更好的位置、创造更舒适的购物环境、提供品质更好的产品和服务等来争取更多的忠诚消费者和吸引新消费者购买。实际上，时尚品牌经营企业都非常重视专柜在商场的位置、产品陈列方式和服务。

2. **市场开发战略** 企业通过进入新的地区、新的细分市场或开辟新的销售渠道来获得增长。时尚品牌很多都是在当地市场起步，取得成功后，便开始在新地区建立营销网络，以保持时尚品牌的发展速度。一些经营效益比较好的企业已在大多数中心城市建立自己的销售网络，开始向中等城市扩张。

3. **新产品开发战略** 新产品开发是获得增长的重要方式。企业可通过增加时尚产品和配套产品、采用新型面料辅料、针对不同消费者层设计、提供更多价位的产品、进行时尚品牌形象重新定位等获得增长。

对此，我们在运用时尚品牌延伸时要特别注意以下几点：

（1）时尚品牌的准确定位：如果企业要进行跨行业的时尚品牌延伸，则更应注意使品牌保持稳定，不引起消费者反感。一旦其中某一个方面确定，其他各个方面的定位都必须与之保持价值取向上的一致性。所以，为了保证时尚品牌延伸不致招来大的经营风险，企业品牌定位既要着眼于现在，更要放眼于未来。一般来说，时尚品牌定位的最大范围便是第一次使用这一品牌的商品所属的行业，如果企业想跨行业经营，则应考虑选择多品牌策略。

时尚品牌定位需要选准适当的角度，一般知名品牌都是在品牌定位方面获得成功的品牌这包括两层含义：第一，时尚品牌名称在消费者心目中成为类别的替代物。如果企业能使品牌最先进入消费者的心智，那么，在心理学所说的"初始效应"的作用下，该时尚品牌将给顾客深刻的印象和影响，极易成为类别产品的代名词。第二，时尚品牌名称在消费者心目中成为产品独特属性的代表。只有那些能充分体现产品特征的品牌，才能在顾客的心目中占据有利地位。关于这一点，艾·里斯说："实际上被灌输到心目中的根本不是产品，而只是产品名称，它成了潜在顾客将属性挂与其上的挂钩。"

（2）时尚品牌保持相关性：时尚品牌形象是与主导产品形象粘连在一起的，要把时尚品牌形象延伸到其他产品上，必须保持被延伸产品与主导产品具有一定相关性。衡量产品相关性是否适合延伸品牌，主要分析两种产品的消费者是否一致，以及消费者对产品的要求是否一致。另外，如果一个时尚品牌被定位在某一特定消费群使用，且这一定位非常成功，则它的延伸只能围绕这一层次的顾客来开发新产品。

（3）时尚品牌增加副品牌：中国有不少人崇尚保存自身实力的中庸之道，为了避免单一时尚品牌延伸的风险，经营者也可考虑采取类似中庸的办法——在商标不变的情况下为新产品再起个小名，这里姑且称为副品牌。这样做一方面谈化了"模糊效应"，另一方面又使各种产品在消费者心目中形成一定的距离，有效地降低了"株连"的风险。

第二节　时尚品牌的层级策略

时尚品牌发展到一定程度就存在不同的等级差别，具有多层次。从空间范围看，时尚产品的辐射范围不同；从时间长度看，时尚产品的寿命周期不同。一般而言，按照所覆盖产品的宽度，每个公司由高到低可能有公司品牌（corporate brand），分部品牌（house brand）、产品线品牌（family brand）和个别品牌（mono brand），所以在为个别产品设计时尚品牌策略时就可以将这些不同层次的时尚品牌名称以特定方式集合在一起，形成个别产品的时尚品牌层级体系。显然，公司在推出每一个具体产品时，都要考虑其时尚品牌层级体系，包括各层次时尚品牌名称的使用，和所显示的重要程度。前者说明的是使用频率，后者通过字体、字号、颜色、底色等设计元素显示出企业试图向顾客传达的该层次时尚品牌的相对重要程度。对多时尚品牌企业而言，并非每种时尚品牌都是有利可图和有发展前途的，而企业的各种资源是有限的，企业必须及时淘汰衰退品牌，以便集中资金发展重点时尚品牌，并抓住时机推出新时尚品牌。因此，要实施好品牌战略，就必须对本企业的现有时尚品牌进行综合评价，将其划分为若干层级；确定不同层级时尚品牌的市场地位、竞争优势和发展潜力。在此基础上有针对性地制定不同时尚品牌的发展策略，促进各时尚品牌的分层次发展，以此促进时尚品牌资源的最优化利用。

对企业现有时尚品牌进行分层，主要应从以下几方面进行：

一、规定时尚品牌的范围

这主要是指确定时尚品牌的辐射范围，以此表明时尚品牌目标市场的空间范围。据此，可将企业的现有时尚品牌分为当地品牌、地区品牌、国内品牌和国际品牌。

二、细化时尚品牌的层次

在确定时尚品牌的辐射范围后，根据不同品牌的销售增长率及其在目标市场上的整体占有率加以结合，对不同辐射范围的品牌进行再分层，只是，在进行时尚品牌分层时，需要确定划分销售增长率和市场占有率的标准，标准的具体尺度可以根据各企业的实际情况合理确定。

三、确定时尚品牌的生命周期

在上述时尚品牌分层的基础上，进一步分析各时尚品牌的市场占有率和销售增长率，可以掌握各时尚品牌的市场竞争力和所处的生命周期阶段。市场占有率是反映时尚品牌在目标市场上的地位的首要指标，是时尚品牌竞争地位最集中的反映。时尚品牌与产品一样具有从成长、成熟，到衰退的生命周期。根据时尚品牌在一定期间的销售增长率可以对品牌所处的生命周期阶段做出判断。

四、实施时尚品牌层级策略应注意的问题

时尚品牌区别于其他品牌的关键之处不仅在于其辐射范围广，而且持续时间长。因此，企业应努力延长时尚品牌的寿命期。即使在品牌出现衰退迹象时，也不应轻易做出时尚品牌衰退的结论，放弃营销方面的努力。许多成功的时尚品牌都经历过发展的低谷，它们能走到今天，与经营者坚持不懈的努力是分不开的。时尚品牌的经营者应认识到，尽管时尚品牌存在一个生命周期，但时尚品牌的生命周期"是一个由营销活动决定它的因变量，而不是一个要公司的营销方案适应它的自变量"。

通常某种产品的寿命期大于时尚品牌的寿命期，如果企业把注意力过分集中于产品上，可能会限制时尚品牌的发展思路，导致经营缺失。因此，延长时尚品牌的寿命期，关键在于抓住产品开发与创新，不断推陈出新。

时尚产品是多层次的，并且是由低到高不断发展的。作为一个企业，在制定时尚品牌发展策略时，不仅应对每个时尚品牌采取适当策略，更重要的是从全局出发制定时尚品牌结构性综合战略。如果企业的时尚品牌的市场占有率都不大，说明企业未能进行重点经营，这时，应从问题品牌中选拔出一种，培育为明星品牌；在市场环境剧烈变化的情况下，为了分散风险，在时尚品牌结构中应有一定数量的明星品牌。此外，企业应及时淘汰衰退时尚品牌，有计划地适时推出新品牌，保持时尚品牌发展的良性循环。比如兰蔻（LANCOME）、SK-Ⅱ等护肤品都有自己品牌的明星产品，然而也在不断每年推出新的产品面向大众，营销宣传也在不断更新。

第三节　快速消费品时代的中国时尚品牌

一、快速消费品时代的中国时尚品牌分析

经济全球化背景下，国际大品牌不断进驻中国，使本土时尚品牌受到冲击，中国本土时尚品牌要想在国际舞台上展现自我，就必须创造出具有中国特色的本土时尚品牌。因此，中国时尚品牌要想在激烈的国际竞争中得到持续发展，就必须向"中国创造"转型。

中国的时尚品牌可分为中端时尚品牌、快时尚品牌和设计师品牌。

中端市场时尚产品的设计和定价都是为了迎合高档市场和大众化市场之间层次消费的客户。立足高端市场的设计师或时尚品牌也愿意推出副线牌或辅助品牌，从而把自身品牌扩展到中端市场。我国的中端时装品牌有地素（DAZZLE）、MO&Co、欧时力（ochirly）、太平鸟（PEACEBIRD）等。以 MO&Co 为例，该品牌定位中产阶级，定价相对偏高，但在中产阶级的承受范围，将其塑造成"帅气""Boy Style"风格，在女性独立意识日益觉醒、彰显个性的时代里，品牌发展也越来越好。MO&Co 隶属 EPO 时尚集团，旗下还有高端线 Edition 10、儿童线 Little MO&Co、彩妆线 REC。作为国内首家进入国际时尚百货的本土品牌，MO&Co 也遵循了多角度延伸品牌生态圈原则，积极拓展产品覆盖面，打通全渠道销售，更能实现品牌的同期增长。如今国产品牌正在从单纯单一的传统零售，走向寻求多层次的粉丝化品牌运营，除去必备的产品质量保证，品牌形象是销售中的重中之重。而中产阶级的扩大，让细分的市场拥有足够的市场规模，以及中产阶级为主的消费群体越发觉醒，对优质有范的产品和服务有着巨大的需求，无疑是定位中产阶级品牌的发展契机。

快时尚品牌是指可以在很短的时间将时装周中展出的潮流服装推出的商业模式。对于消费者来说可以在很短的时间以低廉的价格买到新潮的服装。其代表有 H&M、ZARA、Topshop 与 UNIQLO 等品牌。我国的快时尚品牌有 UR（URBAN REVIVO）、MJ style、热风等。例如，成立于 2006 年的快时尚品牌 UR（URBAN REVIVO），根据官方数据，其上新频率保持在一周两次，一年开发款式数量为 1.2 万款，十分注重潮流热点的追踪，在风格和模式上接近 ZARA；品牌定价则与 H&M 持平，略低于 ZARA，更能吸引国内大众消费者。

目前，我国也有许多知名的设计师品牌，例如，蒋琼耳与爱马仕集团携手创造的品牌"上下"。我国的设计师品牌可分为高级定制品牌、设计师品牌延伸出的高级定制品牌和以成衣设计为主营业务的设计师品牌。

高级定制品牌多采用单一的业务经营模式，以一对一，甚至多对一的服务模式为主要的服务类型，为消费者提供高端的服务，以提升品牌档次。以张肇达（Mark Cheung）为例，

设计师张肇达于 2000 年创立的个人独立设计师品牌马克·张 Mark Cheung，该品牌是第一个引进高级成衣概念的服装品牌，体现"服装生活设计理念"，品牌的定位是中国 35~55 岁拥有高消费能力的女性。坚持以现代审美角度出发，挖掘中国传统文化中更深层次的东西。

设计师品牌延伸出的高级定制品牌，为了满足顾客的多样化的消费需求，一些服装品牌推出定制子品牌。这类品牌多为自主经营，采用多元化业务模式，提供以定制为主的服务，借由品牌延伸提升本品牌价值。如设计师品牌"吉承"，为了满足顾客的多样化的消费需求"吉承"推出了高级婚纱定制品牌（Wedding by La Vie），传达出中国传统文化的古典美的同时又展现出紧跟潮流的设计之美，设计出适合中国女性的新式婚纱。

成衣设计为主营业务的设计师品牌，以例外（EXCEPTION）为例，1996 年，毛继鸿与马可，共同创建了 EXCEPTION de MIXMIND——例外，并成立了广州市例外服装有限公司，该品牌目前在全国拥有 70 多家专卖店。"例外"崇尚人性的真实，并将尊重作为生命存在的知性人群本身，旨在发掘衣装后面人的精神，而绝非只见衣装不见人的张扬。"例外"凭借其对东方哲学的思考与美学追求，成功打造了一种东方哲学式的当代生活艺术，从而赢得海内外各项殊荣与无数忠诚顾客的忠诚。"例外"的品牌定位："例外"拥有十分独特的品牌文化——"例外"秉持东方本土文化的原创精神，持续的创新和经营，凝聚注重精神追求的人实现信仰的巨大价值。

中国未来的时尚品牌有两种发展可能：一种就是像例外、江南布衣这种执着的、有梦想的设计师做的品牌，这种品牌会成为生活的符号。另外一种就是像 ZARA 这类具有一套现代化的运作模式的品牌，一样能在市场中生存。整个社会的宏观因素、经济因素、文化因素、技术因素必将带来市场的变化。品牌越来越趋于满足超越这种变化。一个时尚品牌能不能满足市场的这种变化，显得尤为重要。还有消费者、品类、渠道与价格都在发生改变。今天，一个时尚品牌想要生存下去，拼的是综合能力：战略是否清晰、设计风格是不是能满足消费者的需要，销售渠道、价格、品类结构等能力，任何一个跟不上，销售增长都会非常困难。

二、快速消费品时代的中国时尚品牌策略

品牌是消费者以及其他利益人在头脑中感知跟理解的结合。消费品品牌的最高境界，就是代表着消费者的生活方式，改变消费者的生活形态。在不断地求新求变中引领时尚，品牌才能留住顾客。消费品企业打造时尚品牌，提升品牌形象，需要坚持以下基本策略：

1. **时尚品牌定位差异化**　一定要跟竞争对手有差别，对竞争对手而言，品牌的差异性在哪里？差异性的关键在于消费者接受哪种品牌价值。品牌个性是一个品牌最有价值的东西，它是最不易被竞争品牌模仿的"法宝"，它也是品牌建设中的一个重要方向。产品可以模仿，可以复制，但品牌是唯一的。时尚品牌必须具有鲜明的个性，与竞争品牌有质的区别，必须具有独特的差异性优势。如耐克的品牌个性是富有进攻性，直面挑战；生气勃勃，"酷"；强劲有力。面对着消费者的个性化选择，鲜明的品牌个性能够带给消

费者独特的感受，创造一种品牌体验，成为消费者生活的一部分。只要我们按照品牌个性设计、经营的自然规律，为品牌注入独一无二的特质，并持之以恒地坚持下去，就能与消费者达到互动沟通，品牌就会扎根于消费者的心中，品牌才能经得起时间的考验，经得起风吹雨打，成为真正的强势品牌。

2. **时尚品牌设计原创化**　一个时尚品牌一定要有一个原创性的定位，这定位要能提供给消费者一个功能上和感情上利益的独特组合。因为每个成功的时尚品牌皆有一个独特的消费者诉求。时尚品牌定位对消费者行为的影响，在与时尚、身份、地位相关的商品领域，表现得特别明显。更新设计理念，提倡原创设计，发扬民族传统文化、建立民族自信心，就能打造民族品牌、树立独特的文化形象。中国的设计师品牌例如周翔宇的 Xander Zhou、张卉山的 Huishan Zhang 以及上官喆的 Sankuanz，他们独特的创意能力，兼具中国和国际视野的设计手法，正在刷新世界对于中国时尚的认知。

3. **时尚品牌理念生活化**　理念生活化是指企业用自己的具有鲜明特点的、生活化的经营理念作为时尚品牌的诉求，体现企业的内在本质，并用较确切的文字和语言描述出来。生活化的理念诉求容易树立起令公众产生好感的企业形象，提升品牌价值（特别是情感价值）和品牌形象。例如，时尚品牌江南布衣（JNBY），其推崇"自然、健康、完美"的生活方式，"Joyful Natural Be Yourself"这四个单词诠释了江南布衣（JNBY）的品牌理念。该品牌强调与自然相融的理念款式设计，多采用枝叶花草成为标志性的装饰纹样，单品之间丰富、随意的可搭配性为穿着群体提供了专业的服饰搭配概念的同时，更为消费者留下服饰搭配的再创空间。

4. **时尚品牌设计简约化**　现在无论在哪个行业，哪个领域，人们的指导思想都开始推崇摒弃烦琐，摒弃过多的堆砌，奉行极少主义的思想。在哲学、经济学、建筑、服装、家具上都是如此，过多的堆砌成了啰唆、腐朽生活方式的代表。比如，极少主义在建筑上的体现就是尽量少的线条、少的装饰、尽可能少的色彩。烦琐的装饰、艳丽的色彩成为建筑中恶俗的象征。简约主义在全世界的兴起的确代表了这个时代的精神，也是时代未来的发展方向。时尚品牌的打造也必须考虑如何搭上这班车，满足消费者在这方面的需要。如时尚品牌江南布衣深受道家"少则多，多则惑"思想的影响。道家美学思想崇尚淡泊宁静、娴雅恬静的审美情趣，认为设计应以简约为美，反对过多的装饰。这种减少反而是另一个层面的增多。

5. **时尚品牌视觉传达独特化**　时尚品牌独特的视觉形象可以引起消费者注意，激发联想，并最终产生对该视觉形象的情感认同，即达到对品牌的忠诚。品牌的视觉形象必须是独特的，这是时尚品牌吸引消费者的重要条件之一。以我国本土设计师品牌"例外"为例，其视觉风格处处体现出"整体""和谐"的美学内核，中华民族几千年来沉淀下来的传统文化符号也为其产品设计提供了大量的设计灵感来源，使其产品呈现出特有的东方气质。"例外"在色彩处理上，特别渲染"素"的意味。观察每季新产品的推出，可以发现"例外"产品以各种层次的白为主，如本白、米白以及纯白等。"例外"在服装装饰上喜欢点到为止。图案纹样装饰不多，但是表现精细，以局部装饰为主，呈现为两大特点。其一，印染装饰纹样多以面代线，染纹与服装本料的色差非常小，给人斑驳、模糊以及质朴的视觉感受；其二，偏爱镂花效果，有棉质手工镂花与机织面料叠加的效果，讲究同色异质；也有机器打洞镂纹，以点成线。可以看出本土设计师品牌的视觉风格表现离不开本民族文化内涵的支撑，这是本土设计师品牌服装的个性所在。

6. **时尚品牌的持久性及战略性**　一个服装品牌一定要有持久性。不要只顾眼前的利益，要考虑的是一个品牌以后如何在市场中长期生存下去。要不断地创新，不断地捕捉消费者需求，不断地去了解哪些消费者是这个品牌未来所要锁定的。最后，一个服装品牌要具有战略性。公司品牌的发展一定要与公司未来的战略发展配套。

思考题

1. 时尚品牌延伸的战略意义是什么？
2. 时尚品牌单一延伸和多品牌延伸的相互关系在时尚品牌管理中起到什么作用？
3. 谈谈快消时代如何提升中国时尚品牌价值。
4. 简述时尚品牌的层级策略。

时尚品牌的全球化战略

课题名称：时尚品牌的全球化战略

课题内容：国外时尚品牌如何适应中国市场

中国时尚品牌如何进入国际市场

课题时间：4 课时

教学目的：本章的教学目的是掌握国际化品牌的特点，以及产品发展中经历的四个阶段。了解国外时尚品牌进入中国市场的具体途径及推广方法与渠道。了解政策与科技的发展为中国时尚品牌全球化战略提供的解决方案。

教学方式：讨论教学

教学要求：1. 使学生了解国际时尚品牌在中国市场的推广方法。

2. 使学生了解中国时尚品牌在国际市场的发展趋势与目前状况。

课前/后准备：通过调研了解中国时尚品牌的全球化进程，找到一个与国内时尚品牌对标的国际时尚品牌进行比较与分析。

第七章　时尚品牌的全球化战略

在了解时尚品牌的国际化之前，首先需要了解什么是国际化的品牌。国际品牌有几个特点，一个国际品牌可以进行家族式管理，但手段必须是现代化的；国际品牌的工艺可以是传统的，但营销和运作必须是国际化的。

一个品牌之所以能够生存百年，是因为它在不停地创新，吸引潜在客户的不断加入。现在，中国最具消费能力的年龄人群应该是 30 到 40 岁之间的人群，但是再过十年以后，90 年代的人将会成为主流消费人群。"90 后"有什么特点？现在的各类综艺选秀节目让观众感觉到文化可以像快餐一样被消费；树立一个明星，半年甚至三个月的时间就可以做到。近些年热度较高的潮牌，就因为抓住了年轻人的眼球，精准定位了用户的年龄层次，并保持更新速度，与各大奢侈品品牌联名，强强联合，打造更强大的品牌影响力。所以，品牌要想长期生存下去，要想打造百年品牌，必须要做一件事，就是满足不同年代出生的人的需求，特别是在中国目前的状况下，需要在不同阶段制造不同的文化，每一个品牌都需要考虑到长远的生存和发展。

然而，一个品牌应该在什么时候开始考虑新市场呢？一个产品在它的发展中必定要经过四个阶段。

第一阶段：存疑阶段。在这个阶段中，这个品牌的未来发展趋势和能否成功都是未知数，一切都是问号。企业需要为它投入大量的资金，然而回报却是不可知的。

第二阶段：上升阶段。在这个阶段，品牌正在不断的快速上升中，为企业带来了利润，也为企业带来了希望。可是为了它的发展，公司还是要继续不断投入资金，以确保它可以健康的在市场中竞争，这时的利润是不稳定的，仍然需要公司的扶持。

第三阶段：稳定阶段。这时的品牌就像一头奶牛一样，它为公司提供了丰富的营养，但是所需要的成本却比明星要少很多，同时为企业带来了稳定的收入，但是发展的速度已经是缓慢而平稳的了。

第四阶段：负增长阶段。品牌在这个阶段就是处于下滑期了，不能给公司带来利润，反而需要公司花成本去维护，整个品牌带来的利润呈现负增长趋势。而这个阶段也就是一个品牌的最后阶段了。

当一个公司有了一个进入第四阶段的产品后，就要考虑是使它重新成为存疑、上升、还是放弃。而如果真正等到进入这个阶段再来思考，往往已经太晚了。一个正常的公司应该拥有至少一个稳定阶段，相对的，拥有存疑或是上升的数量应该是和稳定的数量相同的。只有这样，在稳定阶段变为负增长阶段的时候，公司还是会不断发展，而在稳定阶段的品牌需要帮助时，公司也不会因为有太多投资项目而放弃收入稳定的品牌。阿迪达斯毫无疑问已经为公司带来了不可计算的财富，但它的发展也已经是步入缓慢了。虽然等它真正进入第四阶段还要很长一段时间，但是寻找自己的新产品已经不能再等了。

第一节　国外时尚品牌如何适应中国市场

当今中国时尚品牌市场依然是女性消费者群体为主要消费群体，而职业女性又在其中占了绝大部分。据国家统计局发布的数据来看，处在 10～89 岁的女性占总人口的 45.3%，20～54 岁间的职业女性就要超出其中一半，如此庞大的一个消费群体，大大刺激了对时尚用品的需求。另外，消费者的观念也发生了很大变化，不再盲目跟风，自主性更强。中国消费者也不再仅仅看着就去购买，而是会通过多方面的消息，进行多方面的对比，更为理智地作出判断，选择于自己最有益的产品。所以，这也为各大国外时尚品牌进驻中国市场增加了难度，需要时尚品牌花更多时间去了解中国消费者真正需要什么。

国外时尚品牌走进中国市场，大致通过以下途径：

一、中国风包装

中国风，即中国风格，是建立在中国传统文化的基础上，蕴含大量中国元素并适应全球流行趋势的艺术形式或生活方式。近年来，中国风被时尚品牌广泛应用于流行文化领域，如音乐、服饰、彩妆、广告等。而中国风包装能将国外产品更好地融入中国传统文化之中。

作为乔治·阿玛尼（Giorgio Armani）时尚王国的重要组成部分，乔治·阿玛尼化妆品自 2000 年诞生以来，犹如一股旋风，席卷了欧美时尚界，成为超级明星与贵族名媛的必备美妆品。近年来，这股时尚旋风又刮入亚洲地区，在日本、中国香港、中国台湾等国家和地区，不仅在专业领域地区获得了推崇，也成就了那些梦想拥有明星般夺目光彩的女性。2008 年 4 月 18 日晚，在北京 798 艺术区 706 工厂，乔治·阿玛尼化妆品举行了宣告其进驻中国市场的盛大发布活动。乔治·阿玛尼，作为一个在护肤、彩妆、香水领域都高居金字塔顶端的专业美容品牌，自 2000 年创立以来，在非常短的时间内，就凭借其低调、奢华与超越时光的优雅，成为全球贵族名媛与超级巨星的挚爱。现在，乔治·阿玛尼全线产品已来到中国，2008 年 6 月 1 日，在中国时尚界和化妆品爱好者的翘首企盼之下，乔治·阿玛尼化妆品终于登陆中国，标志着品牌旗下的三大系列——护肤、彩妆、香水全线进入中国化妆品市场。

而在本土化的进程中，如何充分的考虑本土国家的文化因素，视当地情况而变，制定出与当地文化相匹配的战略，乔治·阿玛尼表现的格外出众。选择中国风包装就是一个不错的方法。相比较于欧式典雅素净的风格，国人最热爱的包装礼盒就是红色，这是中国风独特的视觉识别系统。为了迎合中国消费者对传统新年的热忱，阿玛尼推出新年限量高光，以中国人最爱的大红色为整体的包装基调，营造喜气洋洋的节日气氛。红色对于中国人来说，具有特殊的情结，中国春联是红色的、红包是红色的，关乎喜事的颜色基本都和红色相关联。为了迎合了中国传统生肖，并在高光的表层雕花出每一年的生肖图案。以"福"字为包装的LOGO，同样，也是对中国人民新的一年美好的祝愿。

二、线上线下相结合的营销模式

线上营销、线上购买带动线下经营和线下消费。通过打折、提供信息、服务预订等方式，将线下商店的消息推送给互联网用户，从而将他们转换为自己的线下客户。

许多时尚品牌都有在中国开展网上业务，希望能在中国广阔的网购市场中获得利润。根据美国化妆品及用具、香水协会（CTFA）年会的报告，互联网资源已经被越来越多的国际化妆品公司所利用，想要在传统业务的基础上新增富有竞争力的电子商务形式，来方便自己开拓新市场。网络普及率水涨船高，中国网购市场最近几年已经上升得很快，当前是高速发展的阶段。对于国外时尚品牌而言，进入网上购物市场势在必行。当前几乎每个时尚品牌都有自己的官方网站，并且线上线下运用着不同的销售模式。ZARA、H&M、优衣库这些快时尚服装品牌，为了迎合中国市场、中国人使用淘宝的习惯，纷纷设立了天猫官方旗舰店。让消费者足不出户就可以完整的逛完品牌所有的商品。并且设置了"门店自提"业务，让消费者更加便利的同时，也增加了线下门店消费者的流量。线上线下的商品种类也是不尽相同，消费者可以从线上和线下了解到不同的商品信息。不仅节省了时尚品牌门店运营的成本，也使得消费者更多可能的了解时尚品牌，可谓是一举多得。

三、中国明星代言

利用广告来进行宣传，用明星效应的方式给消费者留下深刻的印象，依靠形象代言人赢得消费者的情感倾向。消费者的购买行为多是感性支配下的消费行为。广告可以依靠杂志和其他宣传渠道，当前，最直接的为网络媒体的宣传，通过网络媒体宣传，可以扩大知名度，吸引消费者前来消费。

兰蔻最近几年尤为重视代言人的选择。周冬雨作为"90后"年轻花旦中，最快拿到"影后"头衔之一的女明星。在娱乐圈内基本上没有什么花边新闻，在中国大众的眼中基本上是一边倒的好评。人设定位也是青春、不造作的小精灵模样。所以，兰蔻选择周冬雨作为新款气垫CC霜的代言人，周冬雨的气质形象与兰蔻新款气垫CC霜的年轻定位不谋而合。此次选择，得到了消费者的一致认可，CC霜一经推出一度售罄，销售业绩也是非常可观，中国大众对于本土明星代言感觉非常的亲切，也验证了消费者愿意为时尚品牌买单的预期。

四、社交媒体推广

推广策略是各品牌进入中国市场的惯用手法之一。推广策略一般是指时尚品牌通过各种方式推广，如员工直接促销、赠予小样、广告、公关活动，或营业推广等，由此传递给消费者自己的产品信息，吸引消费者的注意力，激起消费者的购买欲望并行动起来，来达到销售盈利的最终目的。而当今社交媒体促销则成了国外时尚品牌的惯用营销手段。

韩国化妆品悦诗风吟（Innisfree）专柜定期举办会员活动，以此来鼓励消费者购买更多的产品，但是必须绑定微信会员才可享受此优惠，这种利用社交媒体的促销方式可以首先可以建立品牌的关注度，通过与消费者的互动来提高品牌的知名度，品牌方将品牌理念、内容通过这种社交媒体形式展现给消费者，加深了消费者对品牌的认同感。其次，通过信息的推送，品牌信息可及时有效的传达给消费者，消费者可随时得到品牌的销售活动信息。不管是传统促销方式还是社交媒体促销方式都是为了使得消费者更加了解时尚品牌，从而愿意为此二次消费。

第二节　中国时尚品牌如何进入国际市场

中国广阔的市场和持续的消费能力，像磁石一样吸引着全球服装业人士的眼球。但真正打入国际市场的中国时尚品牌，还未出现。让中国时尚品牌走向国际市场，几乎是几代中国服装人的梦想，那么我们仍需要做好向跨国企业行进的准备。

首先，在资本方面，几乎所有的跨国企业在进入一个新的市场之前，都需要花费相当长的时间与巨大的经济代价去熟悉并适应当地市场、法律、文化与消费市场。因此若没有雄厚的资金实力去支撑这段学习期，跨国就是天方夜谭。目前国内已上市的纺织服装企业年销售规模主要从 10 亿元到 100 亿元人民币不等。按当下汇率折合成欧元与美元，这个规模等级只相当于快时尚 Inditex 集团（ZARA 母公司）、运动巨头 NIKE、奢侈品LVMH 集团的 1%~10% 的业务规模。当然，这种粗暴简单的比较并不完全公平，毕竟我们的品牌历史积累也不长。但这组数据对比至少说明了我们离国际一线同行还有一定的距离。

其次，则是人才问题。服装业在中国一向被认为是"低门槛"的行业。即使是高等教育，服装设计专业的考试对文化科目的要求同艺术考生，远低于其他专业。这就使得在中国，服装行业整体的人才水平相比金融、互联网、通讯、科技等行业要低不少。对人才的管理，同样也挑战着中国普遍以"夫妻店"形式起家的服装企业。即使今天，在不少上市的服装企业里，家族氛围依然浓厚：丈夫统管企业，太太主管产品开发或者市场推广等；外聘的设计总监或产品总监常常形同虚设。在一个缺乏透明、公正与开放的管理体制里，即使有钱请到再专业的职业经理人，最终也只能是一个没有实用价值的摆设。

虽然今天国内服饰类企业的治理能力在过去 10 年已经得到大幅提升，不过，以下两个基本数据可以说明目前中国服饰类企业与同行的跨国企业之间的差异。比较国际运动品牌巨头耐克与国内本土最大的运动品牌安踏的同年财报，会发现安踏的年人均产生的销售收入（年销售收入/年末在册员工数量）只是耐克的 22% 左右。这两家公司均以加盟商销售体系为主；均将自己的重心放在产品研发以及品牌建设上，而非垂直供应链（从生产到销售均由企业自身完成）。但是安踏的人均劳动效率明显低于耐克。而快时尚 Inditex 集团，与中国最大的服饰鞋类零售企业百丽集团，它们都是垂直经营（自有工厂+自有品牌+直营店铺为主），且均以多品牌作业，百丽人均产生的年销售额则为 Inditex 的 50% 左右。

考虑到同类品牌在中国市场的零售价格其实常常高于其他海外市场，所以这种劳动效率的差异肯定不是价格因素所造成的，而是企业治理能力相对较弱的表现。

事实上，虽然本土企业在过去 10 年的发展可用"飞速"来形容，但不少本土企业的老大依然相信自己过去的成功经验与直觉多过科学的数据。举个最简单的例子，到现在为止，许多服装企业的每年销售目标的增长率，依然完全由大老板决定。至于这个数字如何来的，以及为了达到这个销售目标，公司需要做出什么相应的投入，无人知晓。特别是上市公司，为了不让股民失望，往往在销售目标的制定上非常强势。

这最终导致的结果是员工疲于应付扩张；为了冲业绩，囤积大量的库存，最后再通过打折促销贱卖库存。最终，销售达标了，但是却留下了致命的库存并消耗了利润。这种多靠拍脑袋的决策方式，如果也用于跨国市场，将会是非常高风险的事情。

中国服饰企业的治理能力应主要体现在对全球社会发展趋势的判断与掌握上。比如，可能如今已经没有服饰企业会忽略高科技对整个产业所带来的影响力。所以，在过去一年当中，"智能制造""新零售""柔性供应链"的词汇在时尚相关的新闻里层出不穷。但几乎鲜有主流媒体提到过"可持续时尚"这个词。

中国企业家一向有着非同寻常的快速学习能力、超越常人的勤奋与吃苦耐劳的精神。在过去 30 年里，中国纺织服装领域的企业，用了 30 年走了西方 100 年的路。而中国的"一带一路"总规划，无疑也是鼓励更多中国企业走出国门。自从互联网诞生后，它已经颠覆了传统企业的许多做法。而新近晋升最常见词汇的"AI"（人工智能，Artificial Intelligence），可以预见在将来也会打破我们现今的许多运营模式。

相对于传统模式成长起来的同行企业，科技型公司历史负担小、思维活跃，借助于高科技的发展，极有可能成为首批跨国成功的中国时尚类企业。值得期待的是那些成功将企业交接给第二代"90 后"的企业。目前中国服饰企业的掌舵者还多以"60 后""70 后"为主。而他们的"90 后"，在经历过海外学习与历练后，都会被召回家族企业成为二代掌舵人。

中国时尚品牌想要打入国际最大痛点是商业落地，布局商业网点是核心。我们的一些品牌在国外开店并不容易，因为有些商业网点不太希望中国品牌直接进入。目前中国很多品牌已经进入一些亚洲商场，但是仍然很难打入美国、欧洲的大商场，这需要一个磨合过程，需要一定的实力和政府的支持。收购商业机构，中国品牌才能更有力地进入国际市场。

另外，中国提升时尚产业走向国际的水平，需要把金融资本、互联网和专业管理整合起来，形成完整的时尚产业链。比如成立设计师孵化器：D+原创设计交易中心，为来自世界各地的买手及行业人士搭建一个促进商贸对接与合作的商业平台，营造一个多元发展、高效对接的时尚产业生态体系，让供给侧相关政策真正深入我们的产业内部。

其实在当下国内的时装产业正在以不可预计的力量崛起，广州的服装集团赫基国际，旗下有各大品牌，Orchirly、Five Plus，男装 Trendiano 以及丹宁品牌 Miss Sixty 都是赫基国际创立并经营多年的子公司。目前，赫基国际拥有实体店铺超过 3000 家，年收入已经突破 100 亿元人民币。

十年之前太平鸟还是成熟稳重的风格，而现在，它已经转型成为中国最强大的年轻亚文化潮流品牌。目前太平鸟旗下拥有白领时尚品牌太平鸟男装、女装，少女品牌 LED'IN，朋克少女风的 MATERIAL GIRLS 和轻奢男装 AMAZING PEACE。同时太平鸟还积极参与跨界合作，包括与施华洛世奇、PLAYBOY、百事等品牌的联名款都在不断发行中。

中国商业品牌和中国设计师力量正逐渐崛起，越来越受关注；中国时尚产业也开始更多地尝试与国际时尚产业的专业人士合作，并走向国际市场，这个过程中中国的商业品牌和中国设计师将面临怎样的全新挑战，媒体如何在时尚产业中为品牌助力，引领潮流动向。在当下的中国市场，品牌如何从本土市场部署对全球市场的深入影响，创造中国时尚产业的国际化能量，都是将面临的问题。

在今天，我们能够顺理成章的讨论本土时尚的国际化。过往十年间的中国时尚行业的高速发展造成了一个异常蓬勃和壮大的市场。这个市场其实并不仅仅意味着中国本土的消费市场，而是从全球的角度来讲，在以奢侈品为代表的时尚行业中，中国的消费者毋庸置疑已经是全球最大的消费群体，全球奢侈品品牌中国的宣传推广投资巨大，力度也是巨大的。可以说是整整教育了一代消费者，现在又通过了社交媒体的形式去影响了"90后""00后"的迁徙一代，在这些的前提之下，也只有在这些成功的成熟的案例的鼓舞和激励之下，更多的本土品牌，更多的中国设计师才有了模仿对象。渐渐地他们不仅仅满足于模仿而是设立了更高的目标和自我追求，要成为国际品牌，要成为全球时尚潮流的制造者，要发出独树一帜的自成体系的宣言跟口号。这一切并非短时间之内可以完成的，也不仅仅是有了资本就可以点石成金的。在思索如何引进国际潮流咨讯还有观点的同时还要注意国际潮流更好地与本土文化接轨，从这一点来讲，其实本土品牌的国际化有着相同的意义还有相同的重要性。

当下这个时代，我们的市场已经发展到新的阶段，那就是本土和国际化并不是一种非此即彼的竞争与矛盾的关系，本土市场大到一定程度其实就是本土跟国际化的另一种说法。当然我们除了市场大之外需要更多的软实力提升我们的整体的时尚水准。

思考题

1. 中国时尚品牌进入国际市场需要具备哪些条件？
2. 国外品牌进入中国市场后，对国内品牌有何影响？
3. 分析时尚品牌全球化与国际化之间的关系。

时尚买手管理

课题名称: 时尚买手管理

课题内容: 时尚买手需具备的能力

时尚买手的未来发展

课题时间: 4 课时

教学目的: 本章的教学目的是了解时尚买手的诞生与发展历程,以及时尚买手职业特点及具备的职业技能,同时对国际知名买手店的现状做了梳理与介绍,便于学生更加直观的理解。

教学方式: 讲授教学

教学要求: 1. 使学生了解时尚买手的诞生及发展历程。

2. 使学生了解时尚买手具备的基本能力与职业方向。

3. 使学生了解时尚买手的前景与未来发展趋势。

课前/后准备: 通过调研了解国际知名买手店发展状况,比较与分析国内时尚买手店与国际时尚买手店的差距与不同。

第八章　时尚买手管理

世界上第一家百货商店于 1852 年在巴黎诞生，叫 Bon marche（廉价商店），这个商店的老板就是一个买手，把各种日用杂货采购到自己的大商店中，可是他不是我们经常谈论的"时尚买手"，因为时装这个品类当时在他的商店中几乎是不存在的，他只出售一些日常的衣服罢了。这时世界上的时装买手们还没有正式职业，他们可能正在以贸易商人和商贩的状态维持着生计。

1850 年，两个苏格兰人用各自的姓组合在一起在香港成立了一家百货商店——连卡佛（Lane Crawford），当时他们销售"从针线到船锚"等一切有用的东西，就是这么一家看上去挺土的商店，在 1969 年被收购后正式变成一家以出售高级时装商品为定位的精品店，这标志着活跃于中国的店铺时装买手的舞台正式形成。此后，时尚买手（Fashion Buyer）开始成为连卡佛（Lane Crawford）公司中最重要的职位之一，而采购经理（procurement manager）之类的职位在时尚贸易企业中不复存在。

与连卡佛（Lane Crawford）模式相近的还有 The Swank、Joyce 及 20 世纪 90 年代开始起立的 I.T，它们的店铺都是多品牌集合店的模式。1990 年代末，SPA（自有品牌零售连锁）的商业模式开始出现并呈暴增之势，企业幕后的品牌商品特许连锁经营机制则是零售买手职业发展的政策基础，它直接催生了后来几乎成为中国服装业最重要经营行为之一的"订货会"活动，而这个采购贸易性质的会场几乎就等于中国服装买手们的主战场了。与此同时，服务于高级精品店的买手们照样去欧洲的时装周和展会去发现和收集货源。

在中国，任何商业的开端都离不开 20 世纪 90 年代初的改革开放。在此之前，时尚买手们只活跃在欧洲和美洲的市场经济机制成熟的地区，主要工作的场所就是时装买和卖的两个端——各种展会和发布会现场，主要集中区域以所谓的世界时尚之都为代表，因为那几个城市都是市场经济高度发达的区域，不光是时尚买手，所有的光鲜的职业在这些地方都有足够的舞台和产业资源基础。

在中国的时尚买手发展过程中，可以分成租借市场和主权市场两个阶段。以香港为例，1842~1997 年的 150 年时间内，因为被英国统治而较早开放国际贸易，使纺织品国际贸易得以较内地早一百年得到发展，于是出现了上面提到的连卡佛一类的杂货店，为现代的时装店铺垫了的商业基础。而内地市场从 1990 年到今天，随着国际贸易的开放发展，才逐步完善了纺织品外贸商业，使国际买手和港台买手逐渐来到内地淘金和谋生，他们也成为最早的买手导师，手把手地带起来内地最早的一批服装职业化人才。

中国内地仅有 20 年的服装业历史。第一批服装淘金者就是最早的一批"中国时尚买手"，他们在 20 世纪以单打独斗为主，活跃于批发市场和国际贸易市场，靠自己的一双眼和两条腿来满足一两家服装店的供货，或者某个国外市场区域的外销业务；但今天他们大多已经进化为企业家，以企业机制下的团队合作为主，靠现代的信息设施和先进的管理技术来管理几十家、上百家甚至集团化运作的千家店铺。

第一节　时尚买手需具备的能力

买手是销售团队中的一员。就像戏剧中的主角不能独自承担演出成功的责任一样，只有通过团队的共同努力，才能实现最终目标。买手要从大量可供选择的商品中做出自己的决定，不同于消费者在购买商品时的个人决定，消费者只对自己对商品满意度负责，而买手在做出最终购买决定时，其个人满意度并非是最重要的，顾客的满意度以及公司的盈利程度是判断购买与否的关键指标。因此，从某种意义上说，公司的命运很大程度上掌握在买手的手中。

买手这个职位需要创造性人才，审美眼光不俗、时尚嗅觉灵敏，是买手在行业立足的第一要素和基本条件。买手要将个人品位、文化修养和时尚资讯转化为对市场的判断能力，当趋势来临时，买手要懂得如何判断时尚、如何跟进时尚、如何将时尚的信息转化为具体的商品信息，还要懂得如何应对流行趋势及时尚媒体。时尚买手绝不是一个简单的时尚商品的采购者，他在时尚产业中扮演着重要的角色：时尚买手第一个所要的扮演的角色是要贩卖品牌文化，品牌到底要向消费者传递什么思想。第二个角色，时尚买手要了解设计师，因为设计师决定了每一季产品的风格走向。第三个角色要求把品牌的文化与设计师的想法要与每一季的市场销售相结合，然后走向市场。合格的买手是感性与理性的结合体，一名优秀的买手应具备以下素质：

一、具有挑选品牌和商品的能力

无论规模大小，挑选供消费者选择的商品是所有企业中最为主要的工作。对于品牌的选择是买手进行商品选择的范围界定，品牌代表了商品的市场定位以及未来的价值潜力，所以买手应首先具备品牌挑选能力，其次是商品挑选能力，商品的风格、质量、价格直接影响消费者的实际应用体验，直接影响消费者购买商品的欲望及对商品品牌的情感判定。所以买手在进行买手活动之前，首先要对品牌和商品进行分析，可以通过参加各类专业时装发布会、品牌订货会等途径完成这一任务。位于香港 D-Mop 买手店里陈列着经买手挑选过的产品，品牌的风格定位也影响了买手的挑选，如图 8-1 所示。

图 8-1　香港 D-MOP 买手店（资料来源：www.sohu.com）

二、具备商品定价能力

买手采购到商品后，接下来必须确定其销售价格。虽然销售价格通常由高层管理部门确定，并由管理买手的商品主管具体实施。但买手需根据不同市场特点进行定价策略，需要了解不同地区、不同消费者的收入情况进行合理定价，并将公司利益最大化。

西班牙快时尚巨头 Inditex 集团 2014～2015 财年实现净利润 25 亿欧元，创始人 Amancio Ortega 是全球第二富有的人，资产预计达 643 亿欧元。Inditex 公司旗下品牌 ZARA 在定价方面就足够明智。

根据发布在 *El Confidencial* 的调查结果显示：将研究调查时的汇率因素考虑在内，和西班牙本土市场 Zara 的售价相比较：

法国、意大利、德国的售价高出 22%～24%。

墨西哥、英国市场售价则高出 50%。

售价最高的是韩国市场，高出 96%。

其次是美国市场，高出 92%。

接下来是中国市场，高出 78%。

2014 年亚洲市场占到集团总销售额的 21.1%（2013 年为 20.4%）。西班牙本土市场占到总销售额的 19%（2013 年为 19.7%）；而欧洲其他国家占到了 46%（2013 年为 45.9%）；拉美市场贡献销售额 7.9%。买手根据不同地区、制定不同的定价。这也是 ZARA 现今这么成功的原因之一。

三、具备商业头脑

具备商业头脑，需要准确的判断商品的种类和数量。与供应商建立长期有效的合作关系，让其提供货品，达到双赢的目的。并在产品的数量、结构、款式等方面给供应商合理的建议。买手的商业头脑还体现在同时需要考虑怎样将产品完美营销出去，如何给品牌带来直接利益。2018 年 4 月 26 日,华伦天奴(VALENTINO)首次推出 Candystud 系列包款限时概念店于北京三里屯红馆正式开幕。此次开幕仪式邀请了多位时尚明星出席,杨幂就是其中之一。因为"带货王"杨幂的明星效应,也使得 Candystud 限量款包包发售没多久就一度售罄。所以,时尚买手也需要运用各种商业营销手段,使整个企业的成本支出最小化,利润最大化。只有这样,品牌才能够长期保持良好的竞争优势。

四、具有时尚敏锐度

好的品位与时尚敏锐度会成为时尚买手的最强核心竞争力。在时尚行业中,买手应该是最会玩转时尚的一类人。长时间经验的积累转化成直觉,买手的市场敏感度和时尚敏锐度非常关键。买手应该更敢于尝试新锐设计,接受前卫的创新的理念,随时随地不断吸收新的资讯,如画展、时尚艺术类杂志、音乐及电影等都是买手时尚敏锐度的来源。《时尚芭莎》的破界展将艺术在时尚领域推广,将时尚艺术化,培育了时尚发展的新领域,如图 8-2 所示。

图 8-2 《时尚芭莎》150 周年破界展(资料来源:www.sohu.com)

五、具有流行趋势分析能力

对于时尚买手来说,对下一季的流行趋势的分析是需要具备的能力之一。专业的时尚买手应掌握产品造型、色彩、面料、细节等在内的所有的流行信息。对流行趋势的分析是一项较为体系化的研究工作。主要研究对象是目标消费群、产品和市场,将收集整理的资料综合分析,通过各种途径和方法获得消费群体相关信息,掌握产品与流行的未来发展方向。

时尚买手要强化个人的艺术修养、丰富自己的生活,从观看电影、电视,参加画展、博览会、观看戏剧、收听音乐会等比较丰富的文化生活中获取比较零碎的流行信息。流行的体现不只是在服装上，还会体现在消费者的生活方式上，通过对这些信息的综合整理，能够间接影响纺织服装产品的研发方向。时尚圈有个不变的道理，那就是时尚是个轮回。当20世纪80年代复古回潮，许多的时尚品牌都相继推出了复古单品，一直玩转英伦的MULBERY，也开始追逐复古潮流，推出了一系列的复古包包，获得一致的好评。这其中也有时尚买手对时尚流行趋势正确把握的功劳。

六、具有采购分析能力

首先是采购计划的制订，这种采购计划包括所采购商品的种类、每种商品的购买数量、选择供货商、确定到货时间等。买手应该十分清楚够买多少商品以满足未来经营需求。采购数量过多可能导致库存积压或者降价处理，而采购过少则会导致销售损失，两者都会影响公司的盈利水平。买手在制定采购计划时可以依靠大量与以往销售有关的信息报告以及外部的信息作为支持，通过仔细审查这些报告、咨询市场专业人士以及浏览商业期刊与其他商业杂志作为采购的前提保障。

在采购行为过程中，经常巡视合作的贴牌加工厂的产品开发车间，及时、适时的采购适合自己品牌风格和定位的款式。这些能力不仅使时尚买手在市场中自行研发新产品，还会从其他专业厂商那里得到信息进行产品的开发，多种渠道开发新产品，更加有利于提升自己品牌产品的开发速度与款式更新周期。

并不是单一的爆款就是好的。合理地将基本款、流行款、大众款以及高度流行商品合理搭配、组合，更为重要。时尚买手在每次的采购前都需要制订严密的采购计划。采购不再为了库存，而是为了订单。今天的市场，商品已经是供大于求，并非曾经的商品短缺的状态了，为订单而采购成了一个必然的趋势。时尚买手追求少库存，甚至是零库存成了采购的首选目标，同时还要提高物流速度和库存周转率。

七、具有数据分析能力

时尚买手从表面上给人一种时尚、感性的印象。但很多时候，他们扮演更多的，是理性的商人形象。而数据分析，既包含对销售数据的具体分析，也包含对采买方案的制订等。通过对销售数据的整理和分析，时尚买手就会对产品的销售情况进行系统的数据化分析。根据数据反映，对不同地区的店铺进行及时货品调配从而降低库存，将分析的数据整理，为下一季新产品的研发提供依据与指导。数据分析能力可使得时尚买手更好的处理工作事务。

第二节　时尚买手的未来发展

时尚买手的工作并不是预测潮流，而是从海量的潮流趋势中筛选出适合本品牌的潮流趋势。潮流的预测会有专业的机构和人员去做，他们会提供相关的资讯。

虽然买手不需要实际操作，但要对如何做有一个具体的认知，这样才能知道怎么做到本土化和品牌化。因为每年、每季的潮流趋势可能有上千、上万条，这时候就要结合品牌特点选择出适合本品牌的潮流趋势。买手的工作更多的是选择而不是预测。

随着经济减速调整、国内消费升级变革、要素成本持续攀升等因素，我国服装行业一方面呈现出生产平稳低速增长、内销总量持续扩大、投资增速处于高位、效益规模稳定增长的良好态势；但另一方面，行业面临着内销市场动力不足、出口出现负增长、成本费用持续上升而行业整体盈利能力下降的巨大挑战。随着我国中产阶层购买力的提升，消费市场结构的调整，我国消费者逐渐成熟，越来越多的消费者从追求国际知名品牌陆续转向个性化的买手店或独立设计师作品。

传奇买手店 Colette 宣布关店的消息震惊了时尚圈。Colette 被誉为世界上最好的买手店，是买手店经营业态的代表，巴黎的标志之一，开创了生活方式集成店的新模式。现今的概念店或买手店或多或少都是受到了 Colette 的影响，有些甚至是对 Colette 的模仿和复制。2018 年 7 月，这家开了 20 年的传奇买手店突然宣布年底结业关店，理由是创始人 Colette 决定退休。实际上，传统买手店行业在国际时尚圈中已是黄昏产业，Colette 的关店，让买手店行业雪上加霜。在当下国际零售业低迷的形式下，以往没有任何资金支持，且担负着发掘、扶植年轻设计师重担的传统买手店行业已是寸步难行。就算是 Colette，也受到时尚零售环境不断恶化的压力。有分析指出，虽然店铺一层仍然常常人头攒动，进店消费者主要是购买一层的旅行纪念品，却很少购买单价更高的成衣。在 Colette 宣布关店前，伦敦标志性独立买手店 Browns 在 2015 年宣布卖身英国电商 Farfetch，另外米兰标志性独立买手店 10 Corso Como 运营实体公司 Dieci Srl 在 2015 年 9 月同样宣布申请破产保护，目前其米兰总店持续亏损负债超 1 亿，香港精品买手店鼻祖 Joyce Boutique Holdings Ltd. 载思集团更是连续两年亏损。自 2010 年起，欧洲、美国的买手店行业已逐渐衰退，关店和卖身比比皆是。买手店业态不会消亡，但从商业角度看，买手店已不是创造利润和品牌营销的最佳选择，剩下的是对传统的保留、艺术的展示、独立设计师的刚需。

近两年来，中国买手店的开店速度可以用"激增"来形容，以上海为例，2014 年上海约有买手店 70 多家，到 2016 年，一年里就有约 80 个新买手店品牌入驻上海，买手店总数接近 300 家。除了上海、北京、广州这样的一线城市，杭州、成都、重庆、南京等城市也开设了 20~50 家买手店，很多三线城市也都新增了 1~10 家不等的买手店。全国买手店数量达 1000 家只是一个非常保守的估计。随着买手店数量的增多，其地域分布也从北京、上海等一线城市扩展到二三线城市。一方面经验丰富、财力雄厚的连卡佛、I.T、Shine 等连锁买手店争先涌入二三线城市，另一方面一些后起之秀紧跟商业地产的建设，迅速进入二三线城市的市场。相较上海、北京等地，二三线城市竞争较小，而伴随着消费者个性化意识的崛起、购买力的提升，这些城市发展潜力巨大。随着中国经济发展和原创意识的日益攀升，中国本土设计师品牌占比有上升的趋势。Vega Wang、Sankuanz 等本土品牌陆续进入买手店，以薄荷糯米葱 BNC、栋梁为代表的集成店也以"扶持本土设计师"为标签，以期向消费者传达本土设计理念。

时尚必须是一门生意。有生意的地方，就会有资本，便会有资本的游戏。时髦的生意人，更像是一个引导者，买手也好设计师也罢，都需要以自己的价值观来引导消费者并创造消费者需求。"衣服不再是一件衣服，需要被赋予更多的附加值"。随着经济发展，无论是品牌还是买手都上升到了一个全新的阶段，买手店如此"激增"不止于生而逢时如此简单，更是时代发展的必然产物。在"时尚必须是门生意，需要更多的附加值"的语境下，无论是设计师还是时尚买手都必须要盈利，这是消费升级下，零售从业者的基本功。生意有赚钱的也有不赚钱的；有前景非凡的，也有前景暗淡的，所以在时尚买手创业买手店这种时髦的商业业态之后，对于每一门生意来说，买手店的业绩、买手店在短短三年时间里在中国范围内"激增"的发展，正反映了市场对于"创业开买手店"这门生意的看法，包括能否赚钱、是否有前景等。

中国买手店的发展、中国独立设计师的兴起、showroom 及我们中国自己的时装周的不断兴起和壮大。中国品牌也会思考，这究竟代表着什么，在零售和消费行业，买手及买手店作为发达国家的经验到底哪些值得复制，而中国未来的业态会朝向何处去？

思考题

1. 时尚买手的未来发展趋势是什么？
2. 如何进入买手行业？
3. 中国买手店目前发展存在哪些问题？
4. 大数据是如何影响时尚买手行业的？

第二篇　奢侈篇

基础理论

奢侈品与奢侈品品牌

课题名称：奢侈品与奢侈品品牌

课题内容：关于奢侈品的本质

从奢侈品到奢侈品品牌

课题时间：4 课时

教学目的：本章的教学目的是了解奢侈概念的产生与由来，以及由奢侈品到奢侈品
品牌产生的过程，并对奢侈品品牌发展的五个阶段做了梳理与介绍，便
于学生更加直观的理解。

教学方式：讨论教学

教学要求：1. 使学生了解东西方奢侈文化发展的历史。

2. 使学生了解奢侈与奢侈品的定义。

3. 使学生了解奢侈品到奢侈品品牌的变迁。

课前/后准备：通过资料搜集了解东西方文化背景下对于奢侈品观点，以及书中所
列举的奢侈品品牌的发展历程。

第九章 奢侈品与奢侈品品牌

第一节 关于奢侈品的本质

一、奢侈品的含义

奢侈品"Luzury"一词最早源于拉丁文,词根 Luz 是"光"的意思,后演变"Lucus",意为"超强的繁殖力",延伸含义为"超乎寻常的创造力"以及"浪费、无节制"。现代的欧洲语言大部分都吸收了这个词根的含义,现代英语中用的 Luxury,法语中用的是 Luze。在《牛津现代高级英汉双解词典》中,对 Luzury 的解释为:"sth not essential but whicgives enjoyment and pleasure,esp sth exp ensive,out of season. ctc"(一种昂贵的、可以享乐并令人愉悦的非必需品)。《韦伯斯特辞典》对 Luay 解释为:"something adding to pleasure or comfort butnot absolutely necessary"(可以增加愉悦和开心但并不必需的物品):剑桥的高阶词典对对 Luzury 解释为。"something expensive which is plea sant to have but is not necessary"(一件令人愉悦但非必要的昂贵的物品)。"The perceived val ue of the good is great er than the utilisedvalue"(可感知的价值比实际价值更大的物品)。大部分的解释都都认为是非必需的,但是昂贵的、令人愉悦的的物品,其中对非必需品的涵义表达最为突出。在拉鲁斯法汉双解词典中对 Luze 的解释为:"奢侈,奢华;讲排场,摆阔;特殊享乐;大量、过多。"〔articles(obes)〕deluxe 是奢侈品的意思,可以看出法语对奢侈品的解释更多地集中在奢华、享乐、大量甚至浪费等的物品。日语中没有与"Lucus"相应的词语,而是直接用"奢侈品"三个字的英文音译代替,主要表达获得奢侈品的体验,而不是其文化内涵。国际上对奢侈品的定义为:"一种超出人们生存与发展需要范围的,具有独特、稀缺、珍奇等特点的消费品。"同时强调了是非生活必需品。从这些权威的官方出处可以看出"奢侈品"的语义是与非必需、昂贵、稀缺、独特、愉悦、多量等内容是联系在一起的。

二、东西方对于奢侈品概念的认识差异

对奢侈品的本质古今中外也是随着历史的发展一直争论不休的。在西方从古希腊时

期到 19 世纪，对奢侈品的概念是从神学转变成了政治和哲学的概念。伏尔泰也表达了"奢华之物必不可少的观点"。而在这个时期对奢侈的认知转变做出最大贡献的人是英国哲学家大卫·休谟。他认为"奢侈"是一个"意义不确定"的词，是"满足感官享受的极大精美"。而"精美"的意义既有它的社会价值，也有它的个人价值。这个时期指出了"精美的年代"与当下的商业社会形成了充分的对比，他认为"精美的年代"能带给人们幸福。他指出"奢侈的艺术"与"精美的艺术"是相通的，社会进步后，即农业发展后，可以养活的人口就会超过从事农业需要的人口，那么这些"富余的人手"就可以从事奢侈的艺术，而这些技艺的产生可以提升国家和人民的"幸福"，这样许多人都有机会体验和享受以前无法触及的精美。休谟认为这是社会的进步，这个奢侈或者精美的年代也是一个增加幸福的年代。休谟是从感官的角度对奢侈进行了重新的定义。

我国宋代自北宋真、仁两朝，在生活物品的生产制作方面出现了追求奢侈风气的趋向。北宋的大臣司马光表述过对奢侈品生产及奢侈消费的批评，他认为奢侈会造成国家财力虚空，进而指出，造成奢侈风气盛行的主要根源在于上层贵族阶层的奢靡之风。一批有识之士都指出了这种奢侈风气的危害，提出要从根本上治理这种不良风气要从限制上层贵族的物质生活方式开始。这层面也反映了宋代思想家在"奢侈""奢侈品"的观念中发生了某种变化。传统的"奢侈品"概念，实际上一直围绕着社会政治和道德意义，而非器物的形式审美问题，形成的意义。就"奢侈（品）"而言对物质形式因素有一些要求，如珍异的材料、考究的工艺、繁密的装饰、高昂的费用等。但事实上一件物品是否属于"奢侈品"取决于它是否是"僭越"之品。那些形式上符合奢侈品形式特征的物品，作为上层贵族的日用生活用品，在观念上是与其身份地位相称的、理所当然的物品范畴。这似乎可以解释为什么统治阶级一直在"禁奢"，但对本阶层的生活要求却没有更多限制，更主要地表现为对中下阶层奢侈生活方式的限制。但是宋人名士对"奢侈"的讨论则触及这一礼制，"奢侈品"作为上层社会日用物品的必需品遭到了质疑，一方面人们对"奢侈品"的内涵认识有了新的观点，开始回归到奢侈消费品而不是礼仪制度的"礼器法物"；另一方面对奢侈品的批判也开始真正限制了上层贵族物质生活方式。徐飚在《两宋物质化》中对北宋历史发生这些观念上的变化总结了以下几个原因：第一，财政状况的窘迫处境，使得对奢侈消费造成的社会后果进行理性反思。第二，民间制造业开始快速发展，使得奢侈品的民间制造有了可能性。第三，人们对物品审美意识开始增强，有助于使物质的形式审美维度得以超越传统礼制的压抑和遮蔽而凸显自身的魅力。

中文"奢侈品"这个词汇大约源于四百多年前的明朝，西方的传教士已经把"奢侈品"的概念引进了中国，而清朝时期的清宫造办处，则是专门为清朝王室制造各种奢侈用品的专门机构。在《辞海》中，对奢侈品的解释为："指非生活所必需的高级消费品"。就"奢侈"而言，则是一个本土词汇，拆解"奢侈"二字，"大者"为奢，强调物品的夸张、霸气、过度等意思；"人多"为侈，指浪费、浩荡、势众、过剩等意思。二者合起的意思就是指挥霍浪费钱财，过分追求生活享乐。在《国语·晋语八》

中记载："及桓子骄泰奢侈，贪欲无艺，略则行志，假贾居贿及于难，而赖武之得，以没其身。"其中"奢侈"就指一种张扬浪费的生活方式。唐罗隐《秦中富人》诗："粪土金玉珍，犹嫌未奢侈。"而世称贤母的鲁国大夫公文伯之母敬姜曾训诫道："夫民劳则思，思则善心生；逸则淫，淫则忘善，忘善则恶心生。"从中文的语义和语境中看，奢侈在中文的含义中带有明显的贬义，通常引申为一种对"过分享乐地挥霍和浪费财物，去获得享乐的生活"。

从中西方对"奢侈"及"奢侈品"的语义学解释而言，中西方文化对"奢侈"及"奢侈品"认识是不同的，英语及其他国家的语言更多的是对奢侈品的特征进行描述，从而比较中性化的理解；而中文更多的是贬义，对其抑制的态度比较明显。在中国人的概念里，奢侈品几乎等同于贪欲、挥霍、浪费。其实，从经济意义上看，奢侈品实质是一种高档消费行为，本身并无褒贬之分。从社会意义上看，是一种个人品位和生活品质的提升。

经济学将奢侈品定义为对其需求的增长高于收入增长的物品。它涵盖范围可能很广，从人参、名牌手表到豪华汽车，都可能是奢侈品。不过，通常人们认为奢侈品是那些非常昂贵的物品，即大部分人消费不起的物品。有些奢侈品既不是必需的又没有实际用途的昂贵物品，如名牌箱包、高级成衣和高档汽车。私人飞机和豪华游艇当然也属于奢侈品的范畴。

奢侈品被定义为"一种超出人们生存与发展需要范围的，具有独特、稀缺、珍奇等特点的消费品"。"奢侈品"主要包括高档服装、珠宝首饰、豪华游艇、私人飞机等。增加了中国消费者在国际市场的购买力，目前为止中国人境外消费奢侈品已经是全球第一。中国人强劲的消费能力使众多国际奢侈品品牌对中国市场信心倍增，纷纷加快开辟新店，拓展二三线城市市场，抢占市场份额。

奢侈品的概念由于时代、政治、经济、文化、区域以及个性特点等不同，从而表现出不同的特征和形式，并且存在着较大的分歧。从跨文化的角度来看，各个国家对奢侈品的认知也存在着较大的差异性，也造成了奢侈品定义的难点。

在法国举办的一次世界奢侈品协会官方报告发布会上，法国的著名语言学家阿兰·雷教授给奢侈提出了二十个词，认为它们构成了奢侈品的内涵："美、创意、优雅、情感、卓越、稀有性和独有性、体验和经验、品位、想象力、精准、光、悖论、快乐、品质、细腻、梦想、传统绝艺、诱惑、时间、五感"。这二十个词几乎把与奢侈品有关的特征都概括了，也是比较权威的语言学意义上的全面解读，他补充强调了"创意、想象力、精准、光、五感"以前没有的概念等，尤其是提出了奢侈品既要经得起时间的考验又要具有时尚的快感刺激的悖论，比以往的奢侈品概念更全面，也更适合当下的奢侈品现状和特征。

第二节　从奢侈品到奢侈品品牌

就近代奢侈品成为现代奢侈品品牌的历程来看，时间上历经三个世纪多。从近代的奢侈品到现代的奢侈品品牌的发展和特征而言，大体可以分为六个阶段，来解读近代奢侈品发展脉络和品牌诞生，从而对于我们今天理解现代奢侈品品牌的内涵有着至关重要的作用。

一、萌芽阶段（17 世纪中期至 18 世纪前期）

在法国路易十四之前，法国与优雅及高端毫不沾边。但从他 1660～1715 年长达大半个世纪的统治之下，法国就成为全球最优雅、最奢侈以及最懂时尚的国家，这个时代也是历史上关于优雅、风格、品位及奢侈品的重要萌芽时期。17 世纪的法国人在路易十四的带领下，他们的审美哲学达到了前所未有的高度，并具有了从未有过的活力和热情。在路易十四庇护下的体制里，价值观及商品与以前的奢侈品世界已经迥然不同了。首先，17 世纪中期之前的奢侈品观念包括文艺复兴时期的意大利的奢侈品观念完全不同，因为它们的影响非常有限，宫廷之外的普通人很难接触到最新的奢侈品；然后，虽然早期的华美服饰极其讲究，但很少有人愿意效仿，传播力极其有限；最后，早期的城市对奢侈品和奢华王国的统治时间很短，但 17 世纪 60 年代，巴黎开始统治奢侈生活方式，而这种影响一直持续到三个半世纪后的现代生活。当服饰穿着成为一种行业，并随之流行和传播，那么现代时装业的观念就开始了。

在法国的凡尔赛宫，路易十四在各类庆典中，展示着他的审美和品位。他自己品位非凡，身穿绸缎套装，里面配以天鹅绒饰带和镶有荷叶边的衬衣，脚蹬红底高跟鞋。头戴假发以及装饰有鸵鸟毛的帽饰，指示着凡尔赛里的人们如何穿着、在特定场合穿什么款式和色彩的服饰、领口高度要多高、礼服下摆要多长等。生活在凡尔赛宫里的圣西蒙在回忆录中写道"国王高兴地检查者每个人的着装。他在欣赏着各种各样地材质以及各种奇思妙想时，满足之情溢于言表。他称赞了最奢华地服装""人们的衣着一个比一个奢侈华丽"。

二、发展阶段（18 世纪前期至 19 世纪中期）

这一时期是现代奢侈品的一次发展时期，许多老牌的奢侈品品牌在这个阶段产生了。究其原因，最主要的就是英国的工业革命促进了产业的发展和变革，原来的手工作坊开始变成了机器工业厂房，使得奢侈品的大量生产成为可能。1765 年英国发明了珍妮纺纱机，标志着第一次工业革命的开端，随后西方国家纷纷进行工业革命。19 世纪中期，基本都完成了第一次工业革命，从原来的封建集权国家转变为以工业为主的资本主义国家。自 18 世纪晚期，蒸汽机不仅在采矿业中广泛运用，在冶炼、纺织、机器制造等行业中都快速推广，从而使得英国的纺织业产业从 1766~1789 年的 20 多年增长了五倍多，从而加速了资金积累，并为市场提供了大量纺织用品。这一时期，西方资本主义国家利用先进的航海技术和军事力量，对亚洲等民族进行了大肆掠夺，集聚了巨大的不义之财。他们从世界各国掠取得物品包括一些价值连城的文物和高端的艺术作品，今天的法国卢浮宫博物馆、英国的大英博物馆、美国的大都会博物馆都存有我国大量的国家级的文物和艺术品、工艺品。作品的精湛工艺和高超技艺也促进了西方国家在制作器具方面进行借鉴和学习，从而在奢侈品的设计美学和工艺制造方面获得设计灵感和启发。

尽管近代意义上的奢侈品比较集中地诞生在这个阶段，但是整体的产业规模有限，分散在各个行业里的奢侈品更是凤毛麟角。虽然经历了工业革命和欧洲民主思想的传播熏陶，但是社会财富环视主要集中在少量的富裕阶层，中产阶级的规模很弱小，这种背景下并未形成大量的奢侈品消费的气候。

19 世纪中期以前的诞生的奢侈品品牌主要集中在酿酒、钟表等行业，服饰珠宝类也有发展。这一时期的奢侈品由几个显著共性：第一，主要依赖高级原料和优质的自然资源。这些原料一般指产于原产地的自然原料，品质优良，独特的生长环境和自然资源使得物品具有独特的优势，比如皮革、木材、丝绸、葡萄等自然原料。第二，精湛的手工技艺。虽然传统的手工作坊慢慢被取代，但是手工技艺的优良传统还是保存的，"动手"在奢侈品品牌中环视被作为制作与众不同物品的重要技能。瑞士的钟表业从 1587 年在日内瓦生产手表开始，正是手工制表的典范，一直延续到今天，成为瑞士钟表业的行业精神，并诞生了大量的奢侈品传世钟表品牌。这一时期，诞生了国人比较熟悉的法国珠宝品牌卡地亚、皮具品牌爱马仕、箱包品牌路易·威登，英国诞生了服饰品牌巴宝莉，美国诞生了珠宝品牌蒂凡尼等。这些经典奢侈品品牌在原来的贵族品位、皇室血统和现代工业的交接中得以诞生，既体现出旧式奢侈品的品位规范，也反映出新式奢侈品的思想特征。

如表 9-1 所示，可以得出这一时期已经有我们现代比较熟悉、非常经典的传统奢侈品品牌了，其中瑞士手边以精准、独特、巧妙的手工技术成就了钟表品牌中的王国。如表 9-1 所示，有 5 款奢侈品钟表在这一时期产生。法国作为奢侈品和优雅、时尚的发起国，在珠宝、皮具、化妆品方面拥有了大约 7 个奢侈品品牌，这些奢侈品到现代都是品质和王室的象征。英国作为工业革命的最早完成工业革命，也有 7 个奢侈品品牌诞生，主要集中在香水、珠宝、男装领域；美国诞生了蒂凡尼珠宝品牌；西班牙和比利时分别在皮具领域诞生了 1 个奢侈品品牌。

表 9-1　发展阶段

诞生时间	奢侈品品牌		主要产品	所属国家
	英文	中文		
1755	Vacheron Constantin	江诗丹顿	钟表	瑞士
1791	Girard-Perregaux	芝柏	钟表	瑞士
1833	Jaeger-LeCoultre	积家	钟表	瑞士
1839	Patek Philippe	百达翡丽	钟表	瑞士
1848	Omega	欧米茄	钟表	瑞士
1780	Chaumet	绰美	珠宝	法国
1828	Guerlain	娇兰	化妆品	法国
1837	HERMÈS	爱马仕	皮具	法国
1837	Derier	帝爵	珠宝	法国
1847	Cartier	卡地亚	珠宝、手表	法国
1954	Louis Vuitton	路易·威登	皮具、箱包	法国
1858	Boucheron	宝诗龙	珠宝	法国
1760	Creed	克雷德	香水	英国
1771	Gieves & Hawkes	吉凡克斯	男装	英国
1781	Aisipulei	爱丝普蕾	珠宝	英国
1806	Henry Poole	亨利·普尔	男装	英国
1849	JohnLobb	约翰洛布	男鞋	英国
1851	Aquascutum	雅格狮丹	服装	英国
1856	Burberry	巴宝莉	服饰	英国
1818	Brooks Brothers	布克兄弟	男装	美国
1837	Tiffany & Co.	蒂芙尼	珠宝	美国
1846	LOEWE	罗意威	西装	西班牙
1829	Delvaux	德奥沃	皮具	比利时

三、第一次繁荣时期（19 世纪 60 年代至 20 世纪 30 年代）

从 19 世纪 60 年代后期，欧洲国家、美国和日本进入了第二次工业革命时期，人类进入了"电器时代"，它进一步促进了世界殖民体系的形成，使得资本主义世界体系最终确立，世界趋于一体化。第二次工业革命具有以下几个特点：第一，自然科学的新发展，科学与技术的结合取得了较大的成果。第二，时间上大约同时在几个先进的国家，新的技术和发明影响力大、波及面广。第三，一些新兴的资本主义国家既吸收了上次工业革命的成果，又接受了这次工业革命的新技术，所以这些国家得以快速发展。

在两次世界大战中，尤其是第二次世界大战之前，欧洲的时代基本还是属于法式优雅的年代，也是传统奢侈品最后的真正黄金时代。名望极高的刺绣工匠阿尔伯特·雷萨吉五年之内向巴黎的高级女装坊"薇欧奈"（Vionnet）提供了 1500 件精致的刺绣，在香奈儿的时装屋里制造出当时最时髦、最精美的服饰。香奈儿的裙子曾有这样的描述："这件庞大的裙子用银薄片制成，缝上了珍珠，因此相当的重；短上衣是前胸敞开式的波蕾若外套，用镶满珍珠和亮片的蕾丝做成，短上衣下是美不胜收的亚麻蕾丝裙子。那是我拥有过的最美丽的衣服。"与香奈儿齐名的另一女装设计师埃尔萨·夏帕瑞丽则把次等的宝石镶嵌在黄金里来点缀她所设计的高级服饰。这一时期的奢侈品快速发展，品牌也迅速增多。伴随经济的快速发展，富有阶层的人数快速增加，新晋的资产阶级迅速积累财富，对服饰类奢侈品的要求增多。而品牌制造商看到商品的快速增长模式，纷纷创立新的奢侈品品牌，由于服务对象主要是新富阶层和旧贵族，所以奢侈品的设计还是保持了手工的特点，但是在技术的要求上已经开始了更新的技艺和材料的运用。产品主要集中在钟表、珠宝、服装、化妆品、皮具等领域上面，法国、意大利在奢侈品品牌的数量和工艺上处于领先地位。奢侈品品牌在保持了原有的手工技艺和王室传统之外，也具有新的显著共性：

第一，新的材料运用。对原有的丝绸、木材、皮革的优质材料的要求下，发明了了新的材料运用到奢侈品品牌中来。最典型的代表是英国的奢侈品品牌 Burberry，1879 年 Thomas Burberry 研发了一种组织结实、防水透气的斜纹布料 Gabardine（华达呢），因耐用贯穿的特性，很快赢得人们的认可，接着被英国政府采纳，用于军官的服装设计及雨衣材料的运用。在第一次世界大战期间，英皇爱德华七世将 Burberry 的风衣指定位英国军队的高级军服。意大利的奢侈品珠宝品牌宝格丽打破了传统法式风格的首饰设计，即首饰的题材和原料都有一定的规矩。

第二，新的技术和工艺、设计的运用。为了使自己的首饰与众不同，奥地利的首饰品牌施华洛世奇品牌的领导者在 1917 年发明自动打磨机，帮助加工水晶切割和制作。1931 年，又发明了大受时尚界欢迎的石带，上面可以缀满漂亮的碎水晶，直接缝制在衣服或鞋子上。这种新的技术和工艺的发明，促进了产品的创新和审美，更进一步提高了奢侈品品牌的多样性和现代感。而宝格丽也在创新方面继续尝试是有冲击性的革新，为了使首饰上的彩色宝石产生浑圆柔和的感觉，他们改良了流行于东方的圆凸面切割法，以圆凸面宝石代替多重切割面宝石。法国的路易·威登这个时期也发明了新的皮箱图案，即现代人熟悉的"棋盘格"图案和"花押字"图案，后者是 1896 年设计，在交缠着的 LV 之间点缀着浪漫的钻石、星星和花朵，成为现代路易·威登的图案标识。

第三，随着女性奢侈品品牌的繁荣，男性奢侈品品牌逐渐也涌现。这一时期诞生了男性服饰奢侈品品牌由制作男鞋的法国的伯鲁提、英国的劳克、西班牙的乐途仕，男装有意大利的杰尼亚等。表现出来的显著特性是与款式相比，工艺要求极高，以精湛而独特的手工工艺著称。而女性服饰类奢侈品表现出了要求独立、自主的性别意识，像 CHANEL 这样的简约、中性的女性服饰风格。

如表9-2所示，第二次工业革命带来的奢侈品品牌和所属地生产已经多元化了。除了主要的几个国家瑞士、法国、意大利、英国之外，日本出现了新的奢侈品品牌，奥地利也出现了符合当代特征的奢侈品品牌。

表9-2　第一次繁荣时期

诞生时间	奢侈品品牌		主要产品	所属国家（地区）
	英文	中文		
1868	IWC	万国	钟表	瑞士
1874	PIAGET	伯爵	钟表	瑞士
1875	AUDEMARS PIGEUT	爱彼	钟表	瑞士
1908	ROLEX	劳力士	钟表	瑞士
1880	Ross	乐思	珠宝	瑞士
1890	LANVIN	朗万	服装	法国
1895	BERLUTI	伯鲁提	男鞋	法国
1906	Van Cleef & Arpels	梵克雅宝	珠宝	法国
1910	CHANEL	香奈儿	服饰香水	法国
1918	FENDI	芬迪	皮包	法国
1922	VIONNET	薇欧奈	女装	法国
1927	Schiaparelli	夏帕瑞丽	女装	法国
1930	Massaro	玛萨罗	鞋履工坊	法国
1932	Nina Ricci	莲娜丽姿	女装	法国
1935	LANCOME	兰蔻	化妆品	法国
1860	PANERAI	沛纳海	腕表	意大利
1884	BVLGARI	宝格丽	珠宝	意大利
1911	TRUSSARDI	楚萨迪	皮具服饰	意大利
1910	Ermenegildo Zegna	杰尼亚	男装	意大利
1913	PRADA	普拉达	时装眼镜	意大利
1919	BUCCELLATI	布契拉提	珠宝	意大利
1923	GUCCI	古驰	时装香水	意大利
1924	Damiani	德米亚尼	珠宝	意大利
1924	Loro Piana	罗洛·皮雅娜	服装	意大利
1927	Salvatore Ferragamo	菲拉格慕	服饰皮具	意大利
1929	a. testoni	铁狮东尼	男鞋	意大利
1930	CESARE ATTOLINI	阿托里尼	男装	意大利
1934	CANALI	卡纳利	男装	意大利

诞生时间	奢侈品品牌		主要产品	所属国家（地区）
	英文	中文		
1815	Pringle	普林格	男鞋	英国
1873	Anderson & Sheppard	安德森 & 谢波德	男装	英国
1873	Church's	切尔奇	男鞋	英国
1873	Russell & Bromley	罗塞布隆利	男鞋	英国
1880	Loake	劳克	男鞋	英国
1893	dunhill	登喜路	男装配饰	英国
1894	Barbour	巴伯尔	服装	英国
1934	Ettinger	埃延格	皮具	英国
1937	BALENCIAGA	巴黎世家	时装	法国
1887	Hart Schaffner Marx	哈特马克斯	男装	美国
1890	Harry Winston	海瑞温斯顿	珠宝	美国
1922	Elizabeth Arden	伊丽莎白雅顿	香水	美国
1922	Edmonds	埃德蒙兹	男鞋	美国
1872	Shiseido	资生堂	化妆品	日本
1893	MIKIMOTO	御木本	珠宝	日本
1877	LOTTUSSE	乐途仕	皮具	西班牙
1920	TOUS	桃丝熊	珠宝饰品	西班牙
1888	De Beers	戴·比尔斯	珠宝	南非
1895	SWAROVSKI	施华洛世奇	水晶饰品	奥地利
1845	A. Lange & Söhne	朗格	手表	德国
1920	Adidas	阿迪达斯	运动用品	德国
1923	HUGO BOSS	胡戈波士	服饰	德国
1848	LaoFengXiang	老凤祥	珠宝	中国
1929	CHOW TAI FOOK	周大福	珠宝	中国香港
1934	Chow SangSang	周生生	珠宝	中国香港

四、低潮时期（20 世纪 30 年代至 1945 年"二战"）

两次世界大战期间，西方国家的主要工业生产力量均投入到军工生产，尤其是"二战"期间，许多的工业生产都停工，战争的残酷掩盖了富裕贵族阶层的闲情雅致。此时的奢侈品行业已经岌岌可危，无论是顶层的奢侈品设计师还是普通老百姓，已经无暇顾及奢侈品的命运，更无所谓奢侈品的品质和材质，制作的产品主要以大量、廉价、快速为主要特征。而能够生存下来的一些品牌，也是为了战时需要，产品符合某些军工生产的特征。第二次世界大战更是改变了一切，1940 年，很多奢侈品店铺和时装店纷纷关闭，当时的法国女装协会主席同时也是时装设计师的卢西安·勒隆（Lucien Lelong）曾力劝几位设计师继续营业，维护奢侈品业的尊严。德军占领巴黎期间，洗劫了女装协会总部，查抄没收了协会的所有资料，查封了一些店铺，包括格蕾丝夫人（Madame Gres）和巴黎世家（Balenciaga），14 次企图摧毁法国的奢侈品行业，其目的是想把这些老牌时装屋迁移到当时欧洲的新文化中心——柏林和维也纳。勒隆说："巴黎的高级时装店绝不会搬迁，无论发生什么事都不会。它如果不在巴黎，就是从此消亡。"为了家族生意，路易·威登品牌和一些奢侈品店把货品卖给德军军官们，保持了品牌的延续性。而在奢侈品业巨额利润驱使下，"二战"期间，一些企业由生产普通商品开始生产奢侈品。英国的服饰品牌 Burberry，由于特殊的挡风面料和风衣的款式，被英国政府指定为高级军装，从而名声远扬，战争结束后，便走上了由军用服饰转为民用服饰，以其过硬的质量和风格成为奢侈品品牌中的佼佼者。美国诞生一个皮具品牌，蔻驰这个皮具品牌，现在已经属于轻奢品了，基本脱离了传统的奢侈品特性。

五、复苏阶段（"二战"后至 21 世纪初期）

第二次世界大战结束后，经过短暂的经济和政治的调整时期，再次回到和平时期经济和科技的高速发展状态。世界的经济和政治格局发生了巨大的变化，老牌的帝国主义英国、法国逐渐被美国代替。日本在战后迅速恢复经济，并发展电子科技和设计，诞生了较多的奢侈品品牌。

第二次世界大战结束后，西方主要国家的工业化能力在经济复苏后得到了快速的提升。社会财富总额的重新分配，使得中产阶级队伍急速分化、壮大，以前的中产阶级构成中，包括小资产阶级、小企业主、商贩、手工艺匠等，工业资产阶级凭借着进取精神和自由竞争中的各种手段已经利用现代科技的能力，逐渐成为中产阶级中的富有阶层而开始与原来的中产阶级开始划分等级。与之前的奢侈品观念有所不同的是，"二战"后的奢侈品品牌意识更加强烈，无品牌化的现象正在被克服；同时，现代化制造业先进技术使得奢侈品制作过程中纯粹的手工过程正在减少，而加入了机器加工成分。20 世纪 80 年代，奢侈品与全球一体化的国家发展趋势相结合，而形成了几个大型的国家化的奢侈品公司，对现代的奢侈品行业进行着全局的战略发展研究。

这一期间的奢侈品品牌的总体特征表现为：第一，之前的奢侈品的许多工艺发明源于工匠的实践经验，而现代的奢侈品而多的依赖工业生产，科技在推动奢饰品行业的发展起到了更为重要的作用，也取得了巨大的成果；第二，随着政治经济文化中心的变化，奢侈品的产生地域发生了相应的变化，由原来主要的欧洲老牌工业国家盛产奢侈品的特征，开始向欧洲以外的先进国家发展，战后美国、日本的奢侈品品牌快速增长，规模更加广泛，发展也更快速；第三，与之前的独立品牌发展相比，现代的奢侈品发展是交叉的，直接吸收科学技术的最新成果，运用于奢侈品的产品设计之中；而全球一体化的趋势，使得大型的国际化奢侈品集团开始诞生了。如现代最著名的三大奢侈品集团，法国的开云集团（Kering），最早成立于1963年，旗下包括古驰、巴黎世家等多个顶级奢侈品品牌；法国的路威酩轩（LVMH）成立于1987年，旗下包括路易·威登、迪奥等50多个顶级奢侈品品牌，成为最大的奢侈品集团；瑞士的历峰集团（Richemont）成立于1988年，旗下包括卡地亚、梵克雅宝、积家等顶级奢侈品品牌。

这一时期最重要的变化在于20世纪的60～70年代传统的高级定制服装的终结。"二战"后到60年代，这一期间的高级定制服饰品牌重现辉煌时期，高级定制在20世纪50年代达到巅峰，当时被授予高级时装的手工作坊最多的时候达到106家，全球有20万名女性穿高级女装，这是当时富裕阶层女性日常生活中的一部分。在第二次世界大战中，被迫关闭的奢侈品品牌重新开张，新的奢侈品品牌也出现了，包括巴尔曼、纪梵希、迪奥，尤其是迪奥于1947年推出"新风貌"系列女装，重新恢复了高级女装的矜持和高贵，法式优雅再次出现在时尚史上。但是到了60～70年代，随着成衣的发展和高级客户的减少，高级定制的服饰工坊开始锐减。巴黎世家（Balenciaga）的创始人克里斯托巴尔·巴黎世家于1968年关闭了他的时装屋。传统的奢侈品行业的一个重要时期结束了，奢侈品业不再是只是创造用金钱才能买到精美而极致的物品，意味着传统的旧式奢侈已经退出历史的舞台，而新式奢侈开始登上历史舞台。而高级定制时装最大规模的一次"死亡"，是在2000年秋冬，高级定制服饰的"三大殿堂品"恩格罗、范思哲、纪梵希都宣布不参加高级定制时装展了；日本设计师森英惠也推出高级定制协会。而在2002年初，伊夫·圣·洛朗就宣布退出了，他认为："高级时装已死！昔日的隆重、矜贵、豪华，已被眼下的荒谬与诡诞所取代！"2009年，巴黎时装界的"调色大师"克里斯汀·拉克鲁瓦的同名高级时装品牌宣布破产。

取而代之的现状是，奢侈品不断扩大自己的产品族群，由原来只生产一类产品而演变为多种产品；为了吸引普通群体，设计了单价相对较低的易耗型奢侈品，比如配饰、眼镜、化妆品等时尚类的奢侈品。在1951年的时候，迪奥已经拥有了手袋、男士衬衫、手套、围脖、帽子、眼镜等产品的专利权；伊夫·圣·洛朗于1966年引进一个价格较低的成衣系列，针对年轻的群体，改变了之前奢侈品的模式，即设计师制作高雅精致的服装外，还包含服装配饰和香水。现代社会奢侈品设计的新的金字塔模式，塔尖的高级定制服装卖给富裕阶层，同一设计师设计的成衣卖给中产阶级，名目繁多的香水和配饰卖给普通的底层的大众。随着以美国为代表的享乐主义价值观的盛行，人们对传统奢侈品时尚理念开始重新梳理，在设计风格上变得矫揉造作，甚至出现了复古主义风格特征，追求体积的庞大和装饰的华丽，但在产品的功能上却少有斩获。

表9-3中列出了奢侈品复苏阶段产生的奢侈品品牌。

表 9-3　复苏阶段

诞生时间	奢侈品品牌		主要产品	所属国家（地区）
	英文	中文		
1945	CELINE	赛琳	时装	法国
1945	BALMAIN	巴尔曼	时装	法国
1945	CARVEN	卡纷	时装	法国
1946	Dior	迪奥	时装、化妆品	法国
1948	LONGCHAMP	珑骧	皮具	法国
1952	GIVENCHY	纪梵希	时装	法国
1952	MONCLER	盟可睐	户外运动装备	法国
1956	Chloé	克洛伊	时装	法国
1961	Andrè Courrèges	安德烈·库雷热	时装	法国
1962	Sonia Rykiel	索尼亚·里基尔	时装	法国
1962	Yves Saint Laurent	伊夫·圣·洛朗	时装、化妆品	法国
1965	Emanuel Ungaro	曼纽尔·温加罗	时装	法国
1965	PACO RABANNE	帕科·拉巴纳	时装	法国
1967	CERRUTI 1881	尼诺·切瑞蒂	时装	法国
1974	Thierry Mugler	蒂埃里·穆勒	时装	法国
1976	Jean Paul Gaultier	高缇耶	时装	法国
1979	ALAIA	阿莱亚	时装	法国
1992	Christian Louboutin	克里斯提·鲁布托	女鞋	法国
1994	On Aura Tout Vu	—	配饰设计	法国
1997	Thimister	—	高级女装	法国
1996	Domoniqe Sirop	多米尼克·阿拉亚	高级女装	法国
1987~2009	Christian Lacroix	克里斯汀·拉克鲁瓦	时装	法国
1946	Dr. Martens	马丁大夫	男鞋	英国
1960	Graff	格拉夫	珠宝	英国
1966	Mary Quant	玛丽·奎思特	时装	英国
1970	MULBERRY	玛珀利	皮具	英国
1970	Vivienne Westwood	薇薇安·威斯特伍德	时装	英国
1976	Paul Smith	保罗·史密斯	时装	英国
1992	Alexander McQueen	亚历山大·麦昆	时装	英国
1945	Brioni	布莱奥尼	男装	意大利
1951	Emilio Pucci	蒲琪	时装	意大利
1951	Max Mara	麦斯玛拉	服饰	意大利

诞生时间	奢侈品品牌		主要产品	所属国家（地区）
	英文	中文		
1953	Missoni	米索尼	服饰	意大利
1956	Triton	奇顿	男装	意大利
1960	VALENTINO	瓦伦蒂诺	时装	意大利
1962	Automobili Lamborghini S. P. A.	兰博基尼	名车	意大利
1966	Bottega Veneta	葆蝶家	皮具	意大利
1967	Pomellato	宝曼兰朵	珠宝	意大利
1970	TOD'S	托德斯	皮具	意大利
1972	VERDISSIMA	范迪丝玛	内衣	意大利
1974	Alberta Ferretti	阿尔伯特·菲尔蒂	服饰	意大利
1975	GIORGIO ARMANI	阿玛尼	时装	意大利
1978	VERSACE	范思哲	时装	意大利
1979	DIESEL	帝舍	时装	意大利
1989	PIOMBO	彼雅泊	男装	意大利
1992	LUCA LUCA	鲁卡鲁卡	服饰	意大利
1946	ESTEE LAUDER	雅诗兰黛	化妆品	美国
1968	CALVIN KLEIN	卡尔文·克莱恩	服饰、香水	美国
1968	RALPH LAUREN	拉夫劳伦	服饰	美国
1968	CLINIQUE	倩碧	化妆品	美国
1970	bill blass	比尔·布拉斯	时装	美国
1973	Oscar de la Renta	奥斯卡·德拉伦塔	时装	美国
1975	OAKLEY	奥克利	眼镜	美国
1980	ANNA SUI	安娜苏	化妆品、服装	美国
1981	GUESS	盖尔斯	时装	美国
1981	CAROLINA HERRERA	卡罗琳娜·埃莱拉	时装	美国
1981	MICHAEL KORS	迈克高仕	服饰	美国
1984	DONNA KARAN	唐娜·凯伦	服饰	美国
1986	MARC JACOBS	马克·雅克布	服饰	美国
1993	Kate spade	凯特·丝蓓	服饰、包	美国
1996	Monique Lhuillier	莫尼克·鲁里耶	时装	美国
1990	VERA WANG	王薇薇	婚纱	美国
1996	JIMMY CHOO	周仰杰	女鞋	美国
1964	YUMI KATSURA	桂由美	婚纱	日本

续表

诞生时间	奢侈品品牌		主要产品	所属国家（地区）
	英文	中文		
1970	ISSEY MIYAKE	三宅一生	时装	日本
1970	KENZO	高田贤三	时装	日本
1972	YohjiYamamoto	山本耀司	时装	日本
1973	Come des gascons	川久保玲	时装	日本
1977	HANAE MORI	森英惠	时装	日本
1980	Les sacs Adam	阿达姆	皮具	日本
1990	Tsumori Chisato	津森千里	时装	日本
1993	JUNYA Watanabe	渡边淳弥	时装	日本
1994	UNDERCOVER	高桥盾	时装	日本
1950	AIGNER	艾格娜	皮具	德国
1973	JIL SANDER	吉尔·桑达	服饰	德国
1976	MCM	MCM	皮具	德国
1964	PRONOVIAS	普洛诺维斯	婚纱	西班牙
1982	ELIE SAAB	艾利·萨博	服饰	黎巴嫩
1999	Zuhair Murad	祖海·慕拉	服饰	黎巴嫩
1995	GEORGES HOBEIKA	乔治斯·荷拜卡	服饰	黎巴嫩
1985	LA MARTINA	拉马丁纳	服饰	阿根廷
1997	Manish Arora	曼尼什·阿若拉	服饰	印度
1992	Viktor & Rolf	维果 & 罗夫	服饰	荷兰
1957	Sam's Tailor	山姆裁缝铺	男装	中国香港
1978	SHIATZY CHEN	夏姿·陈	女装	中国台湾
1992	NE·TIGER	东北虎	服饰	中国
1994	Shanghai Tang	上海滩	服饰	中国
1990	Vivienne Tam	谭燕玉	服饰	中国
1996	CHJ JEWELLERY	潮宏基	珠宝	中国
1997	TESIRO	通灵珠宝	珠宝、翡翠	中国
1971	TSL	谢瑞麟珠宝	珠宝	中国香港

六、稳定发展阶段（21世纪初期至今）

全球的奢侈品产业在20世纪90年代之前一直以10%~20%的超常速度发展，从2000年以后，开始进入寒冰期。但是以中国为代表的亚太地区经济的快速崛起，成为世界经济增长最快的地区，这里的新富人群成为奢侈品消费的主要生力军，奢侈品消费也出现了"西风冬渐"的区域转移现象。"亚洲四小龙"（韩国、新加坡和我国的香港、台湾地区）"四小虎"（泰国、马来西亚、印度尼西亚、菲律宾）以及"金砖五国"（俄罗斯、中国、印度、巴西、南非）和中东地区的兴起都成为最有潜力的奢侈品新兴市场。继 20 世纪 70~80 年代，日本成为西方奢侈品在亚洲市场的主要消费市场后，现在主要向中国这个人口庞大的市场转移。2018 年，奢侈品市场表现依然令人瞩目，全球奢侈品市场销售额（包含奢侈品和奢侈体验）在汇率恒定的情况下增长 5%，达到 1.2 万亿欧元，中国消费者成为全球奢侈品市场主力军。

贝恩公司与意大利奢侈品行业协会 Fondazione Altagamma 联合撰写了《2018 年全球奢侈品行业研究报告》。其中的数据显示，从全球市场看，奢侈品各个细分领域均呈正增长之势，其中个人奢侈品市场表现尤为突出，销售额增长 6%，达到 2600 亿欧元，表明个人奢侈品市场已经进入了"新常态"时代。贝恩公司全球合伙人布鲁诺分析，中国消费者对奢侈品的旺盛需求、电商渠道的持续崛起和年轻一代消费群体不断增强的影响力，是促成这一趋势的主要因素。

中国消费者正在引领全世界奢侈品市场的增长趋势。贝恩发现，从 2015~2018 年，中国消费者在本土的奢侈品消费增长是海外的两倍。从全球来看，中国消费者的奢侈品花费总支出占全球总额的比重，亦不断增加（当前预估占比为 33%，较 2017 年 32% 高出一个百分点），中国消费者在内地市场的消费支出占全球总额，从 2017 年的 8% 提升至 9%。

纵观奢侈品一路走来的发展历程，尽管有贬有褒，但都是在推动奢侈品的发展，奢侈品固然是整个社会中不可或缺的物质因素。今后奢侈品的发展方向，应该是社会所驱动的可持续化阶段，并且针对人群会相对年轻化，历史是不断在创造的，接下来我们应着眼于当下的发展探究。

思考题

1. 从奢侈品到奢侈品品牌的发展历程中不同历史时期有哪些特点？
2. 掌握奢侈的历史与本质。

奢侈品的艺术性与商业性

课题名称： 奢侈品的艺术性与商业性

课题内容： 奢侈品与艺术家合作

奢侈品大秀

奢侈品展览

奢侈品博物馆

奢侈品艺术性与商业性的关系

课题时间： 4 课时

教学目的： 本章的教学目的是了解奢侈品消费者的购买因素如何成为奢侈品品牌与艺术家跨界合作的首要原因，了解四大时装周与奢侈品品牌合作关系及表现形式，了解奢侈品作为一种商品进入艺术馆，是生活世界与艺术世界之间界限不断模糊的重要体现。

教学方式： 讲授教学

教学要求： 1. 使学生了解奢侈品品牌与艺术家合作的原因。

2. 使学生了解时装秀对于奢侈品品牌的积极作用。

3. 使学生了解奢侈品的商业性与艺术性之间的关系。

课前/后准备： 通过资料搜集了解奢侈品品牌商业与艺术结合的发展历程以及奢侈品品牌博物馆的独特意义。

第十章　奢侈品的艺术性与商业性

第一节　奢侈品与艺术家合作

奢侈品历史源远流长，从身份地位的象征演变成如今宏观经济的一部分和文化生产的形式。20世纪的社会民主化、消费能力的提高、全球化和通信化进步打破固有的社会秩序，成为奢侈品行业的四大驱动力。随着全球经济化的快速发展，奢侈品消费在全世界迅速增长，各个奢侈品品牌为了能够持续吸引消费者的光顾，开始关注奢侈品消费者的购买行为及动因，探索各种与艺术的跨界合作形式，为奢侈品品牌的发展注入了新的动力。奢侈品定义可以划分成最重要的三个方面：稀有性、时间以及梦想价值。奢侈品品牌是由创始人创立的并具有其独特的品牌特性，奢侈品消费者最关注的是品牌背后的历史、文化、审美、享乐、梦想等因素加起来所呈现的自我价值。艺术则反映了社会生活及自我思想与情感的某种形式上的创作，艺术家就是在每个时代里创造这些能够表明当下的社会现象、生活习俗及审美追求的"社会时代记录者"。

奢侈品消费者的购买原因将成为奢侈品品牌与艺术家跨界合作的首要原因，根据马斯洛的社会需求层次理论，奢侈品消费者在购买艺术家与设计师共同设计的奢侈品时，其认知和审美需求都同时得到了提升，稳固了奢侈品作为审美需求层次产物的地位，艺术家的参与同时提升了奢侈品的价值和人们购买时的需求层次。

随着奢侈品市场的衰弱，奢侈品品牌纷纷转战电商或是与艺术跨界合作。奢侈品行业从来不缺乏把产品当作艺术品来进行经营和销售的人。早年的 CHANEL "流动的艺术"展就是奢侈品品牌与艺术的跨界产品。早在20世纪80年代，时任卡地亚国际公司总裁的阿兰·多米尼克·贝兰（Alain Dominique Perrin）以其敏锐的洞察力，预见到现代艺术将成为传达当代社会心声的一个重要途径，由此产生了赞助现代艺术发展的念头。卡地亚当代艺术基金会的展览涵盖当代艺术的所有领域，涉及设计、摄影、绘画、影像、时尚和表演。基金会由此彰显了其在当代艺术上的造诣与立场，严谨有度，同时兼容并包，力求使当代艺术更加开放和普及化。从1984年成立起，基金会就开始支持艺术家的创作，到现在已经有许多艺术家参与。基金会也特别重视中国当代艺术家，除了与蔡国强的合作项目外，还为岳敏君举行大规模回顾展。

新兴消费阶层不断扩大，他们对于奢侈品的需求也不断增长，尤其是2008年金融危机之后有极大的反弹。消费者更新了奢侈品的定义，旺盛的需求使得艺术界、时尚界和设计界之间的界限也由模糊转为合作，并更懂得迎合市场。

卡地亚的当代艺术基金会通过资助艺术家的创作及倡导文化交流，成功的开启了新的艺术领域，为当代艺术界带来了无限新的可能性。从而得出本文奢侈品品牌与艺术家合作效益的结论：奢侈品品牌与艺术家跨界合作带来的是双赢的效果，艺术家可以让品牌显得更"艺术性"，而奢侈品品牌也可以为艺术家提供更广阔的天空，让他们可以更无后顾之忧地尽情创作；使得奢侈品品牌成为"慈善家"，快速融入新市场；使当代艺术家能无金钱困扰地进行自由创作、提高知名度，也给新锐艺术家更多展现的机会。奢侈品品牌的跨界行为，提供了艺术家自由创作的空间，为他们搭建展示作品的平台，并给更多的艺术爱好者一个深入了解艺术的机会，成为当代艺术发展的最大功劳者之一。

很多人是因为路易·威登而了解到村上隆与草间弥生，从而爱上斑点，甚至开始投资当代艺术品的。尽管不同的合作各自有着不同的商业目的，但这股跨界潮流，给了我们接触艺术的入门机会。当社会需求与审美多元化，品牌们就会有更大的想象力与魄力去发挥创意。这虽不免是在商言商的策略，但的确带来了更多不同的选择和体验。粉丝们多了一个分享作品的渠道和机会，不少艺术家也因此能为普罗大众所认识、亲近。

艺术家与奢侈品品牌的合作由来已久，近几年更是频频出现在大众视野里，不可否认，艺术家的作品为奢侈品品牌注入更多的活力，也创作出很多经典、受到消费者热烈追捧的产品。这其中，奢侈品品牌与行为艺术家的合作尤其令人好奇，一方面市场上鲜有出现奢侈品品牌跟行为艺术家合作，每次合作都伴随极大的市场关注；另一方面动态的行为艺术如何表现静态的奢侈品品牌概念也十分调动人们的好奇心。对于奢侈品品牌，他们与艺术大咖的合作，也许能开拓一个新的收藏领域，毕竟像安迪·沃霍尔、村上隆这样级别的艺术家，本身在艺术市场上一直就是叫价最高的几位。

精湛手工工艺和稀有珍贵原材料的完美结合，不仅为奢侈品创造了非凡的品质以及尊贵的体验，而最为吸引人的是，严谨极致的打造让奢侈品最终呈现出了无限璀璨的艺术之光。因此，于奢侈品来说，审美的终极目的是艺术，极致的奢侈品就是艺术品。奢侈品品牌选择与国际知名设计大师、艺术家合作，是赋予产品更多艺术生命力的方式之一，如今已逐渐成为一种潮流进行时。

如今当人们说到 GUCCI 总是会联想到一个字——新，由 GUCCI 创作总监亚力山卓·米开理所打造的"新"GUCCI 不单单让我们看到了这个老牌奢侈品焕发的时髦新魅力，他为 GUCCI 所展开的一系列营销手段也让人为之赞叹。从掀起热议的"GUCCI 已然未然"艺术展，到引发 Instagram 热点事件的 GUCCIGram 数字创意项目，让我们看到焕发艺术魅力的全新 GUCCI，在网络时代感召出热力四射的创新活力。

GUCCIGram 数字创意项目于 2015 年推出第一波，流行与文化兼收并蓄的 GUCCI 精神在此次活动中大放异彩。GUCCI 邀请世界各地的艺术家们以 Blooms 花卉印花和 Caleido 星型条纹为题，为 GUCCI 献上了多种形式的艺术作品，全球各地的创意人才以完全自由不受限制的创作方法，创造出众多极富个性的艺术作品，并将作品发布在网络上，引起时尚人士和艺术家们的讨论。随着 GUCCIGramBlooms 系列和 Caleido 系列艺术作品的成功和热议，以艺术的角度看商品引发了众多粉丝和艺术家的关注。于是第二波 GUCCIGramTian 项目应运而生，根据 GUCCI 新推出的"Tian（天）"系列，一场关于 GUCCI 与艺术家的华丽盛宴再次来袭，如图 10-1 所示。

图 10-1　GUCCIGram 数字创意项目（资料来源：www. m. ifeng. com）

在中国文化中，"Tian（天）"代表天空或是天堂景象，GUCCI Tian（天）印花高贵典雅的形象，常出现于中国 10 世纪的花鸟绘画中。于是 GUCCI Tian（天）印花采用书法般的精致线条勾勒出蜂鸟和蝴蝶图案，并搭配枝叶和花丛，营造出轻盈灵动的飞舞效果，极具东方艺术的幻美与精致，如图 10-2 所示。

GUCCI 此次邀请来自亚洲的艺术家们参与到 GUCCIGramTian 项目之中，意在回归该系列印花的源头，希望通

图 10-2　GUCCI Tian
（资料来源：www. m. ifeng. com）

过作品，将不同时代的美妙艺术连接起来，达到不同领域文化的相互碰撞与融合。没有冲突，也没有哪一种文化凌驾于另一种文化之上。参与项目的艺术家们仍然会在 Instagram 上发布作品，他们的作品将带领我们突破想象，进入超现实世界，唤醒遥远的记忆，展望无限的未来。

然而，这只是营销层面的好处，GUCCI 艺术家合作项目还有一个接地气的部分，是通过联袂产品迅速让合作变现。这样做的好处除了增加实际的营收，还是一种夯实艺术项目与合作关系的办法。通过发售联袂产品，GUCCI 把自己寻找艺术家的成本分摊给了市场，还让其项目可以留存更长时间。毕竟，墙上的插画会被抹去和代替，但花了真金白金买回家的衣服可是能穿上好些日子，时间一长，消费者和品牌之间的情感联系自然巩固

了。不得不承认，亲近消费者的做法是反奢侈的表现之一，但它也暗示了一点，GUCCI清楚地意识到风光一时的视觉盛宴难以长久的现状，培养相关人才的回报可能更高。

艺术和文化能提供的是难以衡量的精神价值，但这两者都并非一沉不变的，如何正确地预见这个时代所需的文化艺术动向，并将其运用到自身，才是关键。奢侈品品牌参与自主也引发了艺术家在品牌的结合中会失去艺术的自由性的担心。艺术批评家何桂彦曾表示，艺术家们在别人搭起的舞台上表演，尤其是西方人的舞台，往往会被赞助者们所规定或牵制，所以这些作品往往会出现与真正本土的文化问题相脱节的情况。而批评家王静也认为，是否这样会因为迎合奢侈品品牌的要求而丧失了艺术家的自由本性的决定权，主要还是掌握在艺术家自己的手中。"现在这个阶段，艺术和奢侈的联姻更多还是停留在了赞助的层面上。就是说奢侈品品牌的手里握着一笔巨额资金，他们有能力把钱拿出来放到当代艺术中去。至于是否会干预到艺术家的创作，主要看艺术家的底线在哪里。"

"时尚是转瞬即逝的，而艺术却是永恒的。"这句话对于身处金字塔尖的奢侈品而言同样奏效。借助艺术的光芒，奢侈品品牌也期望超越短暂的生命周期，像艺术品一样得到永生。奢侈品品牌想要坐稳江山，需借时尚的扮相卖新鲜，然而光有时尚这个时髦的外表，难免肤浅、乏味、审美疲劳，艺术具有令单调时尚化腐朽为神奇的功效。艺术是最奢侈的时尚，玩时尚的奢侈品品牌也正变得越来越艺术。奢侈品与艺术联手会让奢侈品更具有生命力，同时以奢侈品为载体的艺术会更贴近人们的生活，使更多人感受到艺术的魅力。

奢侈品缺失了艺术价值一定会越来越粗俗，粗俗之后就会变成暴发户的专用品。没有艺术和人文价值在里面，奢侈品只会步向死亡，所以奢侈品与艺术的结合，同样是顺应市场发展的需要。

第二节　奢侈品大秀

时尚跟我们的生活关系越来越紧密，"Fashion"这个词不再遥不可及。时装周是设计师们为服装准备的一场盛宴。每到时装周，就会有大量富有品牌创意的新衣呈现，而当每次大秀结束大家又开始期待下一季的新创意。

历史上第一次的时装周并不叫 Fashion Week，而是叫"Press Week"。1943年，由时尚评论家 Elenor Lamber 在纽约发起。是"二战"时官方组织新闻记者到巴黎采访时装周的结果。纽约时装周慢慢发展壮大，发布周让美国设计师摆脱了法国服装的光环，在世界服装界开始占有一席之位。还有一件很有趣的事情是，最初时装买家是不被允许观看时装秀的，他们只能到设计师的展示间去参观。发布周将所有的活动和典礼都集中到一起呈现，让设计师们在短时间内有被传媒高度关注的机会，还增加了所有时尚从业者的交流互动。伦敦、巴黎和米兰很快也开始了效仿，并分在1961年、1973年和1979年开始他们的发布周。而真正的时装周始于 20 世纪 90 年代初。从 17 世纪开始，巴黎一直在巩固它的"世界时装之都"的名声地位。1910 年，作为"时装潮流风向标"的巴黎时装周应运而生。作为世界四大时尚之都里的米兰，开始时装周是最晚的，但如今却已独占鳌头。

除了四大时装周，每个品牌也会定期发布自己的品牌大秀。每一次品牌大秀都会引得世界各地的明星纷纷出席，而现如今出席奢侈品大秀的除了明星、知名媒体以外还会有一定数量的知名博主。这样可以将品牌秀最大限度地扩散到世界各地，在原有基础上扩大品牌的知名度，为品牌当季产品做推广，最大程度的吸引消费者的关注。

如果说设计师的奇思妙想是场心血来潮，以利润为导向的奢侈品集团通常更为现实。"从 1990 年代起，时尚界展开了一场军备竞赛。"法国巴黎银行奢侈行业分析师 Luca Solca 发现，时装屋们绞尽脑汁，试图用秀场和布置惊艳四方，给买手与媒体留下深刻印象。

起初，时装屋通过代理公司寻找制作公司。慢慢地，品牌与秀场设计、搭建公司的距离越来越短，总部位于荷兰的大都会建筑事务所（OMA）便是其中之一。从 2000 年起，OMA 开始为 PRADA 设计各地店铺、展览馆、艺术中心，最后连秀场也承包下来。"我们和时装设计部门同时开工，双方由同一个概念出发各自设计，互相启发、补充。"项目负责人 Ippolito Pestellini Laparelli 表示："和设计其他空间项目的不同之处在于，我们必须体现时装秀的功能性。"

由 OMA 设计的秀场从来都不是一览无余式的传统路线。OMA 为 PRADA 2015 秋冬系列设计出了一座宫殿。把不同大小的房间等比例地由大到小排列起来，在视觉上创造出一种"延绵不绝"的效果。设计团队还选用了质感厚重的蓝黑色大理石材质作为墙面，营造了秀场"高冷"宫殿的基调。在天花板、地面和房间门框处，几何形镂空的铝片被大面积使用，为整个秀场带去了持续的动感，如图 10-3 所示。

图 10-3　PRADA 2015 秋冬系列秀场（资料来源：www.sohu.com）

花样百出的时装秀不光有漂亮的销售数字为报，还可以帮助品牌迅速打开新兴市场。"这或许就是路易·威登选择巴西，FENDI 选择长城的原因"，Armand Hadida 分析说。而 2007 年的 FENDI 长城秀被看作中国时装大秀的一块里程碑，如图 10-4 所示。

图 10-4　FENDI 长城秀（资料来源：www.sohu.com）

第三节　奢侈品展览

　　奢侈品具有打动人心的品质，无论是柜台上的奢侈品还是艺术馆中的奢侈品，很多人对它们都有很高的热情。但是，人们对艺术和艺术性的内涵理解过于狭隘，对奢侈品中的艺术性缺乏足够的认识，再加上人们对奢侈品的偏见又阻碍了对奢侈品的正面打量与研究。实际上，奢侈品进入艺术馆是一种现代审美现象，它与现代民主政治（普遍有效的公民身份、自由审美的权利）、市场经济（自由市场与全球化）、文化等方面密不可分。而对奢侈品进入艺术展览馆的争议，则涉及对艺术内涵的理解以及传统美学在现代的转型。

　　奢侈品作为一种商品进入艺术馆，是生活世界与艺术世界之间界限不断模糊的重要体现。实际上，生活世界与艺术世界之间经历了几大阶段。在原始社会或古代社会，艺术世界与生活世界之间并不存在截然的分离。生活世界与艺术世界的分离是一种现代现象，其标志就是生活与艺术边界的修建以及有关这一界限观念与知识的传播。而在当代审美文化中，艺术与生活的二元分离规划了两种基本的结构秩序：第一是以纯粹的艺术品为活动区域的审美文化。第二是以具有审美意味的非艺术品为载体，以一般生活世界为活动区域的审美文化。而奢侈品作为非纯粹艺术品进入艺术馆，正是体现了艺术与生活界限的逐渐模糊，也反映了审美从自律到"日常生活审美化"。另外，作为设计物的奢侈品要具有艺术性或审美价值，除了物品本身的感性力量，还取决于审美"惯例"。正如乔治·迪基的"惯例"所示，艺术惯例中最重要的是审美态度的习俗。只要有了为业界认同的审美态度，就会有社会普遍的审美期待。只要物是人造物，它就可以被称为"艺术"。

　　当奢侈品在美术馆被展览，人们与奢侈品之间功能性的使用关系，转化为一种欣赏与被欣赏的关系。由于这种关系的转化，导致了物的外观形式与人的感觉直接的遭遇，这是一种人的本能感觉与物的形式之间的一种遭遇，是物品本身的外观形式所具有的感性力量或感性冲击力对人的击中。同时，它也打破了日常生活与艺术之间的界限，冲击了这种艺术界限之上的传统艺术体制，解放了人们的艺术创作力，扩大了人们审美活动的范围。著名奢侈品珠宝品牌梵克雅宝于 2018 年在北京今日美术馆进行为期 4 个月的展览，此次展览主题为梵克雅宝藏臻品回顾展。包含最新收藏的作品在内，近 400 件来自世家典藏及私人藏家的艺术珍品于 2018 年 4 月 21 日至 8 月 5 日期间在今日美术馆中亮相。这些世家珍宝由有"黄金之手"之称的梵克雅宝工艺大师代代传承，"When Elegance Meets Art 雅艺之美"力图展现梵克雅百年间的风格演化历程。

著名奢侈品品牌爱马仕于 2015 年在上海举行了名为爱马仕"奇境漫步"的展览。"闲情漫步，诠释着行走于都市的自由艺术，它是爱马仕的第二天性，甚至可以说是我们的本质。"爱马仕全球艺术总监 Pierre-Alexis Dumas 先生如是说道。漫步，并非在闲暇中消磨时光，而是于司空见惯的事物中发现非同凡响的惊喜。当漫步者踏上一段旅程的时候，他的步履里蕴藏着两种关乎漫步本质的精髓：追求梦想的理念以及好奇心的驱使。在此次展览的策展人 Bruno Gaudichon 先生眼中，这正是"奇境漫步"展览的出发点所在。

本次展览展品甄选自 émile HERMÈS 珍藏系列、爱马仕档案馆系列以及当代系列作品。爱马仕将闲情漫步所代表的生活态度贯穿于品牌精髓及文化理念中，将对梦想和精神自由的永续追求融入血脉，当其与极致的工艺相遇，优良而考究的材质于顷刻间在工匠的手中化为臻美艺术品，一切只为完美诠释出"漫步"艺术的真谛，如图 10-5 所示。

图 10-5 2017 年爱马仕"奇境漫步"展览（资料来源：www. fashion. sina. com. cn）

凡是时装老牌，都多少经历过几数次创意总监的更迭，当每个设计师都试图把自己鲜明的个性融入品牌设计的时候，就是品牌在保持初心和取其精华中艰难前进的时期。幸运的是，ChristianDior 先生卸任后，接手 Dior 的设计师个个才华横溢。展览为每位继任创意总监都设置了一间单独的展厅，观展者在穿过这六个厅的时候，能够明显感受到礼服在不同设计总监手下风格发生的不同变化。Dior 的可贵之处，不是商业，也不是明星效应；Dior 的可贵之处，大概就是给了所有已经长大的女孩那些早已破灭的公主梦，一个美梦成真的机会，如图 10-6 所示。

图 10-6　Dior 巴黎时装展览（资料来源：www.sohu.com）

由于经济不景气，奢侈品品牌一边是一家一家地关门店，一边却对办艺术展兴致颇浓。而品牌对中国市场也相当看重，国内消费者尤其是千禧一代对于奢侈品品牌的艺术展也相当买账。一方面品牌通过展览能够更直观地向消费者解释设计的灵感来源，传达设计师的理念与思考。这是一种提升消费者对品牌忠诚度的有效途径。通过这样一种沟通方式，让消费者理解品牌与设计，形成情感上的信赖。等到下一次购物时，"我能理解这个设计"的亲切感无疑会促成购买的决策。

另一方面，品牌希望借艺术展传递给消费者一种，我所穿的不仅仅是服装而是艺术品的感受。而这一招可以说是投其所好。直白地说，人们无论是出于何种理由追随奢侈品，炫耀也罢真爱也罢，与艺术挂钩的奢侈品无疑更能提高人们的购物欲，甚至能为消费者们的自我安慰提供充足的理由。

那么不难想象，在未来奢侈品展览的频率并不会下降。首先，举办一场展览可以体现自己的文化，让更多的消费者来通过展览这样一个形式快速地了解该奢侈品品牌的历史文化，在此基础上更可以激发忠实消费者的品牌归属感。其次，可以很大程度的扩大自己的曝光度，吸引大量的潜在客户。奢侈品在做展览的同时还可以促进品牌文化交流，甚至是地域文化交流。而千禧一代对于这种展览形式的体验方式非常热衷，不仅可以增加自身对品牌的了解，还可以将与自己审美相符合的产品加入自己的购物清单。

第四节　奢侈品博物馆

人类漫长繁衍变迁的生活既离不开物质食粮的供给，更离不开精神食粮的滋养；前者作用于形而下的身体，后者作用于形而上的灵魂。随着社会的不断发展和文明的逐渐进步，人类物质与精神的产品已经达到空前繁荣。博物馆作为一项文化消费品，为人类灵魂的塑造提供着源源不断的精神食粮。它从仅仅被小部分特权阶层的人享有到向大众开放，从一件满足条件才消费得起的"奢侈品"到普罗大众皆可免费使用的"必需品"，博物馆之于人类精神生活已然不可或缺了。

追溯博物馆的发展变迁发现，早期的博物馆更多是一种收藏机构，收藏和展示的多是上流阶层的藏品，如绘画、雕塑等精美艺术作品。这个时期的博物馆功能相对狭隘，也仅仅是少部分上流社会的人享有欣赏、感受它们的权利。对于当时的社会大众来说，因了地域距离、时间成本、阶层差距等现实因素，想要参观博物馆可望而不可即。对于普通老百姓，博物馆俨然就是件"奢侈品"了。

与奢侈品品牌展览不同，奢侈品品牌博物馆更多的是在向观众们展示自身品牌的悠久发展史，而不是一种临时性的体验式展览。所涉及的范围更大，品牌发展过程中的大小事件、作品、手稿等都会呈现出来。所占地面积也更广，作为奢侈品品牌拥有着非常悠久的历史，简简单单几十平方米并不足以讲述品牌的整个发展史。博物馆已经发展成为一个文化、民族的记录和传承，它成为当地的主要休闲场所之一。作为奢侈品博物馆虽然展示的品牌历史内容非常详尽丰富，但是由于占地面积过大，展览物品较多，在地域上会有所局限，想要一览该奢侈品品牌的悠久文化只能奔赴当地去进行参观。奢侈品展览就不会具有这样的局限性，展览可以即撤即走并可以进行全球巡展，让消费者在离自己更近的地方就可以看到优秀的奢侈品品牌展览。

品牌是企业的重要的无形资产，而驱动企业发展的关键因素是品牌形象。对于消费者而言，品牌的作用不仅仅使用以区别商品，他还是一种超出了文字本身的象征。对生产者来说，品牌也不仅仅是使自己的产品有别于其他产品，更是在技术和功能的支持下建立起来的商品和消费者之间的关系：消费者的知晓、喜爱甚至是尊重，即是品牌形象。具体到奢侈品，品牌形象的构建是其传递文化的重要组成部分。真正的奢侈品品牌代表一种整体优雅的气质，而且几乎每个奢侈品品牌背后都有各自的文化沉淀。制造地点和制造历史总是能够赋予品牌形象更多的文化意义，因而奢侈品品牌博物馆也多建造于其品牌诞生地。

1980年代，时任卡地亚国际公司总裁的阿兰·多米尼克·贝兰（Alain Dominique Perrin）以其敏锐的洞察力，预见到现代艺术将成为传达当代社会心声的一个重要途径，由此产生了赞助现代艺术发展的念头。卡地亚当代艺术基金会的展览涵盖当代艺术的所有领域，涉及设计、摄影、绘画、影像、时尚和表演。基金会由此彰显了其在当代艺术上的造诣与立场，严谨有度，同时兼容并包，力求使当代艺术更加开放和普及化。从1984年成立起，基金会就开始支持艺术家的创作，到现在已经有许多艺术家参与。基金会也特别重视中国当代艺术家，除了与蔡国强的合作项目外，还为岳敏君举行大规模回顾展。

普拉达艺术基金会（Fondation PRADA）的米兰新馆于米兰世博会期间正式对外开放。在此之前，普拉达艺术基金会在威尼斯有一个老馆，如图10-7所示。

普拉达艺术基金会威尼斯展馆   普拉达艺术基金会举办的
                                    《艺术或声音》展览

图 10-7　普拉达艺术基金会展馆

　　巴黎伊夫·圣·洛朗博物馆位于他的故居，玛索第五大道（5 avenue Marceau），伊夫·圣·洛朗在这里从 1974~2002 年工作了近 30 年，而从 2004 年起，这里变成了皮埃尔·伯格-伊夫·圣·洛朗基金会所在地。马拉喀什的圣·洛朗博物馆位于马约尔花园附近的圣·洛朗路，该建筑由法国建筑设计公司 Studio KO 设计完成。

　　马拉喀什和巴黎两座伊夫·圣·洛朗博物馆（Musée Yves Saint Laurent）交相辉映，共同展出伊夫·圣·洛朗先生设计的 5000 件服装、15000 件高级时装配件。博物馆面积达 4000 平方米，其中由 Christophe Martin 设计的 400 平方米的永久展览空间，致力于展示伊夫·圣·洛朗先生的经典设计作品，如图 10-8 所示。

巴黎伊夫·圣·洛朗博物馆   马拉喀什伊夫·圣·洛朗博物馆

图 10-8　伊夫·圣·洛朗博物馆

　　设计大师、艺术家与奢侈品的跨界合作，不仅为奢侈品赋予更多的艺术生命力，也让艺术借由这样一种途径进入并渗透人们的生活当中去，让人们可以享受到更高品质的生活。

第五节　奢侈品艺术性与商业性的关系

随着越来越多奢侈品品牌的全球化运作，如何不让奢侈品品牌过度商业化也成为奢侈品品牌管理层要权衡考量的重要问题。作为艺术与商业的交集，奢侈品既融合设计师的创作，又能在一定程度上满足客户的需求，这一平衡的任何一端偏重都会导致奢侈品品牌的不成功。而如今随着诸多奢侈品品大牌的全球化运作，当曾经专属的奢侈品越来越大量地被复制到任何一个国家的大街小巷时，如何不让奢侈品过度商业化也成了诸多奢侈品品牌需要再度权衡的问题。

一、奢侈品艺术性与商业性的平衡

奢侈品艺术性的特质也解释了为何奢侈品品牌对其顶级设计师的尊崇。但也不可否认的是，设计师对艺术理念的追求与奢侈品品牌的商业运作目标有着背离之处。既融合艺术又符合客户的需求，这对奢侈品品牌的设计师和管理层都提出了挑战。设计师如果只考虑美学的角度，而忽视产品的商品属性，那么设计出的产品很可能是不接地气的，如果长时间都无法盈利那么是不能够支撑品牌发展的。

如今许多奢侈品品牌也都采取一些折中的办法，品牌的首席设计师通常会举办一场完全遵从其个人艺术理念的秀，这对于市场是个风向标；但同时品牌也会面向客户、买手推出另一场秀。此时高级定制便通常成了顶级设计师表达其设计理念的部分。近几年许多奢侈品品牌都在运用艺术性和商业性的平衡来诠释品牌理念和文化。

事实上，奢侈品与艺术的纽带，在于所售卖商品本身的工艺性、装饰艺术与行业传承的历史积淀。因此，奢侈品需要具有深刻内涵的表现方式来抒发与文化和艺术交融并进的独特情怀；而对于艺术的回馈，奢侈品往往以赞助形式表现。

从中世纪的欧洲开始，艺术就受惠于赞助形式。最初是以"银行家"对于宗教相关的建筑、雕塑甚至是文学作品的支持，直至 20 世纪很多最重要的艺术品仍旧是在大财团以及其家族的支持下才得以诞生。从 20 世纪 70~80 年代，奢侈品品牌也纷纷加入到艺术赞助的队伍中。虽然从投入的资金上不能与金融业相提并论，但在形式及类别上却日渐繁复。

最早与艺术赞助寻得共鸣的品牌中包括卡地亚，1984 年成立的卡地亚当代艺术基金会，原本是打算建立以法律手段保护艺术家的基金会，最后决定展开真正的艺术赞助，每年以推广艺术为目的举办展览。而后建立的万宝龙基金会选择对文化、艺术以及音乐方面有所建树的个人或机构进行资助；每两年一届的劳力士创艺推荐资助计划则不是单纯的提供资助，还为来自建筑、舞蹈、电影、文学、音乐、戏剧、视觉艺术七个领域的新晋年轻艺术家提供一个接触行业大师的机会；为了在艺术领域推广其独立精神，以富有创造力的方式诠释高端艺术与精湛技术之间的关系，爱彼自 2013 年开始担任世界先锋艺术展览——巴塞尔艺术展的全球联席赞助伙伴；LVMH 年轻艺术人奖的设立，则代表着奢侈品艺术赞助的名单上不再限于单独品牌。

如卡地亚当代艺术基金会成立于 1984 年，卡地亚当代艺术基金会是企业赞助模式的独特案例。自 1994 年迁址到法国建筑师让·努维尔操刀设计的崭新大楼以来，卡地亚基金会发展出了一条别开生面的当代艺术策展之路，以开放的姿态拥抱那些鲜少在美术馆中被讨论和呈现的主题。卡地亚基金会以其跨学科精神，带领观众探索未知领域，并促成了艺术家、科学家、哲学家、音乐家和建筑师之间诸多意想不到的合作。

本就有人将奢侈品定义为具有实际价格的艺术品，而每一个奢侈品品牌也都将强调产品的艺术性作为品牌文化中至关重要的一部分。万宝龙文化基金会主席贝陆慈曾表示"文化和艺术是奢侈品品牌的根源"。

真正满足奢侈品艺术情怀的，应是奢侈品品牌与内涵相契合的艺术形式共同努力传播艺术和推动其不断发展的过程；是奢侈品品牌汲取不同艺术灵感对于产品的创作；抑或看作是奢侈品作品本身。

二、奢侈品艺术性与商业性的共赢

当奢侈品艺术性遇见商业，一方面奢侈品品牌可以从当前的艺术中提取养分，让大众眼中的商品更具创造性、艺术性和生活品位。另一方面，艺术活动也可以通过奢侈品品牌的赞助行为获得强有力的资金助力，使更多充满灵感与才华的艺术家获得支持、鼓励和褒奖，提升其在艺术界的影响力，推动艺术产业发展壮大、日益兴盛。

奢侈品品牌与艺术的融合与碰撞，渴望与疑虑，不仅发生在奢侈品品牌与艺术相遇的过程中，更是奢侈品品牌甘愿减低自身的商业化，超脱商品的本质，成为艺术与文化的象征的必经之路。在过去，许多艺术家是依赖教堂和王公贵族的赞助来完成杰作的。现在，除了画廊的推动，奢侈品品牌赞助也可以让艺术家在没有经济压力的情况下自由创作。

奢侈品的艺术性和商业性一定是共赢的关系，资本面对艺术想从中获利，自然要面向市场做出相应的动作，而艺术家为了保全自己的，必然要挣扎和妥协。传统的观念认为资本是"脏"的，一定会玷污艺术。但是在这个艺术鼎盛时期，是不乏成功的商人同时也有艺术鉴赏力的。但是总有聪明的艺术家可以借商业一用，为自己的艺术之路延续生命，这取决于你内心对商业的包容程度和理解程度。而奢侈品的艺术性和商业性的结合，需要双方相对独立的空间。

三、奢侈品艺术性和商业性的相互抵触与依存

当今在市场经济主导一切的环境里，如果我们把艺术和商业这两个话题放在一起，

相信不会令人感到意外。在西方，随着画廊行业的勃兴，艺术品早就与商业行为正式挂钩。画廊不单是展示艺术家最新作品的最佳场所，也为收藏家和艺术爱好者提供了选购奢侈品艺术的最好机会。

时至今日，中国逐步走向市场经济，融入世界的经济体系。奢侈品的买卖相当热络。纵使画廊系统尚未建立起来，但第二市场的拍卖行业却跳上了第一线，成绩斐然；收藏家与艺术家之间的直接交易现象更形普遍。时代的进步，奢侈品的艺术市场的急速开发，对艺术的多元发展当有正面的意义。但随之衍生的许多问题和现象，以及如何分清艺术与商业间的错综关系，倒是值得我们仔细研究探讨。艺术品和奢侈品市场正在全球范围内融合，这一趋势在中国即将到来的香港拍卖会上有所体现。佳士得、苏富比、保利拍卖行和中国嘉德等顶级拍卖行在本月销售中不仅提供艺术品，还有珠宝、手表、葡萄酒、手提包和其他高端商品。

在国外早已如火如荼的奢侈品拍卖，在国内算是比较新的事物，但国内的奢侈品拍卖市场在近年来成交额年年速增，证明了这种交易形式在奢侈品领域的巨大潜力。基于奢侈品拍卖通常有着真伪有保证、升值空间大、具有市场潜力、成交率高、结算率高等特性，因此拍卖会不失为一个奢侈品爱好者购买及收藏的上佳平台。收藏家们对奢侈品收藏投资热情上也是有增无减。

其中升值空间较大的，集中在名表、名包、名车、珠宝几大类。比如巴黎美爵（MATZO PARIS）曾经推出的限量版明星系列旅行包，这款旅行包因为其全球限量发行的特征，价值倍增。再加上众多欧美明星对这款旅行包的喜爱，使得这款箱包的价值已经在原销售价的基础上翻了10倍。另外随着艺术自身形态与疆域的转变，很多艺术家打破时尚与艺术的界限，奢侈品品牌也开始寻求与艺术家合作的机会，而这些产品也因为艺术家的参与而价值倍增。

在拍卖场上出现的奢侈品，很有可能在拍卖中再次刷新价格纪录。虽然奢侈品拍卖目前只能算得上是艺术品市场上一个较为崭新的概念，但很多拍卖结果显示，奢侈品不仅在拍卖价格上整体稳步上扬，而且随着拍卖规模的扩大和成交总额的不断放大，奢侈品在艺术品拍卖市场上所占的份额也在迅速增加。

思考题

1. 奢侈品品牌与艺术家合作对品牌有哪些影响？
2. 奢侈品品牌大秀对于品牌商业推广有哪些积极意义？
3. 奢侈品展览对于奢侈品品牌品牌文化与历史构建有哪些积极性？
4. 奢侈品的未来发展应如何权衡商业性与艺术性的关系？

奢侈品品牌管理

课题名称： 奢侈品品牌管理

课题内容： 奢侈品品牌管理概述

奢侈品品牌管理模式

奢侈品品牌管理存在的问题

课题时间： 4 课时

教学目的： 本章的教学目的是掌握奢侈品品牌在公司规模、财务特征、时间框架及定位等方面的独特性。掌握奢侈品品牌商业模型与管理模式，以及学习在定位管理、模式管理与、推广管理与运营管理中遇到问题的解决方案。

教学方式： 讲授教学

教学要求： 1. 使学生掌握奢侈品品牌管理的内容。

2. 使学生掌握奢侈品品牌管理的六个方面。

3. 使学生掌握奢侈品品牌管理四个方面的误区及解决办法。

课前/后准备： 结合品牌管理与管理学等相关辅助教材，学习本章知识点。

第十一章 奢侈品品牌管理

第一节 奢侈品品牌管理概述

奢侈品生意首先是品牌的生意。当顾客对某一品牌产生强烈偏好和向往时，他们愿意为其支付更多的金钱，自然该品牌的商品价格就可以昂贵一些。出色的奢侈品品牌总是与强烈的情感价值相联系的。从品牌管理的角度而言，并没有什么针对奢侈品业务和奢侈品顾客的独特方法。和其他时装零售商一样，奢侈品集团也要遵循品牌管理的基本原则，奢侈品集团和时装零售商在品牌管理上甚至可以相互借鉴。由于各个奢侈品集团在业务领域、公司起源及创建时期、原产国、公司规模等方面存在差异，因此不同奢侈品集团在品牌管理方面还应考虑到各集团的独特性。

一、奢侈品品牌与其他品牌的不同之处

总的而言，奢侈品品牌在公司规模、财务特征、时间框架及定位等方面，与其他品牌存在较大不同。

1. **公司规模** 奢侈品品牌的规模一般都比较小，通常比 GAP 或 ZARA 等时装零售品牌小 20 倍。例如，迪奥（Dior）时尚部门的销售收入约为 8 亿欧元，而标致（Peugeot）的销售收入约为 560 亿欧元，后者是前者的 70 倍。尽管如此，奢侈品品牌却是受人尊敬、令人印象深刻的。如果让一位中国消费者说出他所知道的法国品牌，他很可能会先提到迪奥（Dior），然后才会想到标致（Peugeot）。

奢侈品品牌的销售数据往往难于进行比较，这是由于奢侈品品牌的销售数据构成通常较为复杂，除了品牌专卖店的零售额之外，还可能包括订制服装批发业务的销售额、出口营业额以及授权给海外代理商并收取的品牌使用费。单凭经验来说，奢侈品品牌的全部销售收入来自零售、批发、海外销售，其中批发业务约为零售业务的 50%，海外市场业务约为零售业务的 20%，而额外收取的品牌使用费则大约为全部销售收入的 10%。

大多数奢侈品品牌公司都是小型或中型公司，员工数量相对也都比较少。一些品牌只通过一间工作室来运作，接下来的各种业务活动则会外包给代理商和分销商。奢侈品行业的一个显著商业特征就是通常采用外包生产的形式。

2. 财务特征　奢侈品行业是一个盈亏平衡点很高的行业，其所需的现金流也是有限的，这两个特征导致了奢侈品公司经营业绩的两极分化：有的非常赚钱，有的常年亏损。

即使是最小的奢侈品品牌，也必须装扮得富有实力和资金雄厚：产品和包装追求顶级品质、在世界各地开设品牌专卖店、专卖店选址及装潢极尽奢华、在品牌发源地建立旗舰店……这些都提高了该行业的盈亏平衡点，同时也让那些新奢侈品品牌的发展变得非常困难，因为这些新品牌很难在获得消费者信任之前实现很高的销售额来平衡之前的投资。

当一个奢侈品品牌的最小销售额接近盈亏平衡点时，即当其把所有固定投资都收回之后，大量余额就会变成利润，该行业的利润还是非常高的。在传统制造业里，销售趋势好的时候企业可能会投资建新厂，但在奢侈品领域中，公司会选择分包或者向原有合作者增加订单。此外，大多数行业里账面上都会有应收账款，但在奢侈品行业中，如果奢侈品公司自己经营专卖店，产品一般是用现金支付或是立即转化成其他偿还手段。因此，奢侈品行业是一个"全赢或者全输"的行业，那些成功的品牌有着很高的利润空间，而那些经营不善的品牌则要想生存都很困难。

3. 时间框架　奢侈品品牌推出新产品需要更多的时间和更高的资本投入。以推出一款香水为例，起码需要 18～24 个月的时间，盈利则可能要等到 3～4 年之后。对于流行时装业来说，从独家面料供应商的选择、产品的展示秀、销售订货、产品按订单分配、上市全价销售，一直到最后的打折销售，整个周期约为 18 个月。这也就是为什么，当一家奢侈服装品牌决定更换设计师时，至少需要 2 年的时间才能使新风格的理念与品牌完全融合。

4. 品牌定位　杰克·特劳特在战略定位中认为，任何品牌都需要结合自身产品的特点进行自我品牌的定位。一个品牌的定位代表着其产品的形象和价值，也是区别于其他竞争产品的重要衡量。在品牌定位方面，香奈儿和阿玛尼非常明确，它们都把自己定位为高端奢侈品品牌，而且有明确的主要目标消费群体：25～45 岁的高收入阶层。在目标群体中，高层白领、未婚女士和富太太为最集中。阿玛尼与香奈儿有所不同是，其目标群体更多来自于著名影星、成功男士、高层白领。这与其各自的产品特点相关，香奈儿从创始开始更专注于女装服饰和化妆品，强调高雅、精美与简约；阿玛尼主要的产品是男装，注重舒适、简约与时尚。"当你找不到合适的服装时，就穿香奈儿套装。"这句至今仍在欧美上流女性中流传的衣经名言足以看出女性对香奈儿品牌的喜爱，而"都市男人的一生，至少要拥有一件阿玛尼的西装"则充分显示出阿玛尼在男性心中的重要地位。

5. 品牌结构　品牌结构模式是指企业内各品牌之间相互关系的模式。一个好的品牌结构不论是对品牌塑造还是运营都是有极大的好处。清楚合理的品牌结构可以有效地提高自愿利用率，并且帮助品牌进行品牌文化的培养。

香奈尔对品牌的组合及延伸较为谨慎，除传统时装和化妆品行业以外，涉及的领域也都是在与品牌核心产品相关或在品牌包容力范围内的领域，如香水、鞋、包、眼镜、珠宝配饰等，且在特许经营许可证上，其系列产品主要依靠自营专卖店销售，以避免过度延伸产生负面影响。

阿玛尼对于品牌的组合及延伸，态度则相对放松一些。除服装主业以外，阿玛尼不断"跨界"经营，不仅在领带、眼镜、手表、皮革用品和香水等传统的延伸领域有所涉及，且在钢笔、糖果和手机等行业也有一席之地，人们常常在咖啡屋、家具和酒店也能看见阿玛尼的标志。

6. **品牌营销与推广** 品牌的运营与推广是塑造品牌形象和价值的重要手段，香奈儿与阿玛尼的推广策略既有相近之处也有所差异，具体如表 11-1 所示。

表 11-1 香奈儿和阿玛尼的推广策略比较

香奈儿	阿玛尼
借助媒体力量 （杂志、电视、广告、网站等）	借助媒体力量 （杂志、电视、广告、网站等）
通过好莱坞推广自己	利用名人效应
高贵的广告形象	举办时装屋
每一季发布自己的最新产品	利用官方网站及时宣传最新产品

国际奢侈品在品牌推广宣传方面都颇有心得，从上表中我们可以看到香奈儿和阿玛尼的推广策略似乎高度重合，但仔细区分，两者之间还是有差异。香奈儿借助高端杂志：*Channel* 100、*Vogue*、*BAZAAR* 等。通过杂志的影响力使得中高收入阶层对其品牌有更充分的了解；且斥巨资投放电视广告展示出香奈儿典雅高贵的魅力和内涵，使品牌得到更广泛地宣传。与此同时，香奈儿还通过每年两次的时尚大秀，联合富有特色的官方网站，发布自己最新的产品。产品的及时推出与发布使得香奈儿消费者能及时了解产品的最新情况，让消费者成为品牌的忠实追随者。

相比于香奈儿，阿玛尼的宣传方式除了利用杂志及广告宣传外，更倾向于名人效应。在阿玛尼品牌的发展历史上，明星是重要的助推器。在 1982 年的美国电影《美国舞男》中，阿玛尼为该影片主演理查·吉尔提供服装，在这部影片的助推下，全球时装界刮起一股阿玛尼旋风。好莱坞众多影星如索菲亚·罗兰、罗素·克洛、乔治·克鲁尼、汤姆·克鲁斯、茱迪·弗斯特……都是阿玛尼忠实粉丝的典型代表。同样，在体坛及政界的名人们也为阿玛尼增色不少，如贝克汉姆、菲戈、罗纳尔多、克林顿、比·尔盖茨也是阿玛尼的顾客。

二、奢侈品管理的商业模型

除了奢侈品固有的魔力和高端形象之外，该领域的管理也是一门相对独特的学问。总的来说，奢侈品品牌的管理要突出卓越、时间维度、价值三个方面（图 11-1）。消费者所看到的仅仅是奢侈品品牌的广告、品牌标识、产品、商店等外在元素，它们就像品牌元素冰山上的一角；而隐藏在水面下的则是更为重要的品牌价值和梦想，这部分则是消费者通常注意不到的。

奢侈品品牌的品牌塑造对很多层面都会产生重要影响：国家层面上，它会影响国外消费者对奢侈品品牌所在国的国家感知；

卓越 能够适应社会变化	时间维度 吸引数代人	价值 创造社会和经济价值

图 11-1　奢侈品品牌商业模型中的重要元素

行业层面上，它会影响奢侈品品牌在市场上的定位；公司层面上，它会影响企业的组织构建与职能分配；产品层面上，它会影响奢侈产品的设计与研发。

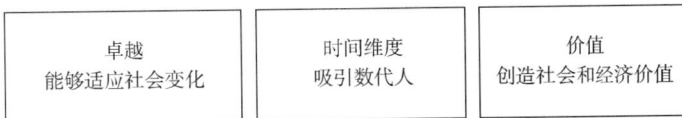

第二节　奢侈品品牌管理模式

一、培养品牌文化

越是顶级的奢侈品品牌越是有自己的品牌定位，这个定位代表的是一致气质或者说事内涵，其实这也是为什么奢侈品吸引消费者的原因。因为消费者购买的不仅仅是一个商品那么简单，还有它带给消费者的一种文化和情怀。品牌"定位"概念来源于"定位之父"、全球顶级营销大师杰克·特劳特的战略定位。他认为定位观念是任何一个品牌都必须对自己品牌进行的活动，特别品牌定位应该考虑到自己品牌的特点，以满足消费者的物质和心理需求。

二、品牌结构模式管理

品牌结构模式是指企业内各品牌之间相互关系的模式。对品牌结构模式进行管理是为了帮助解决品牌结构问题。目前品牌结构模式大致分为以下五种：共享式品牌结构、独立式品牌结构、母子式品牌结构、主副式品牌结构及多模式品牌结构。企业品牌的定义和定位差异是很明显，无论采用哪一种策略，都应该注意品牌在组合时的结构。因为结构对品牌的运营有着十分重要的作用，清楚合理的品牌架构可以有效地提高自愿利用率，并且帮助品牌进行品牌文化的培养，从这个方面来说不论是对品牌塑造还是运营都是有极大的好处。

三、品牌运营推广

品牌价值是品牌在运营过程中的核心工作，品牌运营是无形资产的运营。想要成功运营品牌要关注三个方面：科技力、形象力和营销力。一个品牌只有拥有积极的正面形象，才能赢得社会好感，立足于社会，打出自己的名片。奢侈品品牌运营管理其实是一个非常复杂的过程，但是同时又是非常重要的过程。在这个过程中可以体现企业所有者，管理者的各方面能力。不论是一般的商品或是奢侈品，想要得到消费者的认可和喜欢，必须要有自己的特点。在对品牌进行宣传的过程其实就是运营的关键，只有在运营过程中重视对品牌的推广才能营造一个拥有知名度的品牌，从而塑造属于品牌自己的内涵和形象。所以在品牌运营过程中离不开对品牌的推广，不仅是传统的推广方式还有一些符合时代的推广方式，比如微信、微博等。

四、培养品牌人才

人才对一个品牌来说是绝对不可或缺的部分，注重品牌专业人才的培养是奢侈品想要发展壮大的非常重要的手段。建立属于自己品牌的专业人才，形成属于自己的品牌战略规划，这样才能保值自己品牌的生机与活力，从而提高品牌在运营过程中的力度。

五、制定品牌运营制度

品牌运营管理制度作为一个重要部分，是规范各品牌系列产品的运营管理工作，能够提高品牌市场的竞争力，因此，应该结合公司实际情况制定品牌运营管理制度。包括规定各部门的职责和各岗位的职责。

六、品牌理念问题

品牌可以说是一件奢侈品中最有价值的部分，品牌是消费者购买奢侈品的原动力。一旦把品牌从一件奢侈品上剥离，那它立刻会沦为一件普通的商品。国外奢侈品厂商对于品牌的建设和维护是不遗余力的，他们深知这是奢侈品的生存之本，他们像制造他们的产品一样，对待品牌建设也是一样专注、执着、奢侈，用先进的营销理念和市场化运作为品牌的发展注入活力，他们始终保持对顾客的关注，充分地了解他们的需求，保持既有的传统和风格，为顾客设计更具吸引力的价值组合，探询各种方法来向消费者传递产品价值和品牌内涵，并且培养了大批忠实的顾客。国外奢侈品企业正是这种精神成就了闻名全球的奢侈品品牌。具体来看，如今的奢侈品企业在品牌管理中特别注意强调以下几个方面：

1. **艺术创造品牌**　对于奢侈品来说，审美的终极目的是艺术，艺术是奢侈品的灵魂，这不仅是把一些钻石钉在衣服上卖出去那么简单。奢侈，是商人通过产品去推销的一种理想生活方式：住在皇宫般的房子里，喝着顶级红酒，享受仆人贴心周到的服务，身旁挤满崇拜者，他们对你的尊贵品位永远满怀钦佩。这时候使用奢侈品成了一场艺术的朝圣，让人趋之若鹜。如此就不难想象，商人们为什么肯在奢侈品上投入大笔金钱，用艺术来包装各个销售环节，从设计、制造、推广、服务，甚至，就像卡地亚那样建立自己的艺术基金会，每年掏出 200 万法郎资助大批艺术家，举办各种展览活动，很认真地把它办成法国最有影响力的当代艺术基金会。在这一系列活动中，他们推销着欲望、地位和梦想，千方百计地为顾客带上艺术和品位的光环。无论是高调显耀还是低调奢华，现在的人们已经明白，缺少了艺术，任何产品都难以登上大雅之堂。

2. **强调悠久的历史和品牌故事**　奢侈品品牌所传递出的绝不仅仅是产品的信息，更是一种独特的文化，一段悠久的历史。大多数的奢侈品品牌都不遗余力地述说自己的历史，表明自己曾经见证了时代的变迁，传承着文明的发展。而这些让消费者回味和沉醉的历史故事，依靠人们的口碑传播，成为宣传品牌精神的重要渠道。历史是奢侈品的重要元素，消费者也愿意为这个看不见摸不着的历史买单，毫无疑问，这种宣传很有杀伤力。

大多数的顶级奢侈品品牌都拥有近百年的历史，几乎每一个奢侈品品牌都是用其创始人的名字来命名。爱马仕（HERMÈS）是蒂利·爱马仕 1837 年在巴黎以自己姓氏为名创立的马具品牌。他的马具工作坊为马车提供制作各种精致的配件，在当时巴黎城里最漂亮的四轮马车上，都可以看到爱马仕马具的踪影。驰名世界的奢侈品品牌卡地亚（Cartier）诞生于 1847 年，路易·弗朗索瓦·卡地亚从师傅手里接过来时，还只是位于巴黎 Montorgueil 大街 29 号的一间珠宝工作坊。路易·威登（Louis Vuitton）则是在 1854 年，一位来自法国东部山区的年轻人路易·威登在巴黎创办的一家用自己的姓名冠名的作坊，专门从事制造箱包以及跟这种生活方式相关联的配件。除此之外，这些奢侈品大多来自欧洲文艺复兴时期的文化中心——法国和意大利。历史悠久、文化灿烂的国度自然丰富了奢侈品品牌的文化内涵和历史感。正如古琦的总裁多米尼戈索勒所说："我们不会把生产转移到亚洲或拉丁美洲，之所以不这样做，主要是不希望古琦（GUCCI）失去那种与意大利特有的渊源，失去它作为奢侈品的潜在身价。"他坚信古琦品牌与意大利原产以及意大利工匠的手艺给人民的信赖感之间具有内在联系。换句话说意大利手工制造的产品意味着高品质。不仅可以增加奢侈品的可信度，同时还能形成质量提示。

奢侈品在自己的品牌历史故事中，总不会忘记加入具有吸引力的元素，让消费者对这些有着悠久历史的奢侈品品牌产生尊敬。通常有情感，比如巴利（BALLY）品牌创始人为妻买鞋的浪漫故事；高贵，比如蒂芙尼（Tiffany）在 19 世纪被世界各地君主指定为御用珠宝；文化，比如宝玑手表出现在巴尔扎克、大仲马的小说中；高品质，比如欧米茄超霸手表成为唯一通过美国太空总署严格标准从而成为第一块登上月球的手表。当历史和情感、高贵、艺术、品质结合起来的时候，奢侈品的品牌魅力才能真正显现。

江诗丹顿（Vacheron Constantin）早在 200 多年前就于中国结缘，1860 年咸丰皇帝曾特意向江诗丹顿定制一只怀表，后来故宫博物院又收购过两只江诗丹顿的钟。1995 年江诗丹顿大举进入中国大陆市场时，打出的口号就是"江诗丹顿重返中国"，并将新闻发布会的地址选在故宫博物院，由于过去和故宫博物院的一段渊源，此前从未做过商业活动的故宫为此破例。故宫作为中国传统文化的宝库，其特殊的象征意义与江诗丹顿厚重的文化底蕴正好吻合。这一场公关活动着眼于对品牌历史的挖掘，通过对故宫平台的运用，完美地体现了江诗丹顿的品牌理念和底蕴。

3. **奢侈品品牌明星宣传**　对于历史悠久的奢侈品品牌来说，那些社会地位尊贵、具有时代影响力的用户，比如皇室贵族、著名政治家、文学家等当初可能仅是对该品牌产品的喜好，却也在不经意间成就了这些品牌的附加值。如今，他们也成了影响更多消费者的品牌形象代言人。使用有效的方法来宣传自己的顶级客户群，无疑对消费者有着更强大的感召力。

品牌个性的塑造有赖于使用者形象，不少奢侈品品牌正是通过皇室贵族这部分使用者的形象来培育奢侈品品牌尊贵、优雅、奢华的品牌个性。爱马仕（HERMÈS）制造的高级马具当时就深受欧洲贵族的喜爱；在爱马仕第三代掌门人埃米尔·爱马仕的努力下，爱马仕走进欧洲各国的皇宫，成为御用珍品；20世纪80年代，因摩洛哥王妃格雷斯·凯利得名的爱马仕"凯利包（Kelly Bag）"风行一时；而英国邮票上伊丽莎白女王所系的丝巾，也是爱马仕的杰作。这样，皇室贵族就成了最早的奢侈品代言人。

大多数的人对于皇室总是充满了尊敬和向往，对于王宫内的故事也总是充满了好奇。奢侈品与皇室名流的结缘，使得自身的形象得到巨大的提升，产品形象被赋予了华丽的光环。极大地满足了消费者渴望尊贵，寻求自我认同的心理需要。

除了皇室，奢侈品企业也非常看中与流行明星建立良好的关系。每年的奥斯卡颁奖晚会都被奢侈品厂商打造成一场名副其实的时装发布会，企业为明星们量身打造专门定制的礼服，通过明星来展现品牌形象，这种对顶级用户的宣传效果非一般广告所能企及。所以每次奥斯卡颁奖典礼围绕着时尚明星的穿着打扮都会有一场传播大战。

4. 极力塑造经典的品牌精神　每个奢侈品品牌都在寻找一种独有的品牌精神，希望能够以此区别于其他品牌，让消费者获得认同。宝格丽自2009年起携手儿童慈善机构救助儿童会，致力于推动Save the Children慈善项目发展，旨在为最贫困的儿童提供教育机会从而改善生活。宝格丽作为世界第三珠宝品牌。在成立130周年的纪念时刻，荣耀发表新款银质陶瓷"Save The Children"坠饰项链，募款支持救助儿童会计划，期望筹资100万欧元救助儿童生命。在宝格丽赞助的计划中，救助儿童会负责提供优质的教育。焦点集中在最偏远地区的儿童，同时处理日益扩大的都市社区贫穷问题。销售全新坠饰带来的额外收益，让宝格丽得以扩大范围以涵盖健康领域，以支持救助儿童会挽救生命的参与和辅导活动，援助最脆弱的新生儿。

现实中每一个奢侈品品牌都有其独特的风格，传递着与众不同的产品诉求，但是从奢侈品整体而言，我们可以发现一下这些共通的品牌精神：

（1）关爱自己：常见于化妆品和服装奢侈品品牌。这一品牌精神能帮助消费者消除生活的紧张压力，被看作是消费者们成功时的奖励品或失意时的慰藉。

（2）不断创新：常见于服装、消费电子品牌。让消费者能够尝试一种新的体验，学习更多文化和思想，扩大他们的视野。芬兰顶级音响品牌B&O就是典型的代表，B&O凭借其不断创新的产品设计以及出色的工艺，散发出一股浓郁的现代科技风情，从而引发全球性的狂热追捧。

（3）个人风格：帮助消费者表达他们的个人风格，表明他们的个人兴趣所在，引发他人的崇拜和羡慕。从"嬉皮士"风格到"雅皮士"风格，哈雷摩托始终个性鲜明，独树一帜，同时哈雷还提供驾驶培训、定制、改装车以及如何在哈雷·戴维森专卖店保养他们的车并通过试用或试穿哈雷头盔、手套、皮夹克来选择合适的装备的个性服务，将个性进行到底。

（4）创造经典：文化艺术风潮的起落会随着社会发展的进程不断变化，所以奢侈品的风格也随之变化和创新。艺术风潮与大众联系紧密，顺应其做出风格变迁的奢侈品也对社会具有相当的号召力，帮助消费者完成对品位和格调的认知，而且会作为一个时代的标签成为行业内的标准和典范。香奈儿醒目的双 C 标志、迪奥的大 D 字母、法拉利的红色、巴宝莉的格子图案、绝对伏特加的瓶子等，通过持久的坚持某一风格营造至高无上的尊贵感和时尚感，都已经成为时尚和经典的代名词。20 世纪 60 年代，伊夫·圣·洛朗从中国清代的凉帽和马褂中获得灵感，设计了"中国风"系列，颇有亲和力。20 世纪初，"新艺术运动"的潮流让整个欧洲激动不已。这股风潮由"工艺美术运动"衍生出来，融合了日本浮世绘、哥特、巴洛克、洛可可等风格，强调图案的装饰感，而所谓"流动的 S 型"就是它不可缺少的元素，代表造型是蜿蜒的枝叶，藤蔓和花朵等。在此风潮影响下，卡地亚设计出著名的"花环风格""装饰艺术风格"首饰，著名的水果锦囊系列，用鲜花和水果为主题，以红宝石、祖母绿、玛瑙、珊瑚等雕成，造型历久不衰，又有强烈的时代感，成为奢侈品里的艺术经典。

第三节　奢侈品品牌管理存在的问题

一、奢侈品品牌定位管理问题

品牌定位，是建立品牌形象的提供价值的行为，是要建立一个与目标市场相关的品牌形象的过程和结果。品牌定位的提出和应用是离不开文化基础的。任何一个顶级奢侈品品牌都有属于自己的品牌定位，可能代表一种整体优雅的气质，或者奢华气质，或者传统等。每个顶级时尚品牌背后都有各自的传统文化的积淀，这也是奢侈品足够吸引消费者的地方，带给消费者不同的价值。从营销学的角度来看，如果高档商品能够正确定位自己的顾客群，让他们形成对品牌的忠诚，也能变"奢侈品"为"必需品"。奢侈品的文化沉淀，等同于奢侈品的品牌底蕴，每个奢侈品品牌从其形成到发展，都是一个漫长的坚守传统历史，从悠久的历史文化中选取有代表性和象征性的东西，形成属于自己的一种内涵。奢侈品消费动机更多的是一种炫耀、领先、表现内在自我。

著名营销大师菲利普·科特勒在其《营销管理》一书中为品牌定位下的定义："对公司的产品进行设计，从而使其能在目标顾客心目中占有一个独特的、有价值的位置的行动。"品牌定位是建立一个与目标市场有关的品牌形象的过程与结果，每个企业都必须有一个清晰、准确的品牌定位，以便在宣传推广时能向消费者传递有效的信息。同样对于奢侈品品牌来说，清晰的定位是其开展一切活动的前提。奢侈品品牌根据自身产品的特点在目标顾客的选择上有所差异，但一般说来它们的定位策略都有以下类似之处。

1. **以高端消费群体为目标群** 这里的高端消费群体是指有着较高收入、较强消费需求、具有一定消费品位的顾客。如明星、名人、成功商业人士、白领阶层、中产阶级等，他们有钱、有地位、有文化、有影响力更重要的是他们对高昂的奢侈品价格有实际的消费能力。因为奢侈品品牌更多地提供了象征性功能，与一般必需品品牌提供功能性效用的定位是不同的，因此它必须选择对产品的象征性或者说对社会性功能有较高需求的人群来实现品牌价值，为生存而挣扎的社会阶层显然对它没有多大的开发价值，高消费能力的金字塔中上部阶层才是奢侈品品牌关注的对象。如果说价格可以过滤顾客，反映品牌定位的话，那么奢侈品品牌高端市场定位的策略是不约而同的。

2. **树立鲜明品牌个性，避免产品毫无特色，稳居一方天地** 奢侈品品牌在确定某一群体为目标客户后，不可避免地要与同细分市场内的竞争对手较量。但在奢侈品消费市场出现了一个有意思的现象，在各大类奢侈品市场中，品牌的竞争都是非常非常的激烈，即使某个品牌的市场占有率和知名度稍微高些，但一般较少出现垄断现象。在每一奢侈品类中都云集着诸多强势品牌，它们各显章法，明争暗斗，却又各自风光。根本原因就在奢侈品消费者的心理、文化、品位不同而对奢侈品品牌个性、内涵的感知不同。因此奢侈品品牌确定风格、个性上的不同诉求点后就可以同场竞技而又各自中饱私囊。

二、奢侈品品牌模式管理问题

这里所谓的模式管理指的是一个销售奢侈品的企业应该对产品的扩展与升级预留一定空间，也就是说，即使是最畅销的奢侈品，在研发之初也应该保有创新思维，使后续研发适应社会的发展需要。一个落后的、不能与时俱进的产品或者管理模式必定是会阻碍产品发展。企业经营奢侈品品牌存在以下几个问题：

1. **品牌营销能力欠缺** 管理者认知和综合营销能力的欠缺。大部分品牌经营者对奢侈品的接触只在改革开放后短短十几年的时间。很多人对于奢侈品的含义、所传承的文化、所体现的生活态度主张，都相当模糊。如何经营奢侈品企业、设计产品，确定目标市场，掌握客户心理，进行营销等问题，都是一个个摆在刚接触这种在中国还算新兴业态的经营者面前。

国际奢侈品品牌的成功在于他们善于运用各种营销策略，并巧妙地将这些策略组合，最大化的为奢侈品品牌服务。国内企业目前具有营销的技能，但却不能掌握奢侈品品牌所需要的营销理念。比如虽然知道有哪些不同的渠道方式，并且在一般品牌上运用的很娴熟，可是在奢侈品市场的渠道设立方面研究得不是很透彻。因为针对的群体的改变，管理者的营销策略也是要适时适地改变的。国外品牌在进驻中国市场前对中国市场的研究，往往是以多年的深入翔实调查来确保之后各项活动的进程。

2. **产品质和量的薄弱** 首先，奢侈品需要时间打磨品质和品牌。目前国际 TOP100 奢侈品品牌都有很长的历史，即使是年轻的阿玛尼也诞生于 20 世纪 70 年代。某些领域的国内企业的产品质量已具有较高的水平，但要更进一步达到国际奢侈品的要求仍有一段长路要走。主要是国内的品牌很多都缺乏"艺术性"，没有呈现给消费者一种美好生活的享受。这对中国奢侈品的设计者的艺术审美力、创新力都提出了很高的要求。其次，由上面所述，精尖品质并不是全部，奢侈品品牌背后的文化积淀、时代性和国家形象的支撑等都是奢侈品品牌的重要构成要素。国内产品只是对品牌文化的浅度开发，无法有效地表现其在时尚性与奢华感上的制造能力，真正奢侈价值的本土形成能力与历史资源开发水平还有待提升。

此外，国内奢侈品企业的产品种类比较单一，多集中在材料、技术要求都不高的商品上，如服装、酒类等，产品不够多样化，更新速度慢，无法满足消费者的多种需要。

3. **缺乏品牌经营意识**　中国企业在品牌管理方面相对国外还是落后，奢侈品行业更加突出的反映了这一点。世界 TOP100 奢侈品品牌排行榜没有一个中国大陆地区的奢侈品品牌入选，就可见中国管理人在品牌建设上的尴尬局面。中国的商人往往着眼于短期，缺少长远的目光。他们投入建立一个品牌的金钱、时间和精力，希望能在短期内快速回报。而这在奢侈品这样的行业是完全行不通的。

三、奢侈品品牌推广管理问题

品牌推广是品牌树立、维护过程中的重要环节，它包括传播计划及执行、品牌跟踪与评估等。对于成长期的品牌推广应该注意到以下三点：一要重新审视品牌的目标市场定位，看是否定得过宽、过窄，抑或在某区域市场留有空白；二要反思品牌的竞争个性是否与企业的经营能力和技术现状匹配，是否适应于品牌的内涵定位，是否独特和具有差异性；三要检讨品牌的内涵定位中的属性、价值、利益、个性、文化和使用者特征等要素的不足，看是否有针对性和准确性。

坚持不懈地传播同一理念是塑造品牌的基础，改革开放以来的四十年是中国经济迅猛发展的四十年，也是中国企业迅速成长的四十年。但是，在眼前利益的驱动下，许多企业急于出售相对廉价的产品，却往往忽视品牌的建立。即使某些企业看到了品牌的重要作用，但在急功近利思想的影响下同样缺乏打造品牌的毅力与决心，更多的企业在经济迅猛发展的长河中被激流所淹没。纵观奢侈品品牌的发展历程，一个优秀品牌的诞生不仅需要优秀的产品、优秀的领导者作为支撑，也需要时间的磨砺与锻造。只有在时间的推移中，坚持传播相同的品牌理念，逐渐形成自身的品牌性格，才可能塑造出真正的品牌，从而形成品牌资产。

明确清晰的传播目标是进行有效品牌传播的保证。奢侈品在进行品牌传播的过程中，不论是投放高端的杂志媒体，还是进驻五星级酒店；不论是在长城开新品发布会，还是创作奢华的广告，都是针对目标消费人群进行的最有效的传播，而不是盲目地进行传播活动。虽然奢侈品品牌不像其他品牌那样需要较高的受众到达率，而为了让尽可能多的消费者了解产品或者品牌信息，其他品牌则需要进行更为广泛，更为接近消费者的品牌传播。但是，如果不考虑传播目标、忽视目标消费者而盲目地开展公关活动、投放广告等品牌传播活动，品牌传播也就失去了意义。如果能够如奢侈品品牌那样更加精确地认识到各自的目标消费群，从而开展更有针对性的品牌传播，往往会事半功倍。

四、奢侈品品牌运营管理问题

成功奢侈品品牌运营三要素：品牌的科技力、形象力和营销力。成功的品牌运营管理是一个复杂的、科学的过程。奢侈品品牌战略的成功不仅有赖于品牌的定位和形象的塑造，也不是建立好合适的品牌管理模式就可以的，奢侈品品牌战略的成功一定要有强有力的品牌运营管理，将战略目标转化为战略执行力，实现品牌战略的每一个目标。奢侈品品牌管理者首先要对品牌进行战略规划，建立一套规范、合理的品牌管理制度，全面监测品牌在市场环境基础上，奢侈品品牌的经营和管理一定要符合市场的需求，非常有效地反应市场的变化，进一步提高奢侈品品牌资产的持续增值。运营管理工作主要存在以下几个问题：

1. **各个奢侈品品牌的推广和营销没有专门部门负责** 随着扩大业务范围，奢侈品品牌推广和营销管理如果仍然是铁路警察各管一段，就不能够满足当前的品牌运营需求。应该及时与时俱进，创新营销。

2. **各个奢侈品品牌管理没有专门机构负责** 没有专门的品牌管理委员会负责品牌的统一规划、品牌战略以及品牌管理；缺少对政府、客户、业务单位的统一公关工作，更是缺少品牌管理人才培养和品牌文化管理。

3. **奢侈品品牌管理过程缺乏有效监督和评估** 奢侈品品牌管理是一项系统工程，要制定统一的运营管理制度，实施对各个环节和全过程的有效管理，并对实施结果及时进行评估。

随着经济全球化的不断发展，中国市场越来越受到奢侈品品牌青睐。近几年来，我国更是成为奢侈品消费第一大国。现在奢侈品的经营模式主要以授权运营市场进入为主。通过在中国进行奢侈品品牌授权的经营模式扩大运营。如何在他国平衡授权奢侈品品牌和自身企业品牌建设，进行奢侈品品牌营销战略与构架和奢侈品品牌定位与形象塑造都是奢侈品品牌管理中需要改进的地方。当前奢侈品消费成为潮流，奢侈品品牌想要得到发展，在管理方面一定要花一番心思。

思考题

1. 奢侈品品牌管理的流程具体如何实施？
2. 在奢侈品品牌管理中该避免哪些误区？
3. 掌握奢侈品品牌管理的商业模型。

基础理论

奢侈品品牌定位

课题名称： 奢侈品品牌定位

课题内容： 奢侈品行业细分

奢侈品品牌商业模式

课题时间： 4 课时

教学目的： 本章的教学目的是掌握奢侈品行业细分的具体内容，以及产生细分的成因。了解奢侈品商业模式，奢侈品企业对零售和生产进行的垂直一体化整合，同时了解互联网背景下奢侈品企业的商业模式变化情况。

教学方式： 讲授教学

教学要求： 1. 使学生掌握奢侈品行业细分的内容。

2. 使学生掌握奢侈品品牌商业模式的具体内容。

课前/后准备： 按照奢侈品行业细分情况分层级搜集整理资料比对分析，同时对于不同奢侈品企业商业模式的互联网解决方案进行分析。

第十二章　奢侈品品牌定位

第一节　奢侈品行业细分

奢侈品可分为有形和无形的，无形一般指"经历"与"感受"类别，包括所享受的服务与感受的体验等。有形奢侈品根据不同的价格，可以分为入门级、中等级和顶级奢侈品。入门级的奢侈品具有更高的普及性，拥有更多的消费者，如香水、服装、皮具等其他价格相对低的物品。相比而言，中等奢侈品的价格更高一些，流行程度要稍低一些，如高端珠宝、汽车、手表等。顶级奢侈品则具有更高的价格，只有非常有限的人能够支付得起，如游艇、飞机、别墅等。

从奢侈品类别来看，现代主流的奢侈品消费分为服饰皮具、香水化妆品、腕表珠宝、高档汽车、高档酒店和度假村以及游艇、私人飞机等。奢侈品可以存在于任何产品类别中，只要有必备品存在的领域，就可以有奢侈品的生存空间。

近年来，由于市场中两种曾经相异的现象开始产生交集，于是，奢侈品的定义发生了混淆。一方面，历史悠久的奢侈品品牌开始"放低身段"向下经营，将服务范围延伸到更广泛的消费群体中，例如，它们推出了价格更为亲民的产品如香水、眼镜和彩妆。另一方面，近年来，大众品牌将其设计、传播以及营销环境都向奢侈品方向靠拢，它们通过向上经营策略大大提高了品牌定位。为了最大化地把握成长机遇，处于领先地位的奢侈品品牌进一步将同一品牌内的不同产品细分为以下三个类别：顶级奢侈品、高级奢侈品和轻奢侈品。

通常可以把奢侈品市场想象成一座金字塔。金字塔的顶端是顶级奢侈品，它包含一些稀有、独特、极昂贵的物品。顶级奢侈品品牌如顶级奢侈品一样稀少。而当代主要的奢侈品品牌大多定位于其下一个档次高级奢侈品，它们为吸引大量的顾客而扩大生产。再下一个档次是轻奢侈品，其价格亲民，多为面向年轻消费者的知名品牌。如图12-1所示，即奢侈品行业的行业细分情况。

"奢侈品"这个词既可被用来形容那些极稀有而独特、极昂贵而不被普通大众所熟知的产品和服务，也可被用来描述那些受众广、价格亲民的优质产品。一方面，在顶级奢侈品、高级奢侈品和轻奢侈品领域中占据主导地位的奢侈品品牌各不相同。另一方面，顶级奢侈品品牌和一些轻奢侈品品牌在相对亲民的产品领域竞争，比如在眼镜、香水领

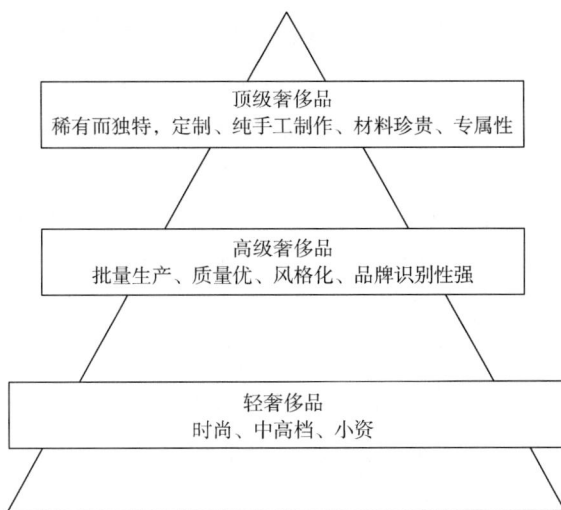

图 12-1　奢侈品行业的行业细分情况

域品牌。

　　尽管如此，顶级奢侈品品牌与高级奢侈品品牌之间总是存在着两点差异。第一点是，奢侈品品牌进入到新的产品或服务领域以及价格亲民的产品领域时，会在销售点的视觉效果和服务中保留它们产品上和传播中的可识别性符号。第二点是，随着奢侈品品牌的产品和服务范围向易入手型产品和服务领域延伸，奢侈品企业会顺势提高其经典款、核心产品的定位，以此来确保其中的"理想因素"不变。

　　奢侈品大众化的发展是与顶级奢侈品的理念相悖的。顶级奢侈品标志着超乎想象的独特性，是供私人珍藏的无价之宝；它不用于展示，常以一种严格遵循仪节式的艺术姿态出现；它极其注重细节与独特性——即使在客户定制服务产生之前，这也是它所遵循的法则。顶级奢侈品可能集中地为少数人所拥有，也可能分散地归属于不同人，但无论如何，它从来都不是大众化的。

第二节　奢侈品品牌商业模式

　　奢侈品的价值定位与永恒、传承和专属性相关联。除了时装，奢侈品企业参与竞争的产品类别还有钟表、化妆品、皮具、餐具、文具等。尽管奢侈品企业拥有时装业务，但与那些将时装业务作为核心业务、具有现代化形象的时装设计师品牌企业相比，它们的时装产品的时尚性通常较低，产量也有限。许多奢侈品企业很早就开始经营皮具业务，如路易·威登（Louis Vuitton）、爱马仕（HERMÈS）和珠宝类奢侈品业务，如宝格丽（Bulgari）、卡地亚（Cartier）。这些奢侈品企业围绕着最初的业务，创建了包含多种产品类别包括配饰、时装等完整供应体系。有些奢侈品企业以时装闻名如，香奈儿（CHANEL）。但随着时间的推移，他们的核心业务转移到其他产品类别上，如化妆品、配饰。一些时装设计师也开始加入到这些奢侈品企业的时装设计团队中，如设计师卡尔·拉格菲尔德（Karl Lagerfeld）为奢侈品品牌香奈儿（CHANEL）、芬迪（FENDI）担任设计师；设计师马克·雅可布（Marc Jacobs）曾为路易·威登品牌担任设计师。然而，这种商业模式的核心并不是设计师的创造力，而是品牌本身与它的文化传承、经典的标志性产品。奢侈品品牌的标志性经典款产品常常被设计师加入当季时尚元素进行重新阐释，因而从未过时过。

在商业模式方面，这些奢侈品企业对零售和生产进行了垂直一体化整合，它们严格把控价值链中的每个步骤和事项。例如，路易·威登品牌公司通过世界各地的直营精品店来销售产品，并在生产全程运用内部设备从严把控。一般来说，出于保持品牌专属性、独特性的考虑，从品牌创立起就定位于做奢侈品业务的企业通常不会延伸产品线。它们更愿意延伸品牌，在不同的产品类别中展示品牌形象。例如，爱马仕品牌就没有面向年轻消费者的产品线和亲民型产品线，但它在同一细分市场中供给皮具、钟表、珠宝、香水、丝绸配饰、餐具、眼镜等多个类别产品。奢侈品企业的传播途径主要是为巩固品牌底蕴、标志性产品和"品牌梦想"，而非为展示季节性时装产品。

如今，互联网的飞速普及已经让越来越多的奢侈品厂商参与进来。尽管使用电子商务的奢侈品品牌越来越多，但从规模来看，高端奢侈品品牌并没有像其他零售商品那样，使用电子商务的幅度并没有那么大，而是在面对互联网采取了谨慎的态度，互联网浪潮会给奢侈品品牌带来一定的冲击，使这些传统的"百年老店"们根据互联网的新形势调整自己的经营策略。

一、理解奢侈品的商业模式

在弄清楚奢侈品总是与互联网保持一定距离的原因之前，有必要先搞清楚总是被人们"仰望"的奢侈品，它们的商业模式究竟有何不同。真正的奢侈品至少应该具备两个定义：它是一个概念，这也就意味着我们可以对此进行讨论；它也是一个商业领域——一个极为成功的商业领域。

奢侈品和时尚有着巨大的差别，可以说今天的奢侈品都很时尚。这里所说的"时尚"是指一种商业模式，在其中所销售的产品周期很短，事实上它们的卖点是以焕然一新的方式永远保持时尚。而奢侈品的商业模式更多的是可以带来长线经济效益的摇钱树，这也正是为什么奢侈品行业喜欢具有代表性的产品的原因。

二、与互联网保持距离

正是因为大部分奢侈品品牌传统上具有偏重培养低调、距离感和神秘色彩的属性，而互联网意味着大量的受众，大范围传播、分享，更平易近人、更透明，这是与奢侈品完全相反的标签。因此，奢侈品疏远互联网也变得完全符合逻辑了。

长期以来，技术并不能满足奢侈品的美学标准和通过经验而形成运营标准。奢侈品关乎体验，最终它也应该让人愉悦，提升拥有者地位，带来惊喜和快乐——所谓的"WOW 效应"。然而，要产生这些效应，首先应该是方便使用，没有使用障碍的，而互联网显然并不能达到奢侈品要求的至高标准。

传统上，奢侈品的传播主要通过漂亮的高清图片，许多奢侈品传播和艺术指导已经习惯于光鲜的高清图片，让他们将思维模式转移到图像质量一般的互联网视觉文化并不容易。奢侈品品牌曾经尝试用 Flash 的形式保留图片的高品质和美学体验。然而，SEO 工具（针对搜索引擎优化的查询工具）很难满足奢侈品的美学要求，并且 Flash 内容也不能提高品牌的 SEO 排名。因此，Flash 为奢侈品品牌的网站带来了很多美学体验但并不能带来互联网传播应有的效应。简单的标签和关键词可以带来更好的互联网传播效果，但这又无法满足奢侈品品牌的美学要求。

值得注意的是，并不是所有的奢侈品品牌都"抵触"互联网。2014 年 4 月，巴宝莉（Burberry）正式入驻天猫网上商城，成为首家在中国 B2C 网店上开业的奢侈品品牌。其先通过官方网站推出"在线销售"模式，然后转战平台电商，可谓始终主动走在触网的前端。

巴宝莉是最早利用意见领袖和普通消费者进行数字营销的品牌之一。这些品牌更大胆的原因或许是它们更平易近人、更有趣、更富娱乐性，换句话说，外向活泼是这些品牌的 DNA，巴宝莉便是如此；或者品牌已经成为大量消费者日常生活和生活方式的一部分，如拉尔夫·劳伦（Ralph Lauren），它们的文化和 DNA 更容易在互联网的大量受众、接近性和透明属性面前妥协。

三、网络改变购买习惯

然而，不管奢侈品愿不愿意向互联网"低头"，互联网已经切切实实地改变了人们的购物方式。如今，消费者可以在同一地点获得更多的选择，可以比较产品和价格，阅读其他消费者的评论和推荐，避免浪费时间和精力。正是因为有互联网的存在，消费者可以在任何时候进行购物，甚至在午夜购物。

奢侈品，尤其是时尚奢侈品或"轻奢"品牌都经历着这样的变化。越来越多的消费者会毫不犹豫地选择在网上购买鞋子、包、服装，甚至手表、珠宝。网上购物的便捷性和舒适性被越来越多的消费者所青睐：如果商品不合适，消费者可以选择退回，如在法国，消费者在网上购物时享有一段无条件退货期，他们可以退回购买的奢侈品然后获得退款；消费者可以获得更多的款式、尺码和颜色；他们不必与销售员互动，很多时候，消费者不喜欢走进奢侈品商店，甚至不敢走进去，因为他们觉得有一种胁迫的感觉，或者觉得不舒服。

一些实体零售店的拥护者认为，在线购物没有真正的购物体验。然而，调查显示，一些消费者却喜欢在家收包裹——慢慢地打开包裹，打开精美盒子的快感和在私密而舒适的家中试穿，没有旁人和售货员的注视。当然，快递质量会很大程度上影响这种体验。因此，由一家可信赖的快递公司负责将商品送到家门口，再加上出色的品牌代言人，这样的购物体验甚至会比实体店里的体验更好。

而对于珠宝或服装等更高档的奢侈品物件来说，消费者通常会在网上先浏览一遍，然后重新定义自己想要什么，并进行修正，但通常并不会立刻做出选择，而会去实体店完成最终的选择。这主要是因为奢侈品很少使用在线销售，或者消费者想要在感受出色物品的同时，经历一番伴随销售的仪式般的独特体验。

一些消费者在网上购买那些更平易近人的时尚奢侈品，而另一些人则会在网上选择好想要买的物品，然后去实体店购买。无论是哪一种模式，可以肯定的是，在去实体店前获得大量信息已经成为一种具备说服力的购买行为。

正是因为互联网的存在，越来越多的消费者会在去实体店之前先在网上寻找商品信息，于是奢侈品消费也变得越来越理性。在互联网的"干预"下，购买奢侈品如今更偏向于消费者主动介入的过程。尽管冲动型的购买也会发生，但基本上只限于那些可以承受其高昂价格的少数人。消费者会花费时间进行选择，因为他们希望给自己或者别人一个特别的"礼物"，因为他们希望纪念某个特殊的日子……但无论出于哪种原因，互联网都会帮助他们进行方便而便捷的选择，它让消费者修正自己的喜好和购买欲，缩小选择范围。

互联网让消费者的选择变得更容易被替代，因此设计师和品牌经理需要通过发布原创的产品，而不是可替代的产品。

四、定价策略调整

不同地区商品定价的不同对奢侈品销售而言是至关重要的。在互联网时代中，消费者可以清清楚楚地获悉在哪里、用哪种货币购买是最划算的。因此，对于奢侈品集团而言，数字时代的定价策略将面临挑战。

2015 年 8 月 11 日，中国央行发布声明，调整"报价方式"，此举让人民币一度出现大幅贬值，兑美元、欧元和英镑均有较大跌幅。这让一些奢侈品品牌股票犹如突遭"雷劈"，股价影响立竿见影。

然而，定价对于奢侈品集团而言，并不只是简简单单的汇率浮动。例如，不同的税率也影响着零售价格。而有时候，品牌策略本身也会造成价格差异：根据不同地区制定不同的价格。这一做法背后的原因是它们希望产品定价与该地区的经济状况相符。更有趣的是，根据品牌资产和已经成功建立的某种品牌附加值，他们知道哪些地区的消费者愿意以更高的价格购买商品。

各地价格存在差异会让理智的消费者去价格更低的地方购买免税商品或者获得税收

返还。当他们无法旅行时，他们会试着在网上寻找具有价格优势的商品——这种价格优势通常来自汇率或者不同地区在线购物网站的价格差异。

在数码时代运用定价策略并不容易，因为网络让消费者可以进入任何网站。例如欧元区的消费者就开始在美元结算的网站购物，因为他们可以利用汇率波动得到更低的价格。因此，品牌需要保证消费者不会从一个地区的网站换到另一个地区的网站。然而，对消费者设置壁垒又和互联网从诞生就奠定的默认准则——自由选择、自由浏览完全矛盾。互联网用户的思维是建立在这一事实之上的——网络是全球性的，其中不应该存在壁垒。

所以，如果奢侈品品牌在某个地区网站上很明显地阻碍来自某地的消费者，这又会引起消费者的反感。事实上，消费者都清楚，如果他们知道在别的地方有更低的价格，那么他们对于价格的看法也会随之发生改变，他们会觉得那个高价不再配得上同一件商品。因此，品牌只好不给消费者在几个地方比较同一件商品价格的机会。值得注意的是，一些公司已经在使用 IP 地址和地理定位来确保消费者访问的是某个地区的本地服务器或网站，同时屏蔽其他地区的消费者。

五、毗邻产业兴盛

巴黎国民银行的一项预测显示，到 2020 年，奢侈品的在线销售收入将大幅增长。在这一过程中，必将生成相关的产业和就业机会。

2015 年 3 月 31 日，总部位于米兰的奢侈品电商 Yoox 宣布将与全球第二大奢侈品集团历峰集团旗下的 Net-a-Porter 正式合并，双方各占 50% 的股份，新公司将被命名为 Yoox Net-a-Porter。而在此前，Yoox 的业务主要包括两种商业模式：单一品牌和多品牌零售。该电商平台为单一品牌（如 Saint-Laurent）的在线销售业务，或者选择多个减价奢侈品品牌进行经营，从而构建一个在线奢侈品折扣店。

高端时尚购物网站 Moda Operandi 则是另一个全新奢侈品电子商务模式，这家位于纽约的公司由劳伦·桑多·多明戈（Lauren Santo Domingo）在 2010 年创建。Moda Operandi 公司曾与美国亚历山大·王（Alexander Wang）品牌和华伦天奴（VALENTINO）等品牌签署了最初的合作关系。如今，这家公司正在与 250 多位高端设计师合作，从事精品时装店和专为富裕的顾客安排的非公开的时装表演等相关的工作。目前，这家初创型公司刚刚融资 6000 万美元，主投资方为富达投资集团（Fidelity Investments）。这种新尝试的出发点，利用人们对于时尚的关注，让最新的时尚物品在进入商店前就在网络上呈现，消费者可以预付定金进行优先订购，因此品牌也可以更好地管理产品和收入。

在奢侈品的电子商务市场中，真正的机会存在于那些全新的商业模式里，就像 Yoox 或 Moda Operandi 未来会有很好的前景，这同样也会驱动全新职业和商业的发展。总体而言，围绕技术需求的领域会涌现新的就业机会，如物流、IT、商业解决方案、编程、网站管理和设计。同时，采购、商品跟单、艺术指导、内容创作、社区管理等职业也将为电子商务增添宝贵经验。然而，这些经验应该首先在线下获得，才能在在线奢侈品领域的在线经营中迅速发展。

思考题

1. 通过奢侈品行业细分来分析奢侈品在未来发展的可能性是什么？
2. 奢侈品发展趋势及成因如何？
3. 奢侈品品牌有着怎样的商业模式？
4. 奢侈品的商业模式与时尚品牌的商业模式有什么区别？
5. 奢侈品品牌的消费者与时尚品牌的消费者有着怎样的区别？

奢侈品品牌延伸

课题名称： 奢侈品品牌延伸

课题内容： 奢侈品品牌延伸模型

奢侈品品牌延伸的策略

奢侈品品牌延伸的风险

课题时间： 4 课时

教学目的： 本章的教学目的是了解奢侈品品牌进行品牌延伸策略的原因、品牌延伸策略内涵以及外延，同时掌握品牌延伸模型的具体内容及其在商业模式中的应用，并掌握品牌延伸可能造成的风险及解决方案。

教学方式： 讲授教学

教学要求： 1. 使学生掌握奢侈品品牌延伸的概念与必要性。

2. 使学生掌握奢侈品品牌延伸模型的具体内容。

3. 使学生掌握奢侈品品牌延伸策略的几种类型。

4. 使学生掌握奢侈品品牌延伸带来的风险以及如何把控。

课前/后准备： 调研某一奢侈品品牌如何进行品牌延伸策略，并分析奢侈品品牌延伸策略的利与弊。

第十三章　奢侈品品牌延伸

一个品牌的主要价值来源于其对新产品和新服务的推出所能做出的贡献。在过去几十年中，许多行业都采用了一项普遍策略：在畅销品牌名下推出新产品。进行品牌延伸的原因是显而易见的。若一个品牌的某种产品已在市场上达到饱和，那么，该品牌想要继续发展就面临着两种选择：一是将品牌延伸至其他市场，二是推出新产品。当品牌销售着市场中已饱和类别的产品，且销售业绩平平，如果上市企业管理者想让企业继续保持季节性增长，那就不得不进行品牌延伸。

在奢侈品领域中，"体验性""象征性"优于"功能性"的情形不单单对品牌的定位产生影响。事实上，这还将塑造消费者对品牌延伸的评价过程也将引发品牌策略的决策过程。除此之外，奢侈品的另一个特点是"稀缺性"。如果很多人同时拥有同一品牌的产品，那么这一品牌的"名贵感"就会大幅降低。这就要求管理者在管理奢侈品品牌时要做好权衡：企业要发展，也要增加盈利，但同时企业又绝不能销售过多数量的产品。这意味着，管理者在执行奢侈品品牌的品牌延伸策略时，要深入了解每个品牌所面临的具体限制条件。通常，这些奢侈品品牌的特点会对相关管理决策的进程和延伸策略造成重大影响。

第一节　奢侈品品牌延伸模型

许多研究学者都介绍了有关品牌延伸的定义，如表 13-1 所示。而到目前为止，他们每个人的定义都指向同一种结果，即为了帮助公司成长而引入新的产品。但是，谈及奢侈品品牌延伸，依然存在一些混淆上的风险，阿克（Aaker）将品牌延伸描述为将一类产品中所建立的品牌应用到另一类产品上（如 Armani Casa 家具系列），而将产品线的延伸描述为在同一种类下提供新的产品（如 Emporio Armani 时装系列）。凯费洛（Kapferer）指出，产品线的延伸和品牌延伸应当区别对待，后者是"面向不同产品种类和不同消费者的真正的多样化"。然而，这一定义是有问题的，比如，仔细研究阿玛尼的品牌体系不难发现尽管包括了阿玛尼道奇糖果、阿玛尼鲜花甚至阿玛尼酒店，其母品牌始终以那些对时尚敏感的消费者作为目标群体，它以时尚产品线为主，而这些延伸出来的产品种类又同服装存在很大差别。如表 13-1 所示。

表 13-1 奢侈品品牌延伸的不同定义

案例＼学者	Farquhar（1989）	Aaker（1991）	Kapferer（2008）	Best（2009）
在母品牌的同一种类中投放新产品（以 Emporio Armani 时装系列为例）	产品线延伸	产品线延伸	产品线延伸	垂直延伸
在母品牌之外的其他种类中投放新产品（以 Armani Casa 家具系列为例）	品类延伸	品牌延伸	品牌延伸	水平延伸

同时，贝斯特（Best）将引入新产品划分为垂直品牌延伸和水平品牌延伸，他的这种分类认同是由法夸尔（Farquhar）在 1989 年提出的，是到目前为止有关品牌延伸最清晰的定义。法夸尔（Farquhar）将所有的品牌延伸都划分为两类：一种是产品线延伸，另一种是品类延伸。当"母品牌被用于一种以新的市场细分为目标群体的新产品的命名，且这种新产品从属于母品牌现有的产品种类"时，我们称之为产品线延伸。而当"母品牌被用于一种不同于母品牌现有产品种类的新产品命名"时，称之为品类延伸。在运用法夸尔（Farquhar）分类方式的同时，也必须谨记任何将母品牌用于介绍一种新产品的做法都是品牌延伸。

奢侈品品牌若想生存就必须发展壮大，品牌延伸是发展壮大的惯常策略。在奢侈品品牌进行品牌延伸时，本教材中考虑以下两种模型：

一、金字塔模型（垂直延伸）

金字塔模型是指引入一种相对低端的产品线，该产品线的价格要比奢侈母品牌其他产品线的价格低。尽管向下品牌延伸通常是针对新的市场细分，但这部分消费者往往难以负担更昂贵的产品，而奢侈品品牌却不得不为这些人提供一种具备奢侈品条件，且其质量与价值同母品牌相当的产品，这里的奢侈品条件包括出色的质量、独特性、稀缺性、专营分销、精选的销售点、高价格、历史以及传承。通过这种方式，向下品牌延伸就可能帮助进一步提升母奢侈品品牌，而不是稀释母品牌。

二、星系模型（水平延伸）

星系模型，围绕一个中心旋转，这个中心即品牌精神，通常是品牌同名的、依然在世的品牌创立者。品牌涵盖不同的领域，其一致性由品牌的创立者确保，这个模型的代表品牌是拉尔夫·劳伦。

拉尔夫·劳伦曾经被称作"星系"模型。拉尔夫·劳伦的经营领域无所不包：高级成衣、配饰、香水、化妆品、家具、绘画、咖啡屋、饭店。每一件拉尔夫·劳伦的产品都能将消费者引入其品牌领域。其生活方式适应每天、每周的不同时间，适应不同的使用场合和情境。说得更清楚些就是，拉尔夫·劳伦分割为高度连贯的子品牌，每个子品牌都根据不同用途、场合提供一整个系列的产品：Polo 线是休闲的运动装，紫标系列满足更正式场合的需求。

所以在产品的创造性和尊贵程度上，产品之间没有太大差别。星系模型中，所有的子品牌都是平等的，都是星系中心单一概念的衍生，仅适用场合、时间或性别不同。

第二节　奢侈品品牌延伸的策略

在进行品牌延伸时的策略，分别为囊括消费者的视角、创新延伸产品类别、继续发展核心业务以及确立正确的商业模式。

一、从消费者的角度思考

从消费者的角度思考、避免消费者产生迷惑是品牌延伸的第一步。这意味着，在产品相关性（品牌延伸的产品类别与品牌传承、视角、核心品牌品质是否有关，它们对该产品类别是否重要）和信誉（核心品牌是否有着值得信赖的质量，核心品牌是否适合销售品牌延伸类别产品）等问题上，要时刻铭记消费者的需求。有关品牌延伸的文献中提出，从消费者角度思考的成功延伸应遵循以下两条原则：

1. **品牌联想越多元，品牌延伸的产品类别范围就越大**　与那些和产品特征、技术特性联系紧密的品牌相比，那些已经被看作"生活方式"且与特定价值相关的品牌更易成功地进入新的、范围更广的产品类别。例如，阿玛尼品牌易让消费者联想到精致典雅、多面性和艺术修养。这些价值已经通过品牌延伸成功地渗入化妆品、眼镜等产品领域，而这些领域的产品却与该品牌最初的服装业务关联甚远。

2. **产品层面的联想关联越紧密，品牌延伸的产品类别范围就越大**　有些品牌也许并不拥有无形的联想，但如果品牌的核心产品和延伸产品之间联系紧密，品牌延伸依然可能取得成功。经典的案例有：卡特彼勒品牌（Caterpillar）在进军男士工作服和配饰市场时强化了挖土机和工作服之间的联想，于是取得了成功。举例来说，服装与香水间的联想关联比鞋子与香水间的联想关联更紧密；于是，相比之下，品牌从鞋产品延伸至香水、化妆品等联想关联较远的产品类别会更难。

二、创新延伸产品类别

成功的品牌延伸的第二个方面就在于品牌带来的独一无二的新愿景和在已有产品类别的基础上创新产品类别的能力。仅仅采用模仿战略是不足以让品牌延伸的投资实现盈利的。虽然无形资产是奢侈品品牌最重要的资产，但简单地将品牌符号转置到新的产品类别之上，肯定还不足以实现品牌延伸。品牌应该就客户、渠道、产品特性和技术提出新的愿景，这一愿景应与产品相关，但与现有产品不同，并能体现企业的特有能力。这一愿景还必须清晰、明确，要让消费者在产品无论被附加上任何他物的情况下都能轻易识别出来。这也许就解释了为什么一些成功的奢侈品品牌通常与那些能力强、个性强、不愿迎合所有人的人物形象联系紧密。创新能够赋予品牌在合理范围内进行延伸所需的信誉，提升品牌的整体形象。

三、继续发展核心业务

忽略核心业务是品牌延伸最大的隐患之一，但这在实际操作中却很难避免。在品牌延伸过程中，企业同样需要花费时间去发展并维持已有的核心业务。这对于为进一步深入新产品类别同时保证实力的企业来说是最基本的。卡尔文·克莱恩品牌（Calvin Klein）的案例很典型，该品牌以成衣产品闻名，但是少有人还记得卡尔文·克莱恩品牌最早是与内衣和大众香水等产品类别紧密相连的。

四、确立正确的商业模式

企业和设计师对于新产品类别的感知和热情是创新和实施长期品牌延伸策略的基础。商业模式的作用也同样重要，企业有多种不同的商业模式可以选择：

1. **提升企业内在能力**　通过为新产品成立新机构或与其他专业化企业签订股权协议来提升企业的内在能力。

2. **签订许可协议**　签订许可协议是奢侈品品牌将品牌延伸至与品牌联想相对较远的产品类别（如眼镜、香水等）时的最常用商业模式。签订许可协议能够提升企业能力，扩大大型被许可合作商的市场覆盖率。

总而言之，通过推动跨领域销售、促进核心与非核心业务的增长，品牌延伸让品牌所有者拥有了完善品牌类别的机会。通过这项战略，企业能够接触到核心产品所不能到达的目标客户群，而品牌延伸也是提升品牌形象、明确生活方式品牌定位、取得额外传播费用，从而最终提升品牌知名度的工具。战略性品牌延伸如何才能在诸如时尚品牌与奢侈品品牌这样拥挤而竞争激烈的市场中取得成功？这个问题的答案对于不同的品牌来说有所不同，因为每个品牌都是不同要素的组合，这些要素包括：市场机遇、品牌传承及品牌已有核心业务、与品牌相关的价值及风格符号、新产品的品质及创新性、适用于某种具体产品类别的商业模式等。

第三节　奢侈品品牌延伸的风险

品牌延伸对于奢侈品品牌来说算不上是太大的风险，但是往往利润不高：品牌延伸往往规模太小，要求太高，成本太高。而另一方面，品牌延伸从短期来看是一种很好的经营策略，但从长期来看很有可能严重影响品牌形象。品牌延伸是多数大奢侈品品牌的扩张的重要手段。

一、品牌延伸的风险是会破坏奢侈品本身的精髓

进行品牌延伸是由于商业模式从金字塔底部盈利，而不是从金字塔顶部。此外，很少使用延伸战略的品牌往往遵循从金字塔顶盈利的商业模式。首先，可能降低品牌创新性是品牌延伸最大的挑战。短期经济效应越明显，档次越低。产品延伸战略的执行质量，对奢侈品基本元素的考虑以及创造性的管理都是决定性因素。香奈儿和阿玛尼都说明了这一点。一个奢侈品品牌中，即使最便宜的产品也必须会"说话"，让销售者和购买者都引以为傲。这就要求产品价格不能低于一定限度。香奈儿就是这么做的：香奈儿产品在金字塔上起点很高，但最低端的产品价格也不会太低。香奈儿饰品没有多个价格系列，而只有一个价格——"最高价"。

二、品牌延伸的风险是失去对品牌的控制

品牌控制同品牌内在组织息息相关。经营许可证必须严格管理，获得许可证就是独立的公司，主要目标不是建立品牌，也不是投资于长期发展。为了控制许可证，必须有能力进行有效的管理，必须熟悉数字，深刻了解品牌内涵。一定不要过于依赖许可证带来的利润。如果面对的是欧莱雅、科蒂集团或者宝洁这样的大公司，需要的就不仅仅是管理者，还需要品牌监控者，必须监控品牌精髓是否被尊重，即使是在销量很好的时候。

三、品牌延伸的风险就是可能降低质量

组织模式仍然决定一切。帝凡黎是著名（Lacoste）法国鳄鱼品牌服饰的全球独家许可商，负责生产纺织品鳄鱼标志性系列的衬衫，被美国消费者评为"全球最好的 polo 衫"。帝凡黎只占鳄鱼 5% 的份额，却一度控制着 90% 的生产，其制造厂遍布各大洲。鳄鱼 polo 衫事实上是鳄鱼的标志性产品，凝聚着鳄鱼品牌一切有形的和无形的优点，因此

不能将它交给别人制造。

四、品牌销售网络的延伸可能会带来风险

只在自家专卖店、购物广场或街头店销售产品的品牌，由于生产销售许可证规定而只能延伸销售网络的品牌之间有很大的不同。当然，合同规定经许可的产品销售应当慎重选择销售点，以免破坏品牌声誉。但是如果当地管理者被要求选择有多种品牌的销售点，他们的观点就和必须考虑全球一致性的国际管理者大相径庭。而另一方面，即使要支付许可费用，许可商必须保证盈利。制造高端产品的许可商可能被销售额和顾客流量所诱惑，而选择交通量大的销售点。利益冲突由此产生。我们都很熟悉卡尔文·克莱恩和其牛仔服装许可商沃纳科在法庭上的对峙。著名设计师卡尔文·克莱恩指控沃纳科将其牛仔服装卖给美国大型连锁企业好市多。他得到的回复十分机敏："在任何情况下，设计师都对沃纳科产品没有实际控制权。"

五、品牌延伸可能导致广告所传达的形象破碎

品牌延伸可能导致广告破坏产品的表达效果。拉尔夫·劳伦有无数广告，因为它有许多子品牌和分支。但是这些广告看上去都很具拉尔夫劳伦特色，因为它们讲述的是同一个故事。

如果将香水的生产和销售都托付给大众消费品公司，同时托付的还有广告战略。欧莱雅和宝洁强大的竞争力来自于，他们懂得如何遵循需求导向的营销策略来发布产品。需求导向的营销策略以品牌特性为基础，首先通过量化调查确定被品牌特性所吸引的客户数量，据此确定潜在市场。然后将潜在市场分成不同的"客户类别"，最后以每一类客户所喜爱的明星为基础，打造不同的香水广告。问题是香水领域有如此多的品牌，这些品牌或多或少都有相同的品牌特性，由此产生相同的目标。例如，波士和拉尔夫·劳伦表达的都是"成功"和"野心"的价值观。从广告原形（由每个客户类别喜欢的国际演员决定）开始，到最后的广告成品，沟通目标都比较分裂，缺乏同品牌内涵的一致性，这就致使在观众看来，用这种方式做的广告都差不多，可以彼此替换。此外，如果你将一个品牌使用不同原型的所有香水广告都放在一起，你得到的并不是一个统一的客户群体，不是一个真正的社区，而是没有任何相同之处的人格的拼凑物。这是与品牌特性相悖的。

六、品牌延伸会带来服务风险

尤其是当许可商既是制造商也是经销商时。对于客户来说，任何一个有品牌名称的销售点都是品牌本身。因此客户期望在销售点能被销售人员认出来，尤其是那些大客户。

这就对销售点的装修、人员和服务质量提出了一定要求。如果客户不满意，就会使得品牌走下神坛。品牌延伸不仅会影响到品牌资本，还会降低客户资本。

品牌价值的来源之一就是它反映出的客户形象，品牌特性棱镜的这一面代表典型客户的理想形象。奢侈品品牌必须给产品和购买者带来尊贵的感觉。但是，扩大品牌的消费范围会影响到品牌反映出的客户形象。品牌延伸（品牌标志化和降低价格）会带来这种危机。

品牌延伸对品牌的长期影响和对品牌延伸的控制程度，尤其是扩大受众范围的延伸战略，影响极大。生产和经营许可事实上是品牌资本的下放，没有任何东西比品牌声望更重要了，品牌声望是孕育自神话、专属感、稀有性还有魅力，而不是扩散。否则，品牌会走上"从奢侈到大众"的不归路。问题是，这种对品牌声望的侵蚀最开始是看不见的：奢侈品客户周期性调查中观察不到这种侵蚀，这是因为95%的调查对象不是富人，他们构成了杜波依斯所说的奢侈品低频客户。他们零星地购买不同品牌的奢侈品，往往出现在传统市场调查中。但是这类人只是奢侈品的追随者，他们并不能成就品牌，提高品牌声望。成就品牌的，是精英、名人、当权者、艺术家、意见领袖。如果品牌在意见领袖心中失去地位，消费者的行为会立刻跟着改变。

思考题

1. 奢侈品品牌进行品牌延伸的原因是什么？
2. 分别举例说明奢侈品品牌延伸的方法有哪些？
3. 选一个奢侈品品牌，分析该品牌是如何进行品牌延伸的。
4. 对于奢侈品品牌延伸的风险如何把控？

奢侈品品牌营销

课题名称：奢侈品品牌营销

课题内容：奢侈品品牌媒体营销

奢侈品品牌故事营销

奢侈品品牌视觉营销

奢侈品品牌体验营销

奢侈品品牌跨界营销

课题时间：4 课时

教学目的：本章的教学目的是掌握奢侈品品牌营销的含义与必要性，同时掌握品牌
营销五种类型的不同应用场景及与之对应的案例分析。

教学方式：讨论教学

教学要求：1. 使学生掌握奢侈品品牌营销的概念与必要性。

2. 使学生了解奢侈品品牌营销案例的具体内容。

3. 使学生掌握奢侈品品牌营销的几种类型。

课前/后准备：调研某一奢侈品品牌的品牌营销策略，并分析奢侈品品牌营销渠道
与营销策略之间的关系。

第十四章　奢侈品品牌营销

近年来，随着我国经济的不断发展，奢侈品消费也逐渐成为当今消费的主要趋势之一。奢侈的生活方式为奢侈品营销奠定了良好的基础。奢侈的生活方式是奢侈品营销的重要条件，只有人们采取奢侈的生活方式才会产生奢侈品需求，促进奢侈品市场的发展。因此，奢侈的生活方式为奢侈品营销奠定了良好的基础。同时，奢侈品的营销促进了奢侈生活方式的发展，奢侈品逐渐走进了人们的生活中，人们在自身经济允许的基础上，开始使用奢侈品来改变自己的生活。另外，奢侈品质量较高，能够提高人们的生活质量。

作为奢侈品品牌营销策略中最重要也是最基础的产品策略来看，同一个奢侈品品牌，可能根据市场细分，提供不同的产品系列来满足不同的消费群体需求。及时一些奢侈品品牌没有区分不同的产品系列，他们也通过提供一些价格相对较低的产品来吸引潜在消费者的目光。

从定位的取舍效应来看，企业选择一种定位，必然牺牲另一种定位。为了满足更多人的需求，追求更高的销售额和利润，处于产品线上端的奢侈品品牌最终不能保持其独一无二的身价，从而导致战略性定位模糊失焦，产品线延伸最终稀释了自身的品牌形象，腐蚀了企业最初产品或目标客户的竞争优势。

从价格的角度来看高价位本身并不能与高销售收入、利润等指标必然联系起来，但是高价却能必然反映企业的高端定位，因为高价位反映极品形象。

沃夫冈·拉茨勒在《奢侈带来富足》中这样描述：奢侈品的制造商并不是可以不考虑费用，但费用不应该是最关键的因素。奢侈品的营销颠覆了"4C"理论（消费者、成本、便利、沟通的四个英文单词首写字母均为C），没有过分关注产品制造过程中的成本因素，奢侈品制造商将可以传递给消费者的东西全部传递给消费者，并在最大程度上形成了消费者满意，从而保证其高价策略得以持续支撑其高利润。

对于奢侈品来说，让羡慕品牌的人与实际拥有品牌的人在数量上形成巨大反差与距离感，才能让奢侈品品牌有存在的意义和价值，奢侈常常与遥不可及、价格高昂相关，用消费者的话说，就是大多数人买不起，产生可望不可即的感觉，少数人能拥有的叫奢侈。奢侈品以高价位彰显其高贵。

奢侈品在渠道上就是保持对市场的有限覆盖，渠道中没有大量的产品供消费者选择，使得渠道始终处于一种不饱和状态。目前，众多奢侈品品牌借助于我国零售制度的开放，纷纷自主建立销售专卖店、品牌旗舰店，摒弃过去与代理商的合作。这种做法不仅帮助企业有效控制销售渠道，又是品牌精神和形象的集中体现。

营销活动必须以目标顾客的消费行为和消费习惯为基础，否则，营销活动将难以收到效果。因此，奢侈品营销渠道必须要做到有的放矢，透视目标顾客的心理及行为方式，找准顾客的接触点，这样才能为成功营销奠定基础。

对于"切分奢侈"，奢侈品的广告需要集中在高档时尚杂志上，特别是已经在全球市场都取得不错口碑的杂志。而对于"炫耀性奢侈"，则可以选择面向大众的广告，这种广告浪费可能达到90%以上，远远高于普通产品50%的丢失率，因为这些广告并不是面向目标消费者。但是这些广告是必要的，奢侈品之所以能够在高价下还能被接受，很大一部分源于羡慕者，是羡慕者的"羡慕"和"无法得到"制造了一种距离感，烘托出了奢侈品的价值，从而成为促进购买的因素。

每个奢侈品品牌都源于特殊的文化土壤，品牌背后都有一个人人皆知的动人故事，这种发生在原产地的故事情节折射出来的文化，就是奢侈品魅力的根源，正是这种文化，成就了今天的奢侈品品牌。因此，企业应该时时传达一种与文化相协调的氛围，包括企业内部的管理氛围和针对顾客的营销氛围：得到员工普遍认同的企业文化、与定位一致的促销活动和积极有效的顾客关系管理活动都是对企业文化的有效宣传。从营销的基本目标来看，营销的基本目标在于实现营销者与消费者的双向行为的改变。奢侈品消费者在不同购买心理的驱动下，积极搜寻产品信息，营销者则通过收集与消费者心理与行为的有关信息，采取与之相适应的营销手段来刺激消费者，从而实现刺激消费者购买。

随着我国奢侈品消费时代的来临，各奢侈品制造商在加紧抢滩各大城市的同时，应针对目标顾客的消费行为和消费习惯实施有效的营销活动，营销活动的成功策划和实施将是奢侈品中国之行能否取得成功的关键。

第一节　奢侈品品牌媒体营销

社交媒体营销是指品牌利用互联网上社交媒体将那些消费者发表的产品评论、博客、论坛、社交网络里的个人档案以及用户创作的视频文件等做营销推广的营销方式。与搜索引擎、电子邮件等其他网络营销相比，社交媒体营销以信任为基础的传播机制以及用户的高主动参与性，更能影响网民的消费决策，并且为品牌提供了大量被传播和被放大的机会。社交媒体用户黏性和稳定性高，定位明确，可以为品牌提供更细分的目标群体。社交媒体营销的市场仍在不断扩大，它不再是朋友们共享的场所，而成了一种全新的商业竞争模式。从利益来说，社交媒体营销的出现，将改变传统信息传播、销售方式以及宣传推广滞后性、盲目性、松散性的特征，现代的社交媒体营销方式将呈现及时性、有目的性、集中群体性等特征，同时，社交媒体营销的出现为企业的渠道运营、广告投资方式、品牌概念的传播以及企业文化的交流提供便捷公开的方式。社交媒体营销的出现还有望将电子邮件实现全面复兴，而广告和话题产生的转化率也将大大提高。从不足之处来看，社交媒体营销由于受众面广，网民在接触时可能产生的极端情绪不容易控制。

随着社交媒体在人们生活中的影响力不断增加，奢侈品品牌也越来越看重这一新兴平台在营销和销售中的作用。针对奢侈品品牌在社交媒体上的影响力以及他们和粉丝的互动进行的研究，可以更好地了解奢侈品行业未来的发展。在这些研究报告中，主要关注了两个方面：品牌在社交媒体上的影响力以及在社交媒体上和粉丝进行的互动。

一、与消费者互动

品牌必须保持在社交媒体上与消费者进行互动的频率，如果品牌发布照片的速度要比照片点赞数的增速快不少，这显示了他们每次发布新内容时，与消费者的互动程度偏低。

线上的热度并不能直接转化为销售额，一个品牌在社交媒体上的"粉丝"情况可能非常复杂，每个人的居住地、收入情况和个人背景都千差万别，而这些因素也同时影响着这些粉丝的购买力。商品的平均价格与其线上销售的占比呈反比。平均价格越高，线上购买的比例就越低。粉丝数、点赞数和销售之间的关系也就越小，很少有人会选择通过社交媒体购买一件非常昂贵的奢侈品。

二、粉丝与意见领袖

虽然品牌在社交媒体上的粉丝数量并不能直接转换成销售额，甚至很难真实反映品牌的受欢迎程度，不过总体来说，粉丝数量依然是越多越好。线上的影响力和粉丝数量挂钩，而线上影响力就像是线下门店的客流量。

不同的"粉丝"，其影响力也各不相同，其中，意见领袖（Influencer，或是中国特色说法 KOL）们对于品牌在互联网上的形象和热度的影响力正在变得愈发重要。各大奢侈品品牌也开始利用这一点，利用这些最具影响力的线上资源来为自己宣传。很多品牌已经开始将意见领袖整合进自己的营销策略之中。宣传的规模并不重要，品牌需要研究他们的消费者群体，决定他们需要和什么人进行沟通，这样才能选择合适的渠道和代言人，来有效的向消费者传递信息。品牌们要更加深入、真诚的进行宣传，而不是试图面面俱到。

三、充分利用社交媒体

并非只有中国，在全球时尚行业，意见领袖的地位都在上升。她们取代时尚媒体编辑坐在了秀场头排，成为秀场模特、秀场直播视频的主持人甚至品牌代言人，开始抢夺传统时尚传播渠道的话语权和广告收入。

在不少奢侈品看来，精准性大于一切，而微信这个封闭系统被认为是最合适的空间。奢侈品品牌一向强调品牌的把控力，而除了微信，很难找到更加私密的平台了。跟其他品牌比起来，奢侈品品牌会更注重投放的精准性，人群要跟他们的品牌匹配度更高。奢侈品品牌对精准性的要求甚至超过了流量。尤其是历史越悠久、底蕴越丰厚的奢侈品品牌，对内容创作本身的优质与否，能否在和品牌相匹配的语境下，向目标群体精准传达出品牌的推广意图，并收到预想范围内的结果反馈，这些方面的考量，优先于流量。相较于流量爆表、无限刷屏，越是顶级的奢侈品品牌，越是把量身制作、精准有效放前面。

更值得注意的是，奢侈品寻求精准性的一个重要目的其实是试水微信的购物功能。到目前为止，开通微信线上销售的有历峰集团旗下的卡地亚（Cartier）、万国（IWC）、万宝龙，LVMH集团旗下的迪奥（Dior）、宝格丽（BVLGARI），以及巴宝莉（Burberry）、香奈儿（CHANEL）等。LVMH集团旗下高端化妆品品牌Guerlain、Make Up Forever等则进驻了天猫，爱马仕旗下生活方式品牌上下、LVMH集团旗下奢侈腕表品牌泰格豪雅最近也宣布将加入其中。由于微信这个生态系统把内容和支付无缝对接，个人明显感觉在步入微信时代后，奢侈品品牌在微信公众号这个平台上希望通过优质内容直接带动线上销售的需求在近一年逐渐多了起来，这和不少奢侈品品牌最近两年在时装秀发布后立刻开通秀场新款"所见即所得"的线上购买渠道如出一辙，主要是有赖于电商和内容在线上的结合让阅后即买变成可能。

很显然，正是因为平台多样、各平台的新产品更新迅速，奢侈品品牌在海外社交媒体上虽然也与博主合作，但自己生产的原生内容也更多、质量更高。它们在这些平台上的粉丝数也不亚于当红博主。反观奢侈品品牌在国内微信和微博平台的情况，与博主粉丝数量上的差距则更加明显，因此对后者在引流和品牌传播上的依赖也更高。除营销平台外，奢侈品在全球寻求曝光、引流的方式也可以是更具创意的内容合作，而不一定要依赖博主。

中国时尚博主比欧美起步稍晚，同样是以图为主，同样是懂内容懂技巧，美国博主是在引领潮流和开辟原创，中国博主还只是在重新组合内容和引进的阶段。中国观众还是在学习，但是搭配和时尚真的能进入中国，还需要一个有钱开始能玩衣服的过程。但从目前时尚博主的专业细分程度以及报价来看，一个类似机构媒体的广告层级正在形成。一档博主每个季度会提升一次价格，增幅为10000～20000甚至更高；二档博主约半年调一次价，增幅为5000～10000；三档博主则可能一年才变一次。另外，传统时尚杂志和品牌的合作方式也越来越多地出现在时尚博主身上，合作方式的细化、内容的深化和创作自由度的增加。奢侈品品牌开始做出越来越细化的投放，和博主的合作也包括邀约撰文、特约出镜甚至推出合作款并独家发售，把中国社交网络和它的特征真正纳入为自己体系的一部分。

对媒体和营销行业而言，当下正处在巨变期，技术重塑了媒介形态和营销生态，每一轮技术创新，都会带来媒体内容生产方式、传播格局、营销方法论的颠覆式变革。把握趋势，比埋头苦干更重要。一些自媒体大号一年能获得的传播量，远远大过一些机构媒体全年的传播量。而这些媒体因为团队小，成本压力也小，整个团队没有纸张、印刷、发行等重成本，生存起来则更容易。网红与明星的界限会逐渐模糊。"泛娱乐新型艺人"

是指介于传统艺人和现有普通网红之间，相对传统艺人具有更强互动属性、相比现有网红更具优质才艺的艺人。媒体数量无限膨胀，观众在大量内容中迷惘，只有与观众达成心灵和价值观连接的媒体才能生存。未来，媒体的价值在于，在人与场景的勾连中，提供服务，产生价值，这是一个创造性毁灭的过程。

第二节　奢侈品品牌故事营销

奢侈品品牌拥有着悠久的历史，有着丰富的文化内涵，而这些历史正是实现品牌与消费者沟通的桥梁，在品牌的发展壮大中发挥着巨大的作用。范思哲（VERSACE）使用美杜莎来做自己的 LOGO 是认为没有人能逃脱美杜莎的爱；伯爵（PIAGET）原本专于腕表机芯的研究和制造，后来进一步将这项精湛的技艺推广至珠宝工艺，因此得以在 20 世纪 60 年代推出第一款珠宝腕表。

所谓故事营销，是指将故事作为传承品牌核心文化的载体，赋予品牌情感，在产品的营销过程中，充分释放品牌的情感能量，从而推动产品持续稳定的增长。故事营销与其他传统营销手段的不同之处在于，故事营销使用情感认同叩开消费者的心扉，这种情感认同能赋予产品和品牌独特的文化属性和精神内涵，让产品不再局限于物理属性。尤其对于有着高附加值产品的奢侈品销售来说，故事营销更是起着非常特殊的作用。通过讲故事来进行产品诉求，营造品牌的独特魅力，这种魅力会引来目标消费群体的关注与共鸣，从而是目标消费群体产生购买欲望。

每个品牌或产品与每个人一样，都有自己的故事，但是如何能成为行之有效的故事营销，关键的因素就是要寻找和挖掘出品牌货产品富有感染力和说服力的传奇故事。故事营销主要有以下几种类型：

一、历史故事

奢侈品大都具有悠久的历史，源远流长的历史故事使得品牌内涵更加丰富，彰显出品牌的独特个性。而拥有历史故事本身就意味着一种品牌文化与底蕴，更能得到消费者的尊重与认可，从而激发消费者的购买欲望。

以卡地亚为例，卡地亚于 1847 年在法国创立，被英国国王爱德华七世赞誉为"皇帝的珠宝商，珠宝商的皇帝"。其经典代表作"猎豹"胸针背后温莎公爵不爱江山爱美人的爱情故事被人们广为流传，这些故事赋予了卡地亚源源不断的生命力。

二、神话传说

每个人的心中都有一个美丽的神话，而这些神话传说也可以应用到品牌的故事营销之中。当神话中提炼的元素与品牌形象清晰一致时，就能有效助力品牌的营销。

创立于 1987 年的范思哲，其品牌 LOGO 是希腊神话中的蛇妖美杜莎。传说只要有人看过美杜莎的双眼，就会被其魅力所吸引导致石化。所以美杜莎象征着知名的吸引力，这和范思哲先生想要传递的品牌精神不谋而合：只有真实的做自己，才是最美的。范思哲一生都在追求这种美的震慑力，他的设计总是蕴藏着极度的完美和强烈的张力，将人性中最美最性感的部分展露无遗。

三、创始人物

很大一部分奢侈品品牌都是与创始人紧密联系起来的，甚至直接以创始人的姓名作为品牌的名称，具有强烈的品牌特性。

在营销同质化、产品化的今天，拥有悠久历史的奢侈品品牌之所以能够继续受到人们的追捧，不仅仅是因为其产品卓越的品质，故事营销也功不可没。因为故事营销能引导消费者认同奢侈品品牌的历史文化所带来的品牌价值，为消费者提供情感满足和体验，使得消费者心甘情愿为其买单。

品牌故事中蕴含着鲜明的文化内涵，是实现品牌与消费者沟通的桥梁，在品牌的发展壮大中发挥着巨大的作用。奢侈品之所以不断地受到追捧，并非仅仅因为卓越的产品性能、优质的服务，而是由于奢侈品品牌在历史发展的长河中形成了丰富多彩、独特的品牌故事。品牌故事是奢侈品品牌的核心竞争力，是奢侈品品牌与竞争者产生区分的明显标志。奢侈品品牌在市场营销、对外传播中擅长利用品牌故事为产品进行代言，用故事的力量去扩大市场、感染消费者。

英文内容营销中流行一个词叫作 storytelling，直译成中文就是"讲故事"。内容营销的本质，就是把自己的故事用别人喜闻乐见的方式表达出来，激发受众的阅读兴趣，搭建品牌和客户之间桥梁的关键。几乎每一个成功的品牌背后都有一个精彩的故事。凡是成功的品牌，都很擅长"讲故事"，他们懂得如何把品牌的历史、内涵、精神向消费者娓娓道来，并在潜移默化中完成品牌理念的灌输。

一个品牌从无到有，创业的过程往往是成就品牌的关键，创业者的个性与创业时期的故事，也很可能就此决定了品牌基因。在讲创业故事方面，奢侈品品牌绝对算是高手。所有营销的最终目的无疑都是为了增加销售额，但奢侈品营销的长期目标则是潜意识的品牌植入。奢侈品品牌每进入一个新的市场，抑或每次推出新产品，讲故事往往是他们的开场白。

香奈儿的创业故事分为 12 章，在其官网上以视频的形式播放。在这种故事中，创始人个性、大事记这两样东西是主角。在品牌叙事中，香奈儿不但是时尚界最举足轻重的品牌，CHANELStyle 更成为社交场上名女人优雅时髦品位的象征。创办人 Gabriella Coco Chanel 女士一生的崛起、名利、成就、遭遇都带给她无穷的创作灵感。Coco Chanel 的故事就是品牌的故事，品牌的故事也是她的故事。顾客对 CHANEL 这个品牌的迷恋很大程度上是对 Coco Chanel 女士的致敬，也是一种精神面貌的投射。

每一个高端品牌都有一个引人入胜的传奇故事。那传奇的人物、传奇的语言、传奇的顾客满意吸引了消费者的心，创造了不一样的顾客忠诚。

时间限制被打破。在报纸上发布的广告，今天看完明天扔掉，一个月左右可能就消失在这个世界上了。但是，一张放在互联网上的童年照，到你满头白发的时候也不会变成发黄的老照片。这个时间上的优势，可以让品牌一步步在网上构建自己的故事，可以让故事承前启后，而且故事越积越多，最后累积起来的厚度就是一种内容资产，这些资产可以换来品牌曝光、信任度和忠诚度。

第三节　奢侈品品牌视觉营销

在品牌运作中视觉符号系统的构建是十分重要且关键的环节，特别对于奢侈品品牌来讲。一个成功的品牌必定有独具一格的品牌特色，高辨识度的视觉符号，它不仅仅是一个名字或图标，它可以是各种形式符号的系统组合，在产品中，其表现方式更为丰富和多变。奢侈品品牌的视觉符号系统作为一个有机整体在与外部环境进行信息交换时又体现着不同的功能。它是奢侈品品牌文化的具象表现，是品牌和消费者之间交流的重要平台，它们不仅仅是简单的符号，更是代表了某种特定的文化、历史和生活方式。

品牌视觉符号是奢侈品品牌形象的可视化表达，它们具有各种表现形式，但其最终目的都是将奢侈品品牌信息准确地传递给消费者，是奢侈品品牌与消费者之间沟通的重要桥梁。品牌视觉符号既可以从各个不同角度体现奢侈品品牌理念和形象，还可以与其他品牌产生差异化。通过奢侈品品牌视觉符号的不断变幻和强化，它可以增强品牌形象，提升品牌美誉度，赋予消费者更多的品牌体验，引导消费者的品牌偏好，提升对品牌的忠诚度，从而提高奢侈品品牌的市场占有率。奢侈品品牌视觉符号的载体有多种表现形式，通过将奢侈品品牌文化和理念以符号化语言的形式表现出来，传达给消费者，让消费者通过视觉符号联想到品牌形象。

一、橱窗视觉

视觉营销是指在销售终端的环节上通过视觉艺术传递出产品信息的一种销售方法，包括了运用色彩、灯光、照明等形式对店面、橱窗、柜台、货架等展示空间进行设计以及商品、道具、装饰品的摆放等视觉元素的采用。视觉营销是为了在顾客潜意识中形成独具特色的品牌形象，来扩大奢侈品品牌在消费者心理的影响力，力求留下深刻的印象。当今市场的环境下，视觉营销里的橱窗展示对产品销售和品牌的推广所起到的重要意义和作用已经成为业界共识。对奢侈品店铺而言，其外部的表现最基本的形式就是橱窗；对消费者来说，接触某个奢侈品品牌的产品也许就是从某个不经意的橱窗开始。当消费者还没有来得及去了解商场的服务和产品之前，橱窗展示能及时抓住消费者的眼球，并且会在第一时间引导顾客去进一步了解或购买商品。橱窗是产品依托窗口为媒介进行产品推广，是奢侈品品牌演绎风格展示和沟通客户的最佳途径，是衔接由"物"及"人"的桥梁。由于奢侈品与艺术在某种程度上的界限模糊，使得奢侈品品牌橱窗设计对艺术价值非常重视，"产品有形，而艺术无价"是奢侈品的内在驱动力，奢侈品橱窗则利用"声、光、电"等形式艺术化的为现代消费者带来一次次的视觉革命，并起到生活方式倡导者和引领者作用。精彩的艺术橱窗可以产生难以抗拒的魅力，营造出一种别样的氛围，不知不觉让顾客有一种欣赏与逗留的欲望，来调动潜在的消费群体。优秀的橱窗展示起着比导购更为有效的作用，且不会让消费者产生逆反心理，好的产品要用产品自己去说话。

二、色彩视觉

而提到品牌视觉，首先想到的就是品牌 LOGO，其实有些时候，只要通过色彩，我们就能联想到该品牌。这就是品牌色带来的魅力，因为它已经深深融入了品牌的 DNA，成为不可或缺的一部分，颜色心理学在营销方面有着至关重要的作用。

从 HERMÈS 橙到 Tiffany 蓝，再到 Christian Louboutin 经典的红底高跟鞋。不难看出，品牌在自己的产品上都对颜色的运用花了不少心思。品牌色彩与产品内容及品质性格有着相互依存的内在联系，各类产品都在消费者心目中产生根深蒂固的"概念色""惯用色"与"想象色"。色彩的形象化其实会直接影响到消费者对商品内容的判定。爱马仕的橙色，无疑是最具代表性的时尚感召力，经典、至精至美，无可挑剔。橙色的奢靡主旋律，华丽激昂，是时尚旋风与创作激情碰撞。爱马仕橙来源于爱马仕的包装颜色，橘红的感觉是永不停歇的时尚生命，也是大众眼中高贵的象征。爱马仕橙不再是简单的颜色，更像是一个品牌和标志。它并不容易被驾驭，唯有不断更新的创意设计才与之相衬。爱马仕橙在四季都激发着设计师的灵感，哪怕盛行多年仍旧不被岁月所淹没。随着每一年流行元素的不同也有着不同的展现。不管是在时装还是丝巾上，爱马仕橙永远是那一抹最亮眼的色彩。

而在 CHANEL 的设计中，黑白配色也是被运用到最多的颜色，高级又时尚。CHANEL 推出了全新的 J12 腕表，优雅的白色和深沉的黑色相得益彰，散发着醇厚的中性美和悠久的年代感。其实，有很多大品牌的代表色都是黑白，因为其看起来既高级又经典，带给人的色彩情绪影响很低，所以几乎百看不厌。但是，在众多品牌当中，也只有

CHANEL才能把黑白色演绎得高贵精致，散发着优雅和时尚的魅力。从经典的小黑裙，到洁白的山茶花，再到时髦的双色鞋，各种各样的黑白单品，都让全世界的女性趋之若鹜。

ChristianLouboutin（简称CL）由于红底鞋而出名。一提到CL，最先想到的就是他家这妖艳的红色。而这红色的故事相信大家应该都不陌生。一开始，Christian Louboutin并没有用这红色作为标志，但有一次见到女助理在涂红色的指甲油，大红的色泽一下刺激了他的灵感，于是便把这抹红色抹到了鞋底，性感又危险。而CL涉猎美妆界所推出的萝卜丁口红也被女性视为口红界中的爱马仕。

三、广告视觉

广告作为一种宣传品牌和产品的方式已经越来越受到重视，当代品牌的战争也是大概念广告下的战争，奢侈品品牌广告亦是如此。奢侈品的价值在于它被赋予的意义，而奢侈品的广告在于它能清晰的传达品牌理念，制造梦想，生成欲望，激发购买。奢侈品品牌广告一般很少文案表达，甚至无文案，因为独特的视觉语言和精美简洁的画面表现，足以让消费者买单。

珠宝奢侈品品牌卡地亚的广告视觉宣传就足够优秀，卡地亚利用古希腊著名战役特洛伊之战打造了一部广告视觉盛宴。在广告片中，展现了卡地亚知名形象——豹子，由雕塑转变为活体之后，周游四处，历经千难万险回到女神身边的故事。故事中，穿插了卡地亚众多经典款式，如三色戒、love系列、豹头、绿宝系列等诸多产品。广告片制作中体现了产品，展现了珠宝奢侈品品牌卡地亚的国际化程度。片中很好的契合了荷马史诗《伊利亚特》中对爱情的阐述，这是标准的对中世纪欧洲爱情的诠释。片中细节的处理非常到位，体现了爱情的坚定、忠诚和努力。片中传达了对爱情美好的向往，也无疑收获了情侣、爱人、亲人等消费者的倾心。这种在观看广告片时萌发的情感，无疑会转化为购买行为。同时，又使得消费者更加了解品牌文化，可谓是一举多得。

四、陈列视觉

奢侈品的营销策略中陈列的个性化展示不可缺少，陈列展示不仅是产品在视觉感官上对顾客刺激，而且对顾客的行走路径、视觉焦点、购买行为起到一定的引导作用，各奢侈品品牌都关注着如何利用陈列艺术在销售终端提高产品的吸引力和附加值，陈列方式逐渐成为强有力的营销工具。陈列展示会在第一时间直接地把最新的产品展现给消费者，在奢侈品品牌产品的发布和推广中起到重要的意义和积极的效果，并结合产品的市场定位、产品设计、品牌风格、季节性产品的发布和推广、相关衍生产品的开发等诸多因素，使产品陈列展示统一、和谐，突出奢侈品品牌的个性特色及产品统一性，展现奢侈品品牌当季特色。

视觉陈列营销是奢侈品品牌为消费者营造成功的"购物体验"的手段之一，成功的奢侈品品牌在设计购物环境与体验的时候需要注意三点：场景布置吸引消费者、提供便捷舒适的购物环境以及鼓励回头客再次消费。一个好的视觉陈列师，需要将美学和创意方面的造诣结合精准的消费者洞察与视觉营销方面的专业经验和技术，以此来设计出符合目标消费者品位和调性，并能吸引他们进店购物的视觉陈列营销管理方案。

陈列对于一个品牌的重要性是什么都替代不了的，一个品牌，它的生活态度，它的故事，它的情绪情感，都能在陈列中体现出来。它是展望式的美好期待，让消费者向往一种生活。

1. **陈列方式**　陈列一般可以分为两种形式，一种是服装、配饰分类展示。如上衣或下装以及配饰、鞋帽等分开展示以显示产品的单一性和特殊性，使消费者在同类型产品中找到最适合的产品。另一种是服装和配饰组合性展示，这种展示的形式整体化较强，比较容易营造出产品的陈列风格，为消费者提供搭配建议。在组合性的陈列展示中，产品的布局要有一定的倾向性，产品摆放是否合理直接影响到消费者的消费情绪。大多数产品会按照由浅到深的颜色排列或运用色彩平衡的规律进行陈列；在店内的展示环节上力求视觉的延续性和规律性。比如，面料由薄至厚，袖长由短至长，领口由低至高有层次的进行排列展示。在侧挂服装的展示中，如果我们要突出亮色系的服装通常会采用中间是非常亮或深的色系，而两侧是比较浅的素色搭配的方法。这两种陈列方法在产品选择上为消费者提供了引导作用，符合消费者的视觉审美习惯，在一定程度促进了消费。

2. **陈列手法**　陈列手法需依照消费者视线变化的规律将视野范围控制在地面之上60~150厘米，手法上要体现出层次感、主次感，款式要丰富化、多元化，尽量把当季的主推品放到抢眼的位置以便让消费者迅速的选定目标。对于当季的主推款式在进行视觉营销的同时，还应该根据视觉习惯在消费者的视觉高度内把推销的产品摆放在展示桌、模特和半身人台等道具上进行立体展示、重点展示。让不经意走动的顾客加深款式印象形成视觉焦点由"看点"转化为"卖点"，起到最终的销售目的，引导顾客进行试穿体验。主推销售产品需要经常更换而且展示的不宜过多。否则将出现视觉混乱反而起到销售不利的效果。好的陈列手法能给消费者新鲜、整洁的感觉，提升顾客的购买欲。

2018年4月26日，VALENTINO首次推出Candystud系列包款限时概念店于北京三里屯红馆正式开幕。此次开幕仪式邀请了多位时尚明星出席，Candystud工场——梦幻如糖果工场的手袋概念店。内置陈列也是非常的适应其主题，将娇俏的粉红色调与独立的摆放完美的契合，整体甜蜜又活泼，让想象力引领思维，带来无限趣味。VALENTINO限时概念店登陆洋溢年轻活力的北京三里屯，无论是外部橱窗还是内部陈列，都充满年轻感，吸引了许多年轻消费者的关注。这场别开生面的手袋工场也恰似电影镜头下华丽的场景，如图14-1所示。

图 14-1　VALENTINO 内部陈列

第四节　奢侈品品牌体验营销

体验式营销是一种新的营销方式，已经逐步渗透到销售市场的任一角落。体验是人们在直接参与事件的过程中接触某些外界刺激，通过五官感知刺激，通过神经系统传递刺激，人脑对刺激信息进行加工，激发人的各种心理情绪反应，同时引发人的生理反应，最终在人的记忆中产生体验"印象"。因此，心理情绪在体验营销中发挥重要作用，注重对人们的体验感受的研究。

体验式经济时代的到来，对奢侈品品牌影响深远，其中最主要的方面在于奢侈品的营销观念上。体验营销的概念首先是由美国战略地平线 LLP 公司的两位创始人 B. 约瑟夫·派恩和詹姆士·吉尔摩于 1998 年提出。他们对体验营销的定义是："从消费者的感官、情感、思考、行动、关联五个方面重新定义而设计的营销理念。"他们认为，由于消费者在消费时是理性和感性兼具的，消费者在消费前、消费中和消费后都存在体验的过程，这是研究消费者行为与奢侈品品牌经营的关键。传统营销是企业向消费者单方输出信息的过程，优秀的营销方案使得这一输出过程的效果达到最优，而在体验营销中，消费者的感受被纳入进来。由此可见，体验营销的关键在于与消费者互动的过程，在这种互动的过程中向消费者传达信息。

奢侈品与消费者之间存在普通商品所没有的情感联系，从某种意义上讲，奢侈品消费是一种情感消费。因此，体验营销是奢侈品一个非常重要、必不可少的营销方式。奢侈品企业在其零售终端必须能够给消费者提供与其产品一样独特的体验。因为奢侈品一方面是艺术化的功能性产品，包括有形的高级时装、皮具、珠宝等，还有无形的旅游体验，另一方面也并非只是交付给消费者商品的使用价值，消费者会自然地对奢侈品企业在零售终端包括售后服务等有比大众消费者更高的心理预期和要求。同时，体验是营造一种奢侈的感觉，可以多角度立体展现奢侈品品牌形象的重要途径。

各奢侈品品牌都想从体验上来博得消费者的青睐，日本奢侈品品牌资生堂也不例外。2018 年，资生堂在东京开设了一家卖蔬菜的快闪店。店名叫作"能够变美的蔬菜店 WASO"。店内陈列了各式吃了能够起到美肤效果的蔬菜，吸引了不少消费者前来体验消费。品牌主打天然概念，产品成分主要从胡萝卜、枇杷叶、梅、蜂蜜、银耳 5 种天然食品中提取，如图 14-2 所示。

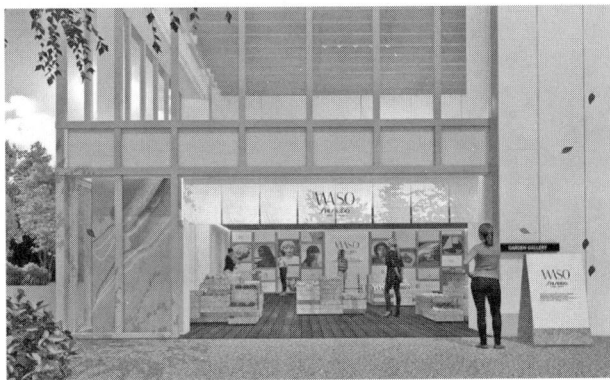

图 14-2　资生堂蔬菜快闪店

第五节　奢侈品品牌跨界营销

随着市场竞争的日益加剧，品牌间的相互渗透相互融合，现已很难对一个企业或者一个品牌清楚地界定它的"属性"，跨界（Crossover）成为一种新锐的生活态度和审美方式的融合。跨界营销就是指依据不同产业、不同产品、不同偏好的消费者之间所拥有的共性和联系，把一些原本没有任何联系的要素融合、延伸，彰显出一种与众不同的生活态度、审美情趣或者价值观念，以赢取目标消费者好感，从而实现跨界联合企业的市场最大化和利润最大化的新型营销模式。跨界营销其本质的核心，在于通过创新解决新的营销环境中存在的问题，实现合作双方的共赢。跨界营销和品牌传播结合，可以实现资源整合，激发奢侈品品牌热爱，助推活动影响，提升客户体验感知，从而取得更好的传播效果。一个优秀的奢侈品品牌，通过多个方面对目标群体特征的诠释，就可以形成整体的奢侈品品牌印象，产生更具张力的品牌联想。互补性品牌之间，也更容易产生品牌联想。

跨界营销作为一种营销方式，其本质的核心在于"创新"，目的在于通过创新解决新的营销环境中存在的问题，实现合作双方的共赢，作为企业在实际运用过程中需要把握实施的原则。奢侈品品牌需要用加法来看待资源，资源共享、整合配置、提升价值，发挥"1+1>2"的效应。跨界活动通过有效整合，活动资源得到了最大化运用，提升了整体传播的效应，放大奢侈品品牌的光环，激发了消费者对奢侈品品牌的热爱。又因消费者的需求转变，让奢侈品品牌联手潮牌成为必然。奢侈品品牌面对快速的消费时代也不得不妥协，随着快时尚的兴起，创意乏力的奢侈品品牌更是挑战重重。而潮牌，在质量堪忧的快时尚和价格昂贵的奢侈品之间，以价格中立、设计小众、限量发行和较高的品质占了上风。Mr Porter 董事总经理 Toby Bateman 指出，联名的核心是潮牌最擅长的"智慧营销"，社交平台上的大肆炒作和饥饿营销都为产品热卖提供了保障。而对奢侈品品牌而言，限量联名系列是一种便捷的低成本捷径——既不用改变核心产品生产和交付周期，又能满足年轻消费者的需求。

由此可见，当下"80 后""90 后"年轻群体成为市场消费主力，"00 后"也开始崭露头角。为了抓住年轻消费者的心，奢侈品品牌都给自己加上了年轻化的标签品牌。从企业文化到奢侈品品牌形象，再到产品设计及跨界联名营销策略都向年轻消费者的世界进发。

思考题

1. 奢侈品品牌的品牌营销渠道有哪些？
2. 奢侈品品牌如何利用正确营销方式才能吸引消费者？
3. 媒体营销对于奢侈品品牌来说有哪些特殊性？

奢侈品品牌危机管理

课题名称： 奢侈品品牌危机管理

课题内容： 奢侈品品牌危机类型

奢侈品品牌危机预警

奢侈品品牌危机应对策略

课题时间： 4 课时

教学目的： 本章的教学目的是了解奢侈品品牌危机的类型及处理原则，以及掌握针

对奢侈品品牌危机处理方案。通过实际案例的解读，为学生提供一条理

论与实践结合的学习途径。

教学方式： 讨论教学

教学要求： 1. 使学生掌握危机的含义及处理原则。

2. 使学生掌握奢侈品品牌危机公关的具体做法。

3. 使学生掌握不同类型奢侈品品牌危机公关应对方法。

课前/后准备： 搜集正反两个方面的奢侈品品牌危机处理案例，进行比较与评估。

第十五章　奢侈品品牌危机管理

危机是指事物偏离原来的发展轨道并发生危及其存在的险情。危机是一个十分复杂的社会现象，几乎可以出现在任何领域，其表现的形式五花八门，包含的内容也光怪陆离。由于危机所处的领域不同，产生危机的原因也形形色色。身处不同环境的人对危机有着不同的认识和看法，一般认为，当事物的生存环境发生了不利于事物发展的转变时，危机随之产生，因此，危机的存在是非常普遍的。

第一节　奢侈品品牌危机类型

奢侈品企业拥有强大的品牌资产，也有消费者稳定的良好口碑。但是奢侈品品牌因其特定的传统认识与争议，使奢侈品品牌生来就危机重重。识别奢侈品品牌危机并判断危视类型是预防和处理奢侈品品牌危机的基础工作。奢侈品品牌的经营危机有着多种多样的表现，并且与同一时期普通品牌的危机表现也非同一般。不过，奢侈品品牌的危机有着一些共同的特征和表现，通常情况下，奢侈品品牌潜在危机有以下五种：

一、仿冒品引发的危机

奢侈品品牌面对的潜在危机首当其冲的就是仿冒品的出现。由于奢侈品一般都有高昂的价格，这使得奢侈品往往成为被仿冒的对象。其仿冒的产品价格只有真品的几分之一甚至更少，仿冒产品过多出现，势必会对其产品销售造成严重影响。甚至于影响品牌声誉构成品牌危机。而在新媒体时代，网上交易越来越普及，仿冒奢侈品当然不会放过这一渠道。

二、产品质量引发的危机

产品出现意外状况，影响品牌公众形象的情形，即产品信誉危机。而奢侈品一直被当作最高质量的消费品，人们对其品牌的认可很大程度上来源于对其产品质量的信任。一旦产品出现瑕疵，且不妥善解决，往往会演变为一场品牌信任危机，直接损害品牌声誉。

三、代言人引发的危机

奢侈品品牌做宣传和推广，选择一个合适的明星做代言已经成为理所当然的必要环节，因为这种方式可以迅速地为品牌树立鲜明的个性。然而不恰当的明星作为奢侈品品牌代言人也会引起品牌危机，聘请明星代言的举动实质上是带有捆绑效应的品牌风险投资行为，明星代言又是一把双刃剑，由于代言人的言行是不受奢侈品品牌公司控制，一旦明星的社会形象与奢侈品品牌期待角色的转变，奢侈品品牌原先预期的代言效果将会大为减弱。正因为明星的部分行为已经不属于其个人行为，而是被刻上了社会印记，所以，当代言明星的日常言行过于偏离公众的标准，失望之极的消费者必将自发地产生抵制行为，甚至会迁怒于其代言的奢侈品品牌，直接导致品牌声誉危机。

四、原产地变迁引发的危机

奢侈品品牌原产地的转移也会带来暗藏的危机。传统意义上的奢侈品品牌非常讲究"血统纯正"，表现为品牌诞生地、原料产地和产品生产地的一致。尤其是原产地，原产地是生产技术的象征。对于消费者来说，产品的生产和品牌的诞生地相一致的产品拥有更纯正的血统，质量也会更加可靠。原产地的迁移，会给予消费者"欺骗"的感受，让消费者介怀。近年来，由于欧美劳动力成本的提升，以及受行业竞争日趋激烈和国际分工秩序变化的影响，一些行业的奢侈品企业直接将工厂迁到人力成本低廉的发展中国家以降低生产成本。然而，奢侈品品牌与原产地的关系却是唇齿相连的，这也是其他类型的品牌无法比拟的。在消费者眼中，奢侈品原产地变迁是品牌原产地的变迁，这会改变奢侈品的文化内涵，引发品碑文化断裂的危机。

五、行业发展引发的危机

随着技术进步的加快，以及一些新品牌的不断崛起，使得一些行业中的传统品牌开始出现经营衰退的现象。经营的衰退引发了品解资产的大幅萎缩，造成奢侈品品牌资产的萎缩危机。或者由宏观环境或经营不善等原因出现的财务困难而引发的经营危机，可能致使奢侈品品牌资产出现萎缩危机。

第二节   奢侈品品牌危机预警

奢侈品品牌危机管理的防范是品牌危机管理的首要任务。所谓"防患于未然"，危机管理的功夫，首先，在于预防。预防是指奢侈品品牌危机如何避免，即敏锐发现直接潜在的奢侈品品牌危机并实施有效的措施，使之停滞扩大继而彻底消除，使得危机的内在因素立刻瓦解，防患于未然。其次，是指那些有可能引发品牌危机的潜在因素，有可能间接致使品牌危机的形成和发展的不稳定因素，要采取有效地预警处理策略对其潜在因素进行排除。若无有效快速的危机防范和预警系统，一旦危机发生，企业只能仓促上阵，被动应付。因此企业在平时做好品牌维护的基础上，还要做好危机防范工作。奢侈品品牌危机预防应着眼于未雨绸缪、策划应变，建立危机预警系统，及时捕捉企业危机征兆，并为各种危机提供切实有效的应对措施。

奢侈品品牌危机管理的预警系统包括以下四个方面。

一、树立正确的危机意识

安而不忘危，存而不忘亡，治而不忘乱。奢侈品品牌要想求得稳定和长远的发展，要想稳定的扎根于该领域，必然要有树立正确的危机意识：安不忘危，盛必虑衰，企业发展的源泉就是危机意识。对于危机意识的具体含义归于一句话：危机意识是一种对企业环境时刻保持警觉并随时做出反应的意识。奢侈品品牌危机意识的形成是预防品牌危机发生的根本前提。首先，企业上下员工都要有一种为消费者服务的真诚心态，只有真正把消费者的利益放到了第一位，才能在任何生产和服务过程中都非常谨慎而又热情洋溢。其次，设置适度的拟态危机环境来加强反应训练，让企业从高层到普通员工都参与进来，切身感受品牌危机的冲击。

二、检测危机信息

1. **收集危机的相关信息**   收集奢侈品品牌危机信息包括：奢侈品品牌危机的内部经营信息的收集和奢侈品品牌危机的外部环境信息的收集。收集过程应依据奢侈品品牌发展的类型和自身的结构特点，最大限度地收集跟奢侈品品牌经营、发展有关的信息，科学的对那些影响奢侈品品牌发展的表象因素和潜在因素、内在因素和外在因素进行深入的调查和分析，从而制定相应的措施对企业自身进行优化改进，为奢侈品品牌的稳固发展奠定良好的基础，营造良好的品牌生长环境。

2. **危机信息的分析和评估**   对检测信息进行分析是为了识别出该奢侈品品牌系统中

的不稳定因素，也就是不安全因素和有可能要变性的安全因素。对品牌的不安全因素（不稳定因素）进行识别的过程其关键之处在于"适宜"性识别指标的指定。这其中包含了两层含义：一是对于识别指标的指定是否合理，是否能够准确地反映出奢侈品品牌的安全状态；二是指识别指标判定的科学性，即判定结果是否准确合理，指标值是否能够准确的定性信息的危机度。

三、制定奢侈品品牌危机应对策略

要制定缜密、科学的危机处理预案体系就要从奢侈品品牌危机的构成要素考量，从中显露出危机的具体特性和形成元素。对其进行严格的监察和高度重视。所制定的危机应对策略应具体、系统、科学并且有针对性，但要有灵活性。把危机应对策略形成直观的书面方案是必不可少的，从而形成系统化、具体化、规范化的危机处理具体实施细节，以确保品牌危机处理策略的科学性和客观性。

四、奢侈品品牌危机管理要领

1. **抓住品牌危机的主要矛盾** 任何相联系存在的事物都有一个主要矛盾，从中找出、抓住品牌危机的主要矛盾，进而采取一定是措施针对其进行化解，建立品牌自我诊断制度，从不同层面、不同角度进行检查、剖析和评价，找出薄弱环节，及时采取必要措施予以纠正，从根本上减少乃至消除发生品牌危机的诱因。针对不可抗力因素类企业危机而言，就要遏制住软肋部位和重点环节，把握住危机的源头。

2. **对奢侈品品牌危机解决过程进行指挥** 在解决奢侈品品牌危机进展过程中，强制性干预是危机管理指挥中心必要实行的措施。危机管理指挥中心在危机面前必须拥有发号布令的权利，同时能够定制和实施带有强制性的措施。建立一个具有较高专业素质和较高领导职位的人士所组成的品牌危机管理小组，以及能够实行强制性干预的权威领导，有利于有效的控制危机的辐射范围和上升速度。

3. **总体统筹协调作战** 企业进行危机处理这一举措中，针对危机的"综合"这一特性，就要求在系统作战策略中必须遵循"合力"二字。危机管理指挥中心在面临危机发生时，必须统一指挥领导，统一调度协调，各个相关部门必须严格按照上层领导的指挥协调密切配合。这样企业面对危机发生时才能从上到下，由小到大齐心合力，形成科学的、系统的危机应对处置决策，最大幅度地发挥企业的综合力量和整体功效，以保企业免受危机带来的损失。

4. **深入剖析** 控制住危机扩大的发展态势只是危机处理的初级阶段，第二阶段应做的工作是危机管理中心集中核心力量对危机的相关性、针对性展开调查研究工作。分析事件发生的环境背景、时间背景、直接因素、间接因素、相关人员、相关部门以及相关损失的具体划分和量化分析，结合相关领导和公众对事件发生的反应制定进一步的措施。

在调查分析的过程中要广泛听取和收集公众的意见，集思广益，通过严谨的调查和剖析找出事件的因果关系，把握主要矛盾并切合实际情况得出相应的结论，有利于进行危机定性工作。并开展员工品牌危机管理教育和培训，增强全体员工品牌危机管理的意识和技能，一旦危机发生，员工应具备较强的心理承受能力和应变能力。

第三节　奢侈品品牌危机应对策略

危机公关是指应对危机的有关机制，它具有意外性、聚焦性、破坏性和紧迫性。任何奢侈品品牌在这个纷繁复杂的市场环境下都会遇到一些大大小小的公关危机，而在这个互联网高度发达，媒体泛滥的时代里，奢侈品品牌公关危机的蔓延速度非常之快，在企业犹豫不定或处理不利的时候事件的负面效应已经被成倍速的放大。处理不当将给企业带来毁灭性的灾难，甚至导致企业破产倒闭。

奢侈品品牌必须做到应付各种可能出现的危机。这类危机主要包括产品质量问题以及后续的一系列问题，例如售后服务不到位、产品生产环节并非品牌所宣称的那样精细，还可能包括由于设计师以及代言人的不当行为带来的负面影响。无论危机是如何产生的，其会为品牌带来包括品牌形象受损、产品销售下降、破坏消费者对奢侈品品牌的情感联系、削弱奢侈品品牌营销活动的效果、提升竞争类奢侈品品牌的市场地位等在内的危害。因此，需要严肃对待并及时处理危机，才能减少带来的潜在损失。

不论何种情况下的危机，都会给奢侈品品牌带来形象的损失，为了最大限度地保护奢侈品品牌形象和地位，必须在合乎法律的情况下，迅速铲除危机的根源和表象，危机入侵时，切忌慌乱，从主干下手，快速找到主要问题，及时做出对策，积极主动承担责任。在防止危机扩散的同时，逐步消除危机的根源。具体来说，应对奢侈品品牌危机，有以下方法：

第一步：监测。奢侈品品牌危机爆发需引起企业高层重视，成立紧急危机解决小组后，实操的第一件事情，就是立刻对本次危机程度进行一个系统全面的监测扫描，一一列出电视、报纸、网络等刊登的版面、内容、观点等情况，对已经发生的事态做实时总结，并对可能进一步发生的状况进行预估，全面了解危机事态状况。

第二步：应对。在了解事态的全面情况之后，马上制定出应对策略和方法，以最快的速度制止危机的蔓延并直击危机根源。有些危机出现时，后续影响难以估算，不得不及时处理，以绝后患。同时还要做到在最短时间内屏蔽各类负面消息。奢侈品品牌需要与媒体保持良好关系，进行良性谈判，让媒体为奢侈品品牌提供必要的帮助，整合信息，制定执行方法。快速、准确、果断，这是防止危机蔓延的首要原则。

第三步：化解。应对办法只是防止危机蔓延的速杀术，重点在于已经看过负面新闻的消费者，解决他们的心理阴影才是关键，否则危机还会从这些人身上再次披露和爆发。

此刻，化解的最佳办法就是冷静处理，以清晰文稳健的姿态针对性公布事实、让已知的消费者了解真相，人性化处理，优雅巧妙的解决问题，以积极、诚实的态度和果断的行动争取得到社会各界力量的理解和帮助，避免事态扩大。

第四步：承转。这是反"危"为"机"的关键一步，需要精准策划和巧妙构思。处理得当，可能会让危机事件提升奢侈品品牌美誉度。企业在处理危机时，要以诚恳和善意的态度弥补之前的过失，第一时间公开道歉，并予以消费者相应补偿。如果是产品导致危机，那么应该马上销毁劣质产品，防止不良影响进一步扩展，使得消费者愿意继续相信这个奢侈品品牌，用良好的信誉形象赢取更多消费者的信任。

第五步：重塑。通过"承转"，关注事件始末的部分消费者将得到释疑，但可能仍有"只关注了头、没关注尾"的部分消费者，所以，我们不能满足于单纯地解决了危机本身，奢侈品品牌需要更好的发展、更大的市场，基于这种愿望，抓住关键时刻，必要时需主动出击。在精准地修复了奢侈品品牌的核心识别和周边识别之后，企业应主动邀请媒体参与危机处理全过程，并借助专家、权威、意见领袖的官方平台，积极与消费者沟通，将奢侈品品牌修复后的价值观念向外界发布，重新塑造加固品牌的优秀方面。处理好与新闻媒体、政府、专家与公众的关系，态度一定要积极诚实，行动果断，切忌推诿责任，妥善处理善后工作，尽快恢复公司品牌形象，重新取得社会各界的信任。要认真解决暴露出来的问题。一般来说，突发性品牌危机过了一段时间之后，社会各界关注度会大大降低。只要处理得及时、得当，度过危险期，不断改进工作，原有的奢侈品品牌可以继续熠熠生辉。

第六步：提升。"重塑"即为"提升"的开始，也是为出现危机的奢侈品品牌进行一系列的形象再塑造过程。而从消费者角度看，策划以消费者利益点为核心的活动推广，可能才是品牌美誉度的真正提升和市场销售额提升的关键。通过整合各方资源，尽快消弭危机对奢侈品品牌造成的消极影响，保持、提升和巩固消费者其忠诚度。

第七步：总结。在危机过后，奢侈品品牌应加强危机的事后管理，对奢侈品品牌危机事件总结经验教训，为今后的奢侈品品牌危机管理提供经验和支持，避免重蹈历史覆辙。并提出相应的改革措施，以提升公司危机管理能力。

思考题

1. 奢侈品品牌危机处理的具体步骤有哪些？
2. 奢侈品品牌应当如何进行日常品牌维护与舆情监测？
3. 奢侈品品牌危机危机应对策略有哪些？

奢侈品品牌本土化策略

课题名称： 奢侈品品牌本土化策略

课题内容： 国外奢侈品品牌在中国的发展策略

中国本土奢侈品未来的发展方向

中国本土奢侈品品牌的潜在挑战

课题时间： 4 课时

教学目的： 本章的教学目的是了解消费者偏好分析，基于中国消费者的偏好分析，制定海外奢侈品在中国的营销本土化策略。并掌握中国本土奢侈品品牌未来如何发展及如何解决在发展过程中面临的问题。

教学方式： 讨论教学

教学要求： 1. 使学生掌握海外奢侈品在中国的营销本土化具体策略。

2. 使学生掌握中国发展奢侈品品牌构成关键要素。

3. 使学生掌握中国发展奢侈品品牌的发展方向及面临的挑战。

课前/后准备： 搜集整理中国奢侈品品牌发展成功案例，进行课堂讨论。

第十六章　奢侈品品牌本土化策略

改革开放以来，中国经济迅速发展，促进了中产阶级和富裕阶层的崛起，形成了一个方兴未艾的奢侈品市场。世界奢侈品巨头纷纷加快在中国开拓市场的进程，因此海外奢侈品亟须了解中国的市场现状及发展趋势。

不同于西方奢侈品市场，中国拥有悠久的历史文化和鲜明的民族特色，消费者也有特殊的消费动机和行为偏好。海外奢侈品要在中国赢得市场，需要了解中国消费者的习惯和偏好，制定适合中国市场的营销方案，培养顾客的品牌忠诚度。

第一节　国外奢侈品品牌在中国的发展策略

海外学者较早就对影响奢侈品消费的因素进行过研究。在 1995 年就提出了，个人对奢侈品的消费偏好，受到客户地位、店铺类型、店铺氛围、产品价格、质量、品牌和时尚七个要素的共同影响。2009 年在实证研究的基础上，提出品牌形象和质量、时尚、购物氛围和客户地位四类影响奢侈品消费的因素。

一、中国消费者对海外奢侈品的偏好分析

1. **提高知名度**　中国消费者对奢侈品的消费存在炫耀性动机，与发达国家的消费者不太一样。相对来说，发达国家的消费者对奢侈品的购买已成习惯，不会盲目追求品牌，而更加注重品牌和生活态度的关联性。中国的消费者则收入层级越高，炫耀性动机越明显，对品牌的知名度要求越高。在众多的品牌中，欧洲奢侈品品牌依然备受中国消费者的青睐。

2. **注重性价比**　奢侈品相对于普通商品来讲，价格相对较高。长期以来，由于中国政府对海外奢侈品征收较高关税等原因，中国消费者在本土购买海外奢侈品的代价不小。于是，越来越多的中国消费者开始到海外购买，这也让他们越来越关注奢侈品价格的合理性。

3. **制作工艺精良**　奢侈品是同类商品中的精品，其卓越的品质能带给消费者一种高雅和精致的生活方式。奢侈品中常常包含着一定量的短缺资源，或很高的科技含量，或很高的人文因素，或可以被称作"绝活儿"的很高的制作技巧。高标准的产品质量和服务品质是海外奢侈品品牌的立身之本和价值源泉。

4. **追求海外进口**　由于近年来人民币升值以及为了享受异国情调等原因，中国消费

者偏好到国外购买奢侈品，意大利奢侈品品牌在全球的销售份额中 60% 都卖给了中国人，目前中国已经是意大利本国奢侈品最大的全球买家。

5. **倾向体验式消费**　购物体验也是顾客消费和享受奢侈品的有机组成部分。中国消费者对于海外奢侈品，不仅关注其品牌、质量，同时也希望获得与其高价格相匹配的高档服务，消费者选择国外购买奢侈品的原因是为了享受更好的心理体验和本地服务。

二、海外奢侈品在中国的本土化营销策略

从 20 世纪 80 年代开始登上中国大陆以后，海外奢侈品在中国市场经历了快速扩张的过程。经过多年的努力尝试，这些品牌采取了一系列适合中国文化传统、符合中国消费者习惯的本土化举措，培养了一批奢侈品爱好者和忠诚客户。海外奢侈品在中国进行本土化营销的主要策略有：价格本土化、促销本土化、渠道本土化、人才本土化。

1. **价格本土化**　内地市场奢侈品价格比海外市场要高出一半左右。越来越多的中国消费者开始意识到奢侈品国内外价格的差距。造成奢侈品价差的首要原因是进口关税很高，考虑到这个因素。目前不少海外奢侈品企业正计划进一步缩减中国和海外产品的市场价差，以便使更多的消费者可以承受，提高中国市场的销售额。很多中国消费者喜欢能够承受其价格的小件奢侈品，诸如化妆品、香水和入门级手表等。一些奢侈品公司正重新规划它们的市场营销战略，以迎合这种消费行为。例如路易·威登发现年轻消费者购买的第一件奢侈品往往是小件皮革制品，因此在中国推出一系列价格约人民币 2000 元左右的时尚钥匙包，立刻受到消费者的欢迎。宝格丽在上海成立了一家销售小件配饰的门店，一开张就十分成功，不久就成为宝格丽全球销售 10 强店。

2. **促销本土化**　海外奢侈品企业在中国的市场，注意利用中国特有的文化传统和消费习惯——"送礼文化"。中国消费者受儒家文化的影响，重视个人在集体中扮演的角色和占有的地位。奢侈品恰好迎合了中国消费者在社会中对身份、尊严、荣誉的追求心理和走亲访友需送礼的偏好，大量购买用于馈赠亲人、朋友和客户的礼品。一些海外奢侈品企业也适时推出可用于节日或者特别场合的创新产品，如"新年礼包""结婚礼包""VIP 客户礼包"等。针对中国奢侈品市场的调查显示，有 44% 的奢侈品购买决定受店内体验的影响，包括试用试穿和与销售人员的交谈。因此不少海外奢侈品企业在中国纷纷升级现有门店或建设规模更大的门店，增加售后服务设施并提升相应能力，不断提升服务水准，增强顾客的服务体验，使得习惯于在国外购买奢侈品的消费者，也能在国内店铺中体验到与国际接轨的高质量服务。

3. **渠道本土化**　奢侈品企业注重市场定位和选择目标客户，海外奢侈品高价稀缺的特点要求其在中国有相应高端的渠道来实现销售。通常情况是，海外奢侈品首先在北京和上海设立门店，等到在这些特大城市站稳脚跟后，再向其他地方拓展。值得注意的是，近年来中国二三线城市也开始增长，当地人购买力逐渐达到大城市消费水平，并且具有较高的品牌意识。不少海外奢侈品公司已经或正在向这些地方进军。从零售终端来看，海外奢侈品注意中国消费者选择销售终端的偏好。由于购物中心商品丰富而集中，能提

供较大的产品陈列空间、便于提高品牌知名度等原因,一些奢侈品公司往往将门店开在其最佳位置。另外一些奢侈品公司则通过代理商迅速建立当地的销售网络,当市场地位稳固后将代理管理的店铺转为直接管理。还有一些奢侈品公司,例如雨果博斯完全通过代理商来拓展中国市场,以低成本建立庞大的销售网络。

4. 人才本土化 由于海外奢侈品企业需要对中国的文化传统和消费习惯有深入细致的了解,很多经营管理人员虽然大多毕业于欧美奢侈品管理商学院,拥有丰富的高端品牌工作经验,了解国际商业运作的一般规律。

但是国内外文化差异悬殊,这些海外奢侈品企业在中国还需要实行人才本土化,在雇佣国际奢侈品高层管理者的同时,也招聘当地具备奢侈品零售经验的员工,组建一支主要由中国员工构成的团队,承担市场、公关、奢侈品陈列、销售以及各类管理等工作。

第二节　中国本土奢侈品未来的发展方向

近年来,我国奢侈品市场保持着20%以上的增长速度,即使在国际金融危机的冲击之下,依然表现出良好的发展趋势。据世界奢侈品协会报告,目前中国奢侈品消费总量约占全球市场的25%。国内奢侈品市场的不断扩大,一方面,说明我国经济取得了卓越成就;另一方面,在这一前景良好的市场中却难见本土奢侈品品牌的身影,不能不说,我国奢侈品市场面临着尴尬的局面。

中国消费者对于品牌识别,从品牌识别的表现形式到品牌识别的认知再到购买,这一过程来说,其品牌渐进意识是很薄弱的,而大部分中国消费者则对品牌的结果导向更为注重,因为中国的奢侈品消费者更加关注产品的生产商和原产国、品牌,比较倾向购买具有影响力、较为熟悉的品牌LOGO和进口的奢侈品,而很少光顾不为人所了解,或在国内没有什么人气认知度的奢侈品。对中国消费者来说,奢侈品品牌是什么或者奢侈品的生产商是谁都非常重要。

客户越来越重视对品牌的认知及体验,在中国,大部分群众还处于萌芽阶段,奢侈品消费仍然多以产品为主,消费者比较感兴趣新产品。而西方的消费者则重在体验在购买奢侈品的渠道方面,导致奢侈品比较普遍,所以有时被戏称为"民主化的奢华"。而在中国,购买奢侈品是财富和社会地位的象征。其实中国本身有着丰富的文化底蕴及中国元素的影响力,在很多国外的奢侈品品牌看来,可挖掘的空间及创造的前景是非常大的,在设计的时候已经考虑把中国元素与奢侈品文化完美结合,而国内的品牌似乎还没有认识到这一点。

一、中国发展奢侈品品牌构成关键要素

1. 拥有合理的品牌创建理念 奢侈品品牌的创建不同于普通的大众品牌,其体现出

的是经营者对华丽、高雅的极致追求。一切奢华品质的沉淀都需要历史、时间的检验，品牌经营者塑造、管理的不仅是产品，而是消费、生活的理念，甚至是一个梦想。市场拓展的过程中，企业要拒绝短期利润的诱惑，面对不断上升的市场需求坚持少量的产品供给，甚至在不利的市场环境下不惜以巨额的成本维持品牌的形象。

国内一些品牌创建者，往往被高价和暴利引诱，以快速实现巨额利润为目标，进军奢侈品市场，缺乏正确的奢侈品品牌经营理念，自然难以在市场竞争中谋得一席之地。法国文豪巴尔扎克说过："培养一个贵族，需要三代换血。"每个奢侈品品牌都是经过了一代又一代的掌门人呕心沥血的经营，他们秉承品牌的传统核心理念，不因为外部环境的变化而轻易改变品牌形象或销售策略，在任何情况下都确保品牌的产品具有一流的品质。很多品牌创始人几乎倾其一生致力于提高产品的生产工艺，改进各种加工程序以确保品质。奢侈品的消费行为实质上是消费者与生产者之间产生的一种思想、理念共鸣，它会随着时间的流逝变得愈加深刻。品牌的经营者自身必须拥有目标顾客群的品位、艺术修养和过人的工匠主义精神，才能将这种高雅、脱俗的思想境界灌注到品牌的形象中、渗透到产品的生产中，从而说服顾客以高昂的代价购买一件看似普通的产品。

2. 选择具有文化内涵的产品　就一般消费品而言，物美价廉是赢取市场占有率的关键所在，但在奢侈品市场，产品营造出的文化氛围、品牌联想以及带给消费者心灵满足程度的大小，才是其高昂价格的根本所在。品牌原产地的历史文化可以视为品牌内涵的重要组成部分，谈及法国感受到的是前卫与浪漫，这里诞生了很多香水、化妆品行业的奢侈品品牌谈及瑞士映入脑海的是精准与高质，瑞士名表与钻石横扫世界市场。说到意大利想到的是热情与奔放，这里成了世界时尚服饰的总汇。一个国家的历史积淀会给该国本土的奢侈品品牌打上深刻的文化烙印。以此为鉴，我国打造本土奢侈品品牌，应该选择具有中国文化韵味的产品，如丝绸、云锦、茶叶、烟草和烈酒等，这些传统产品体现着内敛、精致、高雅等元素，带有强烈的艺术气息。同时，要在挖掘悠久历史文化的基础上，以高超的现代工艺对产品进行全新的诠释和展现。

3. 遵循奢侈品的定价法则　首先，要坚持高昂价格成就奢侈品的基本生存法则。令人难以企及的高昂价格可以营造出奢侈品所需要的品牌氛围。奢侈品正是利用高昂的价格，维系产品的神秘感，在市场中塑造"稀缺资源"的形象。"物以稀为贵"，各类奢侈品成为出入重要酒会，派对的必备行头，不仅是外观的魅力，更成为一种身份、地位的象征。古琦（GUCCI）的名言是"使产品稀有，便可以卖出天价"。当年在其收购了伊夫·圣·洛朗之后，首先把伊夫·圣·洛朗大部分店铺关闭，制定较高的价格、限量供应，成功地重塑形。有效地增加了产品的利润空间。其次，要坚持奢侈品"不加量、不降价、不促销"的维持法则。一些品牌创建者，以强势姿态进入市场，制定高昂的产品价格，进行铺天盖地的广告宣传，彰显其高贵品位。但无法将用来树立品牌形象的巨额广告宣传支出转化为良好的市场反应，建立稳定的消费群。与此同时，如果缺少对精致产品的追求和支持，或资金链出现问题，随之而来的就是为了维持企业生存，采用"低价促销"的方式提高销售量、加快资金回笼速度。殊不知，这已经走上了与打造奢侈品品牌形象相悖的道路。

二、中国本土奢侈品的发展方向

1. **直接收购国外奢侈品品牌**　海外收购虽然可以帮助迅速进入奢侈品市场，但也包含着巨大的风险。首先，巨额的先期资金投入及紧接其后的企业负债、资源整合，都需要大量的资金输出。其次，文化排斥，任何国家对外来企业进驻本国的消费市场都存在一定抵触情绪；收购后进行的人事调整、部门整合以及裁员行为等，都有可能耗费大量的资源、产生一系列可克服和不可克服的矛盾。以收购方式进入奢侈品市场所承担的资金风险以及后期的管理风险等，都需要充分考虑、慎重选择。

就在 2017 年年末，复星国际集团宣布收购法国历史最悠久的高级定制时装品牌 Jeanne LANVIN SAS（LANVIN），成为 LANVIN 的控股股东。作为著名的全球的中国买家之一，复星一直对奢侈品情有独钟。2016 年 11 月，复星还拿下了意大利奢侈男装品牌 Raffaele Caruso SpA 的控制性股权；在 2015 年 9 月还收购了以色列化妆品制造商 Ahava。

不只是复星国际，对于国内的资本投资、收购海外已经成熟的时尚品牌，比押宝国内尚在发育的企业来说，回报更加可期。国民日益增长的奢侈品购买力给这个市场添加了无数的活力，嗅觉灵敏的资本市场早已捕捉到了市场潜力。

2. **与著名奢侈品品牌进行合作**　我国并不缺乏精致高雅、具有发展潜力的产品，丝绸、云锦、茶叶以及烟酒等，远在古代就令欧洲贵族们心仪，如今这些高超的技术、令人赞叹的工艺仍在传承，但却默默无闻。我国打造本土奢侈品品牌，缺乏的是宣传和推销产品的营销理念，难以树立起自身的品牌价值。企业可以借鉴欧美知名奢侈品品牌的经营管理经验，选择与著名奢侈品品牌合作，谋求奢侈品品牌的发展之道路。一方面，可以借助著名奢侈品品牌的营销理念和渠道，拓展海外市场。近年茅台酒业与法国干邑世家卡慕酒业合作，致力于将其打造为世界级的奢侈品品牌。在卡慕酒业的经营下，茅台酒已经进入全球五大免税市场中的三个，同时也进驻了巴黎、纽约、首尔、东京等城市的免税商店；在外包装上，遵循奢侈品的通用标准，一律注明"法国卡慕独家经销""Selectedby Camus""Duty Free Only"的字样；在终端零售人员的培训上，投入了巨大的成本，专职销售人员都能够掌握多国语言，以销售人员素质体现品牌的高端定位。另一方面，可以借助著名奢侈品品牌的营销理念和策略，重新树立自身品牌形象。四川剑南春集团便选择与世界第一大奢侈品集团 LVMH 旗下的酩悦轩尼诗酒业公司合作，共同打造出新的产品——文君酒。从外观包装上看，文君酒酒瓶就有别于传统形象，其呈现方形的设计出自伦敦顶尖设计顾问公司 Design Bridge 之手，象征一把古琴；瓶身正面的五条弦线，象征着用五种粮食调和出的白酒的谐妙之音；酒名取自于卓文君与司马相如的传奇爱情，酒和琴穿插于整个故事之中。可以说，一瓶文君酒，将一段传奇爱情的故事演绎得淋漓尽致，充分展现中国的酒文化。在品牌形象塑造上，轩尼诗采取了全新的思路，合作双方花费两年时间，投入巨额资金，在原来文君酒厂的地址上打造了富有奢华韵味的文君酒庄。整个酒庄融合了现代和古典的风格，不仅奠定了酒庄的基调，也为打造文君酒超凡脱俗的气质埋下了伏笔。轩尼诗把对奢侈品的营销和管理理念渗透到文君酒的打造过程中，除了高端的定位，还有高端的行为，重新面市的文君酒，将是十足的奢侈品身份。

3. 独立创建属于中国的本土奢侈品品牌 凭借中国悠久的历史文化、极具特色的产品以及广阔的消费市场，独立创建出属于中国的本土奢侈品品牌，不应该是奢望。从市场运作表面看，奢侈品品牌似乎只是进行大量的广告宣传、联合著名影星举行派对等，以迅速提高知名度；以高昂的价格进行市场定位，锁定消费心理、消费人群。其实，隐藏在市场运作背后的是一套科学、深刻的营销理念、品牌管理体系。打造中国奢侈品品牌，只有立足于本土历史渊源、博大精深的文化，塑造具有民族特色的产品内涵和独一无二的品牌特性，培养高雅、精致消费理念和市场，才能在激烈的奢侈品市场竞争中赢得广阔的生存空间。

第三节 中国本土奢侈品品牌的潜在挑战

目前，中国已成为继日本、美国之后全球奢侈品消费的第三大市场。面对中国这一巨大的奢侈品市场，自 2004 年起国外奢侈品品牌开始掀起了一股中国圈地狂潮。从国外的高档汽车、名贵珠宝到高级服装、化妆品，直到如今几乎随处可见。然而，在这股圈地狂潮中中国本土奢侈品品牌却寸步难行。毕竟，中国市场的真正主角是中国企业，那么本节就要着重分析中国本土奢侈品品牌存在的挑战。

一、"奢侈等于浪费"观念依然存在

在中国，一提到奢侈品，人们就会联想到奢华生活，并将奢侈与浪费画上等号。这种观念严重阻碍了中国本土奢侈品品牌的成长，致使中国奢侈品消费在很长时间内是一片空白。其实，高收入人群消费奢侈品，这是他的权利。随着人们生活水平的不断提高，相信会有越来越多的人用得起奢侈品，奢侈品品牌市场也会逐步扩大。

二、缺乏长期的奢侈品品牌营销经验

奢侈品品牌的塑造需要很长时间，人们对奢侈品品牌的认同需要一个过程。国外奢侈品品牌一般都有很长的历史。如阿玛尼是 20 世纪 70 年代诞生的，古琦是 1923 年诞生的，而迪奥是 1946 年诞生的。相反，中国本土奢侈品品牌在营销中缺乏历史积淀和实战经验。就珠宝品牌而言，中国从建国初期到 20 世纪 80 年代初是限制珠宝交易的，这在很大程度上限制了中国珠宝行业的发展。目前许多人在选购珠宝品牌时首先想到的是欧洲的卡地亚和香港的周大福，而不是某个国产品牌。

三、重短期利益，轻长远利益

在奢侈品品牌的营销上，一些中国企业过分听命于市场，市场需要什么我就营销什么。这种跟风式的营销模式很难建立起自己的品牌。一旦市场的消费热点发生变化，就很难适应。透过国外奢侈品品牌的成长历程，不难发现，奢侈品品牌保持成功的基点是立足长远、创造需求。如限量发行就是国外奢侈品企业刺激顾客潜在需求的惯用手法。

四、重有形价值，轻无形价值

相对而言，无形价值对奢侈品品牌更为重要。无形价值一般包括信誉、历史、文化和知识产权等。在两种价值的取向上，有些中国企业往往走两个极端：一是过分重视有形价值。如企业在产品功能上费尽心机，却忽视知识产权的保护。二是过分地夸大无形价值。本质上，这是一种轻视无形价值的做法。

五、重照搬模仿，轻继承创新

奢侈品品牌是传统文化和现代文化的最佳组合，传统文化是奢侈品品牌的根本，现代文化是奢侈品品牌的灵魂。实践证明，在奢侈品品牌塑造上，企业只有在继承中创新，才能获得持久的成功。目前，中国企业照搬模仿的现象成风。许多企业割断其传统文化的脐带，奉国外奢侈品品牌为神明，全盘模仿它们的风格，难以得到顾客的认同。中国企业想要在众多的奢侈品品牌中脱颖而出，不仅要从传统文化中汲取丰富的养分，而且要从现代文化中寻找创新的动力，继承和创新是奢侈品品牌不变的主题。之外，中国本土奢侈品品牌还面临消费者崇拜国外品牌、假冒伪劣产品充斥市场及行政部门执法不严等问题。

从国际奢侈品看中国本土品牌的开拓，首先，国际化并不是单一地向海外销售产品，或者是简单地兼并收购，成功的国际化是一套完整的从研发到销售、从产品到管理各方面环节的战略。其次在品牌美学中，可以大胆引进品牌美学这一概念作为管理工具。它取决于一个基本公理，是对品牌商业世界的一种想象力，由企业共同的伦理所支撑。它要求公司内部没有"空白的土地"，每个人被问及决定的原因是，必须能够解释和说明他的选择与公司的战略和文化是一致的，且能够增强品牌的竞争力。

思考题

1. 简述中国要发展奢侈品品牌的关键要素。
2. 简述国际品牌在中国发展的本地化策略。

第三篇 生活方式篇

基础理论

生活方式与生活方式品牌

课题名称：生活方式与生活方式品牌

课题内容：什么是生活方式

生活方式品牌与非生活方式品牌

课题时间：4 课时

教学目的：本章的教学目的是了解生活方式概念的含义、由来、性质及构成要素。并掌握生活方式与品牌、产品之间的关系，同时区分生活方式品牌与非生活方式品牌之间的关系。

教学方式：讲授教学

教学要求：1. 使学生掌握生活方式概念、内涵、成因。

2. 使学生掌握生活方式品牌构成的关键要素。

3. 使学生掌握生活方式品牌与非生活法方式品牌的区别与联系。

课前/后准备：搜集整理相关资料，梳理生活方式品牌发展脉络，进行课堂讨论。

第十七章　生活方式与生活方式品牌

第一节　什么是生活方式

一、生活方式的定义

生活方式的概念与研究最初起源于心理学和社会学，心理学家 Adler（1927）首先提出生活方式指个人认知于一定的社会、文化空间下所显现的外在形态。进入 20 世纪 60 年代，市场营销研究者将生活方式的概念引入研究方法的不足，更加生动地揭示了人们的消费方式，为营销研究者对消费者分类提供了更具体、更有效的方法。

许多学者从不同的角度，探讨过生活方式的定义（表 17-1），可归纳为在有限的资源下，个人或者群体如何分配资源，以及反映出其活动、兴趣、意见等方面的特征。

表 17-1　生活方式的定义

研究学者	研究时间	对生活方式的定义
Lazer	1963	生活方式是一个系统的概念，代表整个社会或者是某一群体表现出来的特征
Wells&Tigert	1971	生活方式指一个人的态度、信念、期望、恐惧、偏见等特征，并反映在平时对于实践、金钱与精力的支配上
Plummer	1974	生活方式是将消费者看作一个整体，描绘出消费者的本质以及行为方式
Hawkins，Best&Coney	1983	人们如何生活、工作与休闲
Pingrce&Hawkins	1994	个人有规则可循的行为
Kotlet	1996	生活方式足由人的心理图案反映的生活形式，包括消费者活动、兴趣和看法
Blackwcll，Miniard&Engel	2001	生活方式是指人们生活及支配时间与金钱的方式

还可以从以下三个方面来理解本研究中所定义的生活方式：

1. **生活方式是描述人们的自我观念**　同时，生活方式是与人们的经济水平息息相关，需要时间、金钱和精力的投入。在既定的收入、能力的约束下，在很大程度上人们会受到自我观念的影响而选择自身的生活方式。

2. **生活方式是描述个体或某一群体的生活模式** 人们的生活方式可以看作其个性特征的函数。这些个性特征是在人们的社会活动和社会交往中逐步形成的。因此，生活方式是人们在长期生活中逐步建立和形成的特定的价值观。

3. **生活方式是人们的消费心态特征** 生活方式表现为人们如何花费自己的时间，安排自己的活动，认为什么对他们比较重要，以及他们对于自己和周围世界的看法。不同的人对于生活持有不同的看法和做法，具有特定的习惯性和倾向性。

二、生活方式的性质

虽然生活方式的形成来源于外部环境和外部条件，但生活方式的形成主要还是与人们的个性、兴趣、主张、人生价值取向等心理特质密切相关的。生活方式是个多层次、多元素的概念，它由人们固有的个性特征、过去的经历以及现在的处境来共同决定的。因此，生活方式是受到内部因素和外部条件的共同影响的，其中内部因素主要包括生理和心理方面，如个性、价值观、情绪、动机等；外部因素主要包括文化、亚文化、社会阶层、家庭和人口统计等方面。

生活方式的群体性和社会性表明，生活方式是受到一定的社会环境影响，包括文化背景、消费水平、家庭、社会安全与服务、教育环境与状况等，这又决定了个人生活方式的丰富性和多样化。

生活方式又不是一成不变的。它是在诸多因素的综合作用和影响下表现出来的各种行为、兴趣和看法的总和。随着社会环境的变化，这些影响因素也会发生变化，从而影响消费者的生活方式。

三、生活方式的构成要素

1. **生活活动条件** 一定社会的生产方式规定了该社会生活方式的本质特征。在生产方式的统一结构中，生产力发展水平对生活方式不但具有最终的决定性的影响，而且往往对某一生活方式的特定形式发生直接影响。而一定社会的生产关系以及由此而决定的社会制度，则规定着该社会占统治地位的生活方式的社会类型。不同的地理环境、文化传统、政治法律、思想意识、社会心理等多种因素也从不同方面影响着生活方式的具体特征。

2. **生活活动主体** 生活活动主体可以分为个人、群体（阶层、民族、家庭等）和社会三个层面。任何个人、群体和全体社会成员的生活方式都是作为有意识的生活活动主体的人的活动方式。人的活动具有能动性、创造性的特点，在相同的社会条件下，不同的主体会形成全然不同的生活方式。

3. **生活活动形式** 生活活动条件和生活活动主体的相互作用，必然外显为一定的生活活动状态、模式及样式，使生活方式具有可见性和固定性。不同的职业特征、人口特征等主客观因素所形成的特有的生活模式，必然通过一定典型的、稳定的生活活动形式表现出来。因此生活方式往往成为划分阶层和其他社会群体的一个重要标志。

4. **生活方式的特征** 包括综合性和具体性、稳定性和变异性、质的规定性和量的规定性。

（1）综合性和具体性：生活方式属于主体范畴，从满足主体自身需要的角度不仅涉及物质生长领域，也涉及日常生活、政治生活、精神生活等更广阔的领域。它是个外延广阔、层面繁多的综合性概念。任何层面和领域的生活方式总是通过个人的具体活动形式、状态和行为特点加以表现的，因此生活方式具有具体性的特点。

（2）稳定性和变异性：生活方式属于文化现象。在一定的客观条件制约下的生活方式有着自身的独特发展规律，它的活动形式和行为特点具有相对的稳定性和历史的传承性。但是任何国家和民族的生活方式又必然随着制约它的社会条件的变化或迟或早地发生相应的变迁，这种变迁是整个社会变迁的重要组成部分。

（3）质的规定性和量的规定性：人们的生活活动，离不开一定数量的物质和精神生活条件、一定的产品和劳务的消费水平，这些构成了生活方式的数量方面的规定性，一般可用生活水平指标衡量其发展水平；对于某一社会中人们的生活方式特征的描述，也离不开对社会成员物质和精神财富利用性质及它对满足主体需要的价值大小的测定，表现为生活方式质的方面的规定性，一般可用生活质量的某些指标加以衡量。

第二节 生活方式品牌与非生活方式品牌

一、生活方式品牌概念

生活方式品牌的地位不仅仅是通过广泛的产品范围来实现的，更重要的是消费者与品牌的利益和象征价值的类型。从消费者越来越多地采用品牌来表达他们的身份开始，最近的一些文献将生活方式品牌定义为消费者自我表达的一种可能方式。生活方式品牌拥有以下特征：一种与自我表达有关的利益的产品，一个基于多个产品线的品牌。

二、生活方式、品牌、产品的关系

一个人的生活方式是由多种微观的生活片断组成的，如住房、汽车、服装、食品、饮料、鞋、休闲、娱乐、手表、钢笔等。实际上，品牌代言某种产品或服务时，消费者忠诚的不是某种产品或服务，而是某个品牌，所以消费者的生活方式是由一个品牌群构成的，这个品牌群能否为消费者提供全面的生活服务。从图17-1中能更清晰地了解到生活方式、品牌、产品或服务之间的关系。

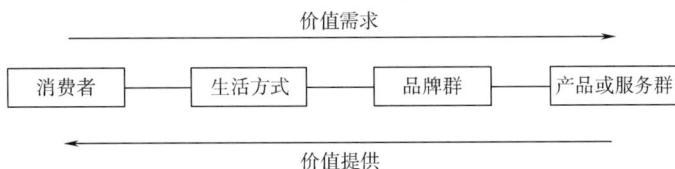

图 17-1　生活方式、品牌、产品的关系

三、生活方式品牌与消费者的关系

现在的"生活方式"一词暗示了一种人们在交往、行为和消费的模式。回顾以往定义中最简单、最直接的定义可能还是 20 世纪 70 年代的定义：生活方式和消费方式反映了一个人的态度、兴趣和观点。态度是指个人如何花费时间和金钱；兴趣反映了人们目前认为重要的事情；意见反映了人们对自己和周围世界的看法。通过这个意义，这个概念已经被越来越多地用作解释后现代消费的基础。有些学者发现，"生活方式"已经取代了阶级、教育和性别，成为社会群体分化的主要标准，这些社会群体是先进工业社会的典型，揭示了分层和社会文化的多样性。如今，许多公司，从服装设计到旅游，都使用"生活方式"一词，这些公司通过产品指定了一种生活方式。生活方式品牌与消费者的关系如下：

生活方式品牌描述消费者是谁，消费者观念是什么，他们属于的部落。

生活方式品牌传达消费者的地位和愿望。

四、非生活方式品牌

非生活方式品牌也就是功能性品牌，功能性品牌在 1970 年代之前的美国，统治市场的品牌是宝洁（1837 年创立）、福特（1903 年创立）、IBM（1911 年创立）、麦当劳（1954 年创立）和沃尔玛（1962 年创立），它们通过工业化生产和规模化销售满足了当地的第一批大众消费者。

星巴克的出现是个分水岭。1971 年，舒尔茨创下这个咖啡品牌，除了销售咖啡，它还提供一种打发时间、与人交谈的公共空间。公平一点说，星巴克的咖啡豆采购、研磨和口味的工业化水平同麦当劳没什么区别，但产品端的消费体验变了——当咖啡馆出现，咖啡馆文化就自动形成了。

五、品牌从功能商业时代进入生活方式品牌时代

品牌有很多都在启动生意时就自带文化属性：苹果（1976 年创立）向机器索要美学

价值，而全食超市（1978 年创立）带着对工业化食品的反思，提供所谓的有机食品……
它们都不属于文化产业，却主动提供"意义"。

由于技术和组织壁垒都不存在了。在之前的工业化时代——宝洁的时代，大公司发
明的生产线、有效率的组织、生活用品的基础技术以及跨国供应链，足够为"生活方式
时代"的跨界做好准备。

思考题

1. 简述生活方式的基本概念以及与品牌、产品之间的关系。
2. 生活方式品牌的概念以及与消费者的关系是什么？
3. 生活方式品牌与非生活方式品牌的区别在哪里？

生活方式品牌模型

课题名称：生活方式品牌模型

课题内容：生活方式品牌的消费需求模型

生活方式品牌的市场潜力模型

生活方式品牌理念模型

课题时间：4课时

教学目的：本章的教学目的是掌握消费与生活方式的关系，消费者自我概念研究及消费群体心理研究来构建消费需求模型。通过生活方式品牌市场环境，生活方式品牌产品因素来构建生活方式品牌的市场潜力模型。掌握品牌在与消费者建立关系的过程中提出的观念体系建立生活方式品牌理念模型的方法。

教学方式：讲授教学

教学要求：1. 使学生掌握生活方式品牌的消费需求模型。

2. 使学生掌握生活方式品牌的市场潜力模型。

3. 使学生掌握生活方式品牌理念模型。

课前/后准备：搜集整理相关资料，分别找出与三类生活方式品牌模型对应的案例，进行课堂讨论。

第十八章　生活方式品牌模型

第一节　生活方式品牌的消费需求模型

消费需求是指消费者对以商品和劳务形式存在的消费品的需求和欲望。当商品经济处于不发达阶段时，消费者的消费领域比较狭窄，内容很不丰富，满足程度也受到限制，处于一种压抑状态。在市场经济条件下，生产资料和生活资料都是商品，消费需求的满足离不开市场交换。随着社会生产力的不断发展，企业将向市场提供数量更多，质量更优的产品，以便更好地满足消费者的消费需求。随着人们物质文化生活水平的日益提高，消费需求也呈现出多样化、多层次，并由低层次向高层次逐步发展，消费领域不断扩展，消费内容日益丰富，消费质量不断提高。生活方式品牌也是同样的进化历程。消费需求是消费者生活方式、消费者自我概述以及生活方式品牌产品、形象、体验的综合强化过程。需求是动机的根源，动机是造成行为的原因。消费需求模型如图 18-1 所示。

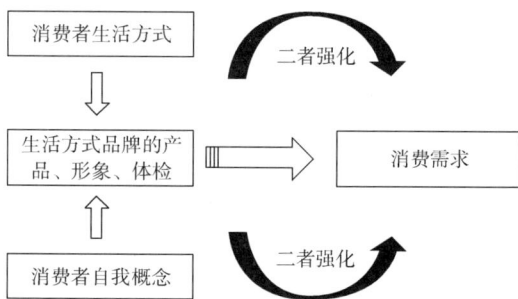

图 18-1　消费需求模型

一、消费和生活方式的研究

生活方式是理解消费行为的通俗概念，它是指人们如何生活、花费时间和金钱方式的总称，反映了一个人的活动、兴趣和观点。它比消费观念更加现代具体。Philip. Kotler（1997）认为生活方式是人们以活动、兴趣和观点的形式表现出来的在这个世界上的生活模式，它描绘的是与其生活的环境进行着交互作用的"整个人"。Solomon（1998）认为，生活方式是反映了他或她对怎样花费时间和金钱的态度及其所做的消费抉择的形式。符国群教授认为，生活方式是个体在成长过程中，在与社会诸因素交互作用下表现出来的活动、兴趣和态度的模式。不同的生活方式的消费者的消费行为具有很大的差异。在现代市场营销中，生活方式为营销者理解消费行为提供了一个有效的途径。

消费者的生活方式与他所选购产品的品牌个性之间存在匹配关系，当消费者的生活方式与品牌所传递的品牌个性相匹配时，就会强化消费者的购买行为，增加消费者的品牌偏爱和品牌忠诚度。相反，当消费者的生活方式与产品的品牌个性不匹配时，就会弱化他们的购买欲望，购买取向就会偏离该品牌。同样，当消费者的自我概念和品牌所展示的品牌个性匹配时，自我概念就会强化消费者的购买行为，增加消费者对该品牌的忠诚度，反之，如果消费者的自我概念与产品的品牌个性不匹配时，则会削弱消费者的购买欲望，从而远离该品牌。

二、消费者自我概念研究

自我概念或者自我形象与消费者选购产品的品牌个性有密切的关系。人们一般认为消费者只有一个单一的自我，而且仅对那些能满足唯一自我的产品或者服务感兴趣。但研究表明把消费者看作多重自我更有助于理解消费者的消费行为。这是因为现实生活中存在大量的事实特定的消费者不仅具有不同于其他消费者的行为，而且在不同的情景下也很有可能采取不同的行为。消费者在表现不同的自我时，就会对产品或者服务提出不同的要求。因此，消费者对自我概念的感知不同，所倾向的购买行为也会有所差异。自我概念是个体对自身的知觉、了解和感受的总和。每个人都有看待自己的想法和感受，生活方式品牌亦是如此。由于每个人都需要在行为上与他的自我概念保持一致，因此有关自我的知觉也就构成了其消费行为和选择品牌的基础。例如，某个消费者可能把自己视为一个现实的并能够控制自我的人，于是他会购买不太时髦的服装，开一辆大型的两厢车，且更多的时间是待在家里。然而在内心深处，他却希望做一个无忧无虑、不受约束的人。如果要做回这个自我，他就可能拥有一辆小型跑车，穿牛仔裤和运动衫，去摇滚俱乐部。这些消费行为会使他因为更加接近理想的自我而增强自尊。因此，实际生活中每一个消费者都可能有多重自我，从而形成了多种不同的自我概念。自我概念是指消费者期望在将来某一特定时间如何看待自己，它介于实际的自我概念与理想自我概念之间。由于期待的自我概念为消费者提供了改变自我的现实机会，它在产品设计中可能比实际的自我概念和理想的自我概念更有营销的指导价值。在不同的条件下，消费者可能选择不同的自我概念来指导他的行为。而消费者的行为、形象将影响他选择什么样的品牌。生活方式品牌在这时需要充分了解消费者的需求，迎合消费者，调整品牌的风格。

三、消费群体心理研究

消费心理是指消费者进行消费活动时所表现出的心理特征与心理活动的过程。通常是为了满足自身的某种需求，而消费心理也是促进消费者产生不同的消费行为的最为普遍的内在原因。消费者的心理特征包括消费者兴趣、消费习惯、价值观、性格、气质等方面的特征，这些都是消费行为前的倾向。然而社会经济不断发展，消费者的心理诉求已随之发展和进化。在现有的需求得到满足的同时，又会出现新的不同需求。旧的消费需求被满足后，紧接着又会出现更高层次的需求。如此反复的永无止境地向前发展。需要的无限发展性与科学技术的发展互相作用，成为人类社会发展的重要推动力。消费心理的发展方向通常是从单一的发展到丰富的，低级的演变为高级的。最基础的生存功能和安全功能等需求已经不再能满足现代消费心理下的消费者们。他们更想要满足心灵深处的情感需求，想要购买到能够匹配自己心理诉求，与自己产生共鸣的产品。消费者的消费行为一般都建立在主观因素之上，比如"喜欢"这种行为导向，和其他感性的逻辑上。正如美国著名的未来学家奈斯比特所说："每当一种新技术被引进社会，人类必然要产生一种加以平衡的反应，也就是说产生一种高情感。技术越高，情感反应也越强烈。"重视产品的服务价值和物质性价值的时代已经过去，取而代之的是现代消费者与购物行为相关的情感性、愉悦性的精神价值要求。这些现象都说明了现代消费者心理诉求的主要方向已经偏向更注重感性的满足和神情愉悦等情感化需求。

四、消费体验需求研究

消费文化影响下的当代购物活动（Shopping）跟过去的"买东西"（Buying）有着极大的不同，后者主要集中在购买的对象上；而前者则是集中在"如何购买、为何购买"上，人们的消费模式也从"物质型"转向了"体验型"。这就促使了生活方式品牌对空间情感的强调，空间情感是通过创造一种空间结构关系，唤起人们对某种生活方式的记忆或憧憬，来参与体验，从而建立一种难忘的、有意味的消费活动过程。生活方式中心就是为人们提供能够享受某种经验、某种刺激（如娱乐、旅游、社交、观看展览），或者为了提升自身的经验和素质的消费场所。对比传统购物中心，生活方式品牌的空间体验存在一种能够唤起人们情感认同的"秩序"，这种秩序就是空间中的诸多要素的组合关系，建筑师只有对空间的要素进行细致拿捏，寻求一种内在的逻辑，将其和谐地统一在一起，才能实现消费者在商业空间中的情境交融。生活方式品牌的空间序列不像一些博物馆那样高深和注重内省，它采用的多为直接或潜层隐喻的建筑手法，目的在于使受众易于理解，并诱发空间情节的展开，实现引导公共生活体验。通过不同的空间秩序唤起不同情感等级的空间情节，情感等级的高低是衡量生活方式中心空间工作效率高低的标准。消费活动是在一个个能够唤起情感体验的场景中进行的，当人们的情感得到触动，消费文化也在空间体验中得到升华。从这个意义上讲，生活方式品牌从"购物体验"向"娱乐体验"模式转型的根源在于：消费者对于精神层面的满足被诱发了。生活方式品牌体验模型如图 18-2 所示。

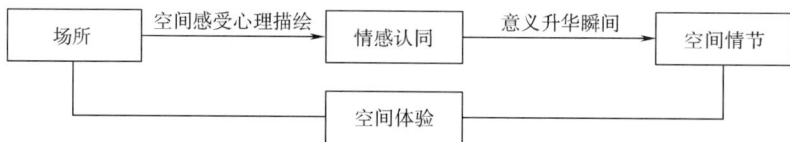

图 18-2　生活方式品牌体验模型

第二节　生活方式品牌的市场潜力模型

一、生活方式品牌市场环境

1. **经济环境**　在过去五年左右的时间里，一些宏观力量对我国经济环境发挥着作用，这些力量已经改变并将继续改变中国彰显生活方式的奢侈品消费格局。

第一股力量是中国消费者在追求地位和保持低调之间日益紧张的关系。中产阶级被宽泛地定义为"那些能够负担得起非必要物品的人"，他们在显示身份的需要和坚持现有社会结构和规范同样重要的需求之间进退两难。最近一段时间里，我们看到了从"群体思维"到"个体思维"的明显演变，这两种不同的世界观和解释方式衍生两大消费群体："追求地位者"和"鉴赏者"。通过拥有知名度高和高认可度品牌，"寻求地位者"可以获得地位和面子；而"鉴赏者"更看重的则是品牌的经历与内涵，而不是带 LOGO 的标志。最终，这两种类型的消费者都有一个共同的目标，即更进一步，品牌必须帮他们在突出和融入之间取得平衡。

第二股主力军是中国女性，其作为彰显生活方式购买奢侈品的独立消费群体，已开始崭露头角。毛主席肯定中国女性拥有半边天的说法尤为贴切。过去几年在中国销售的玛莎拉蒂和保时捷汽车中，约有 40% 是富裕起来的女性购买的。随着中国女性经济独立性的加强（约 70% 的女性劳动力参与率是世界上最高的）并追求自己的抱负，奢侈品消费将会继续增长——在最新胡润全球富豪榜上的 88 位女亿万富翁中，有 56 位（近三分之二）是中国人。

千禧一代（在中国被称为"90 后"）是推动中国消费环境变化的第三大力量。根据奢侈品对话的一项调查，95% 的中国千禧一代去年没有购买过印刷媒体；72% 的人有一个最喜欢的关键意见领袖（KOL），而 100% 的人在使用微信，并在过去的那个星期用手机购买了一些东西。这个年轻的消费者群体精明而苛刻，对品牌的期望高于其他任何消费群体。与中国千禧一代消费者的交谈表明，他们几乎看不到时尚品牌和奢侈品品牌之间的区别。

2. **技术环境**　近年来，聊天平台、移动支付的指数增长，以及新的颠覆性电子商务和全渠道模式使"无界限"成为中国的新常态。微信和微博的影响力已经有了很好的记录，但还有的其他创新也已经或将对消费者品牌互动产生怎样的重大影响呢？以"1919"（1919.cn）为例，这是一个几年前建立的以酒精饮料为主的电子商务平台。该网站声称覆盖全国，并承诺在 20 分钟内完成国内任何地方的订单——在世界其他与中国国土面积相当的国家中很难找到能与此相匹配的电子零售商。革命性商业模式的另一个例子是阿里巴巴的"三公里理想生活区"概念，这是一个由电子商务巨头与其合作伙伴（包括盒马生鲜超市、天猫、自行车共享企业 OfO 和导航服务提供商 Autonavi）共同发起的计划，旨在创建能够提供方便的线上—线下服务的社区。

然而，在这快速发展过程中，中国消费者可能觉得变化太多、太快，并希望重新掌控自己的生活。益普索最近进行的一项调查显示，虽然86%的中国消费者（全球为76%）同意科技能让生活更美好，但81%（全球为66%）希望自己的生活更简单。重要的是，在接受调查的中国消费者中，56%（全球为32%）表示，他们宁愿让一家公司或专家为他们选择产品和服务，也不愿自己做决定。

一些品牌正在积极满足这些需求。例如，家具和家居装饰零售商阿里巴巴家时代（Home Times）将技术与传统零售相结合，打造以客户为中心的新模式。该品牌能够分析在商店半径五公里范围内用户的行为和偏好。然后从这些用户最喜欢的类别中手工挑选产品并添加到商店货架上。这种方法不仅有助于每10~15天更新一次商店产品，从而让客户有理由回去查看新的产品，而且还可以将传统零售商在全球采购产品所需的时间缩短到一天。这种有关频繁、快速更新产品系列的方法对于消费者和企业是双赢的。

另一个例子是京东的7FRESH，这是对阿里巴巴盒马生鲜超市的回应。京东利用超过2.66亿电子商务消费者的数据创造了一种全新的购物体验，坚定的将消费者置于核心地位，融合了教育和体验元素（这家电子商务巨头的目标是在未来3~5年内开设1000家全新的7FRESH商店）。时尚和奢侈品品牌需要多长时间才能从这些零售商的经验中吸取教训，从而提升以消费者为核心的服务访问量？因为这些发展和其他发展正在促使消费者的期望值上升，特别是在彰显生活方式的奢侈品品牌方面。益普索2016年对中国内地、中国香港、俄罗斯、巴西和韩国等地区的消费者进行的一项调查显示，89%的中国内地消费者（五个市场的平均比例为75%）希望奢侈品品牌推出"创意大胆的产品"，90%（v.s.79%）的受访者希望能够"定制和个性化产品"，90%（v.s.76%）的受访者还期待"购买奢侈品品牌时有一个难忘的经历"。这也是中国消费者仍然倾向于在海外购买奢侈品的原因（价格差异也很重要）。最后同样重要的一点是，70%的中国消费者（所有五个市场的比例为43%）下载了"由奢侈品品牌提供的APP"。

因此，生活方式和奢侈品品牌必须意识到上述主力军以及这些力量对消费者的影响，以便他们能够运用这些知识采取相关方式区分自己的品牌，有意义地吸引中国消费者，并将交易转向发展可持续性关系。

3. 文化环境　生活方式品牌文化是指通过赋予品牌深刻而丰富的文化内涵，建立鲜明的品牌定位，并充分利用各种强有效的内外部传播途径形成消费者对品牌在精神上的高度认同，创造品牌信仰，最终形成强烈的品牌忠诚。拥有品牌忠诚就可以赢得顾客忠诚，赢得稳定的市场，大大增强企业的竞争能力，为品牌战略的成功实施提供强有力的保障。这是品牌在经营中逐步形成的文化积淀，代表了企业和消费者的利益认知、情感归属，是品牌与传统文化以及企业个性形象的总和。与企业文化的内部凝聚作用不同，品牌文化突出了企业外在的宣传、整合优势，将企业品牌理念有效地传递给消费者，进而占领消费者的心智。品牌文化是凝结在品牌上的企业精华。

生活方式品牌文化的核心是文化内涵，具体而言是其蕴涵的深刻的价值内涵和情感内涵，也就是品牌所凝练的价值观念、生活态度、审美情趣、个性修养、时尚品位、情感诉求等精神象征。品牌文化的塑造通过创造产品的物质效用与品牌精神高度统一的完美境界，能超越时空的限制带给消费者更多的高层次的满足、心灵的慰藉和精神的寄托，在消费者心灵深处形成潜在的文化认同和情感眷恋。在消费者心目中，他们所钟情的品牌作为一种商品的标志，除了代表商品的质量、性能及独特的市场定位以外，更代表他们自己的价值观、个性、品位、格调、生活方式和消费模式；他们所购买的产品也不只是一个简单的物品，而是一种与众不同的体验和特定的表现自我、实现自我价值的道具；他们认牌购买某种商品也不是单纯的购买行为，而是对品牌所能够带来的文化价值的心理利益的追逐和个人情感的释放。因此，他们对自己喜爱的品牌形成强烈的信赖感和依赖感，融合许多美好联想和隽永记忆，他们对品牌的选择和忠诚不是建立在直接的产品利益上，而是建立在品牌深刻的文化内涵和精神内涵上，维系他们与品牌长期联系的是独特的品牌形象和情感因素。这样的顾客很难发生"品牌转换"，毫无疑问是企业高质量、高创利的忠诚顾客，是企业财富的不竭源泉。可见，品牌就像一面高高飘扬的旗帜，品牌文化代表着一种价值观、一种品位、一种格调、一种时尚，一种生活方式，它的独特魅力就在于它不仅仅提供给顾客某种效用，而且帮助顾客去寻找心灵的归属，放飞人生的梦想，实现他们的追求。

从现今市场环境来看，市场早已从街头或地下商场转变到以消费者为中心的时代。所有消费者都在为改善自身的生活环境而去接受不同的产品及服务。从传统家居企业自身角度出发的营销模式早已跟不上时代。而重视消费者需求，并将其列为新风系统著名品牌发展战略重要目标的生活方式营销，或是更好的打动消费者。生活方式营销改变了市场竞争的格局，其不再局限于商业竞争，而是由品牌缔造出各种生活方式之间的竞争（图18-3）。

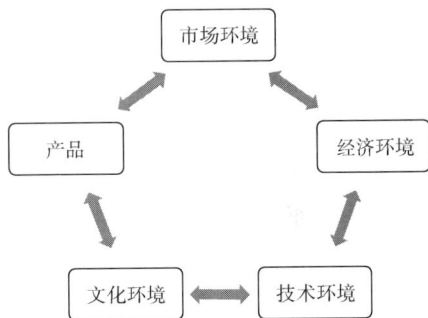

图 18-3　生活方式品牌的市场潜力模型

二、生活方式品牌产品因素

重新定义生活方式产品"我们研究的意义，弥补了国内生活方式产品行业的缺席"，人类生活方式、商业模式，购物体验三环紧扣，密不可分。

从恩格斯、西美尔到美国芝加哥学派、哥本哈根未来研究所，从文化工业批判到文化产品商业模式，以麦当劳、迪士尼、MUJI 无印良品和日本茑屋书店四大生活方式产品案例，提出影响生活方式的八大要素。

事实证明，越来越多生活方式产品涌入商业市场。以长隆集团为例，市场总经理熊晓杰在演讲中提出"让你的产品成为生活方式"，提议产品提供方决心转型，成为生活方式的定义者和提供商。

生活方式产业，是一个具有巨大发展潜力的领域。昊达生活榜通过学术科研和调研数据，一直在观察生活消费行为和因素，如何影响国人的幸福感和健康。以"90后"、中产、女性、高净值人群为调查对象，围绕2017年影响中国人生活方式十大产品，涵盖居住、出行、美学体验、餐桌体验及生活方式自媒体五个维度。人们最开始看报纸、杂志，后来看新闻网站，现在看新闻APP；最开始人们只是在商场买东西，后来用购物网站，现在可以随处手机网购。最开始只能线下买车票，现在在网上也可以很方便地购买飞机票、汽车票。互联网产品一步一步地改变着我们的生活，可并不是所有的产品都能算是生活方式这门生意，评定一个产品是否算是生活方式这门生意，主要有两方面，二者满足其一即可。

（1）产品更深层次地改变我们对于一件事情的认知，改变我们的生活态度。在我的理解中用户使用产品一定要高频，反过来讲也就是需求的频率要高。其次一定要是可持续的，这背后隐藏了两个数据，一个是周期的时间长短，一个是周期内的使用次数，之所以这样说是为了确保产品对用户影响的深度。

如果用户只是阶段性的使用一款产品，这样的产品更像是一个工具。如学习英语的软件，用户可能考完试或者学习完了之后就不再使用了，阶段时间内的使用频率很高，但是用过以后就不再用了。再比如美图软件，用户只是美化图片，高频且可持续，但是他对于用户的改变只是处理图片，满足的只是用户爱美的需求，对于个人精神层面的影响深度不够。

产品所影响的范围具有普适性，例如美食、电影、音乐这些领域非常泛，每个用户都会接触到，人们的生活本身就是由这些元素组成的。而不是某个非常深的垂直领域，如果你的产品做的是生物学知识，面向的受众可能就只有该领域的从业者，甚至这些从业者也只有查资料的时候才会用到你的产品。有一些领域离人们的生活比较远，如航天科技，虽然很高端但是因为人们无法理解它对自己生活产生的影响，自然就不太会去关注。

（2）产品在人们的生活中有非常重要的作用，所满足的需求对人们的生活有非常大的影响。有些产品可能用户的使用频率并不高，周期也不长，但它仍然可以算是生活方式这个范畴。因为他捕捉的需求是生活中很重要的一个方面，对人们的生活有很重要的影响，且覆盖的用户群体也足够广。例如，家居，虽然人们很长时间才会购买一次家居，但是家居产品在生活中扮演的作用却是非常重要的，在家这个常待的物理环境中人们无时无刻不在感受着家居的存在。

这方面硬件类的产品有其天然的优势，例如做出行用的平衡车、运动手环等，这些都是人们在生活中会经常使用到的东西，对热门的生活自然就有很大的影响。其实我们会发现现在新兴的硬件类的产品很多都不是完全的创新，而只是基于现有的产品进行优化，需求已经存在，新进者大多只是对产品进行优化、改进。

大多数工具类的产品用户的使用时长往往很短暂，而且用户使用产品的目的性非常强，拿12306客户端来说，用户使用这个产品就只是订票，说到底只是提供了很大的便利性。但是健身类的APP就不一样了，因为他影响的是生活中非常重要的一方面，所以就可以算作生活方式这个范畴。

第三节　生活方式品牌理念模型

一、生活方式品牌理念的定义

生活方式品牌理念是产品品牌拥有者在与消费者建立关系的过程中提出的观念体系。它使产品拥有者区别于竞争对手，并使其在精神层面上为消费者所识别和接受。这就意味着生活方式品牌理念承担着促使消费者对品牌的价值主张产生深度认同及情感共鸣的使命，而价值主张直接决定于企业的愿景及使命。因此，生活方式品牌理念不是凭空提出的，它必须以相应的愿景及使命为依托。

生活方式品牌理念是指能够吸引消费者，并且建立品牌忠诚度，进而以客户为中心创造品牌优势地位的观念。生活方式品牌理念应该包括核心概念和延伸概念，必须保持品牌理念概念的统一和完整。

生活方式品牌理念是得到社会普遍认同的、体现品牌自身个性特征的、促使并保持品牌产品或服务正常运作以及长足发展的反映整个品牌明确的经营意识的价值体系。

生活方式品牌理念是由思想、观念、心理等因素经长期的相互渗透、影响而逐步形成的一种内含于生活方式品牌的生产经营中的主导意识，表现为群体的理想、信念、价值观、道德标准、心理等方面，它一旦形成，则不易发生变化，具有相当长的延续性和结构稳定性。生活方式品牌理念代表了品牌组织的深层的精神结构，是生活方式品牌最基本的精神含义。

生活方式品牌理念是品牌统一化的识别标志，但同时也要标明自己独特的个性，即突出本品牌与其他品牌的差异性。要构建独特的品牌理念需要实现以下目标：首先，品牌理念必须与行业特征相吻合，与行业特有的文化相契合；其次，在规划品牌形象时，应该充分挖掘原有的品牌理念，并赋予其时代特色和个性，使之成为推动品牌组织经营发展的强大内力；最后，品牌理念要能与竞争对手区别开来，体现品牌自己的风格。

二、生活方式品牌理念的功能

确立和统整生活方式品牌理念，对于企业的整体运行并良性运转具有战略性功能与作用。品牌理念具有对内对外的双向指导功能。对内而言，生活方式品牌理念有如下功能。

1. **导向功能**　生活方式品牌理念是企业所倡导的价值目标和行为方式，它引导品牌员工以统一的理念工作，引导受众感知品牌的内涵以达到区分竞争对手而选择该品牌的目的。

2. 激励功能 品牌理念既是品牌的价值追求，也是给予品牌员工维护品牌形象职责的指导。因为受众对于一个品牌的印象很可能源自员工。员工职责的价值体系与品牌理念体系相契合时，品牌理念的激励作用便具有物质激励无法真正达到的持久度和深刻度。

3. 凝聚功能 品牌理念如同黏合剂，能以凝聚的方式使接触品牌的相关人员对品牌产生好感，对于品牌员工来说是积极的工作态度，对于受众来说就是对品牌的忠诚度。

4. 稳定功能 被广泛认同的品牌理念和精神可以保证企业具有持续而稳定的发展能力。保持品牌理念的连续性和稳定性，强化品牌理念的认同感和统整力，是增强公司及品牌稳定力和推动技术发展的关键。

品牌理念有时可以外化为传达品牌的口号。品牌理念构筑者将品牌理念浓缩至一句精简的标语传达，一般会在广告说明册、网站、店铺设计、展览、名片上出现。这些口号可以分为目种类型，分别为诉求品牌提供价值型、表明品牌愿景型、表明顾客对应态度型和唤起顾客行动型。把品牌理念从上层指导转化为生动易懂的现代语言，已经成为企业品牌化的一种常用方法，也是最容易被人们感知的传播品牌理念的方法。

三、生活方式品牌理念的设计

一个相对完善的生活品牌理念设计系统，基本包括以下六个方面的内容，即生活方式品牌使命、生活方式品牌价值观、生活方式品牌口号、生活方式品牌符号、生活方式品牌精神、生活方式品牌故事。这六个方面是紧密结合、互相支撑的。生活方式品牌理念模型如图18-4所示。

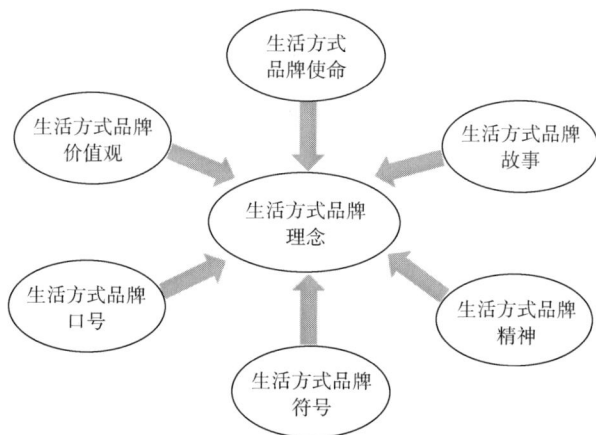

图18-4 生活方式品牌理念模型

1. 生活方式品牌使命 生活方式品牌使命是指品牌肩负的重大责任，制定生活方式品牌使命就是明确这种历史赋予的职责，从而唤起内部成员的工作热情和状态，唤起品牌内部成员、相关单位及市场与社会对品牌的识别和认知。

生活方式品牌的使命设计是决策层在自身业务分析的基础上，考察生活方式品牌所承担的市场、社会职责、分析自我所扮演的角色，并主动赋予生活方式品牌以相应内容与形式的过程。这就涉及品牌的业务、产品或服务方面的特征。

在设计生活方式品牌使命之前，要对企业自身进行充分的了解和认识，要分析它与市场的关系，确定它现有的和潜在的市场特征。因为企业是社会的细胞，其使命必然存在于社会之中，所以它唯一的内容应该是吸引消费者。使命是指导组织行为的总则，它的确客观地为品牌描绘出了建立目标、选择路线和实施战略的框架结构。规定、设计品牌使命不仅要确定品牌短期、中期和长期的目标，还要明确谁是消费者、消费者为什么会购买、如何接近消费者以及消费者的价值观是什么等问题。

例如，生活方式品牌 Keep 的品牌使命为"让世界动起来"，无论是在国内还是国际市场，Keep 始终倡导"自律给我自由"的运动精神，希望将专业、便捷、高效的运动方式带给全人类，为健康快乐的运动和生活方式提供新的思考。并始终以成为全球化的运动科技公司为愿景，持续向运动科技行业注入新的活力，不断实践 Make The World Move 这一品牌使命。

2. 生活方式品牌价值观　生活方式品牌价值观是在一个经营性组织内部形成的、具有一致性的价值体系，它主要反映团队成员对自身以及无形财富和有形财富的看法、观点和信仰。

生活方式品牌价值观是沉浸于品牌组织中，并为成员所普遍接受的价值体系，是品牌文化构成的主要部分。它具有规范性的特征，为全体成员制定了评判正确与否的标准。作为全体人员的一种共享的规则体系和评判体系，它决定了品牌创作及实施的全体人员共同的行为取向。

生活方式品牌价值观制定的目的是为了追求一个共同的理想、目标，它必须依靠员工对一定价值观的共同信仰的团体力量，生活方式品牌才能长久不衰。要做到员工对品牌价值观的认同，必须把生活方式品牌的价值观强化为一种信念，使品牌因此而获得强大的内在动力。生活方式品牌已经不能仅仅着重于做产品宣传，更重要的是建构一个关于自身的形象与理念，全方位与用户进行沟通，从输出产品到输出价值观。

极简主义生活方式代表品牌苹果，苹果的产品看起来很简洁，苹果的产品用起来也很简单。应用在设计过程中的种种细节处理上的极简主义设计方法，极大地提升了产品的品质。在苹果的设计过程中，最重要的一步就是简化、思考、再简化，无论是软件还是硬件，无论是产品类型，还是造型、材质，以精确追求完美。好的工具，就是与人浑然一体，让用户在使用过程中忘记它的存在，完美地完成从产品输出到极简的价值观输出。

3. 生活方式品牌口号　生活方式品牌口号可分为企业口号、产品口号两大类，它是品牌表达经营思想的形式。企业口号是指体现企业，并以企业整体为背景而创作的短句。产品口号则是指针对特定商品而创作的。生活方式品牌口号是品牌理念或主张的高度浓缩，是企业、产品理念的口语化表达方式，通常是消费者印象深刻、耳熟能详的。它的核心作用是识别语言这一层次上的品牌识别、认知，其中语言识别比任何一种识别方式都更便捷。

生活方式品牌口号的创作素材主要来自品牌定位系统和理念系统，好的品牌口号通常是品牌定位思想的表达和集中反映，其创作原则为：句式精练、诉求明确、富于创造、方便传播。品牌口号的内容从企业的宗旨、精神、使命、目标到产品的档次、形象、质量，各种各样，较为宽泛。

4. 生活方式品牌符号　我们把能够表示生活方式品牌的价值的各种形式的符号统称

为生活方式品牌符号。显然，生活方式品牌符号是围绕着设计、营销、传播等市场行为的感性元素——也可以称为设计符号的集合体。之所以说符号是集合体，是因为按照符号的原理来讲，一个孤立的元素是很难成为符号的，而且，还有一点是符号所必须具备的，那就是符号进行表达时，它所依据的环境条件，用一个术语讲就是语境。这就是说，任何一个符号都需要若干的感性元素参与其中，并且要有一个参与表达的特定的环境。那么，从符号创意和形成的角度讲，符号具有它自己特定的结构，并且，在这种结构中体现了各个感性元素之间的关系以及组合的规律性。

通常，成功的生活方式品牌是一眼就能认出来的。更具体地说，生活方式品牌获得了一些具有代表性的符号，这些代码成了一种永久性的符号，在世界的某一特定的视角下进行交流。我们称之为生活方式准则。这些标志可以包括标识、形状、图案、材料、颜色、细节，甚至是特定的产品类型。

5. 生活方式品牌精神 生活方式品牌精神识别是品牌内在的独特价值理念和价值追求；是消费者心中对于品牌价值理念的个性化认知、个性化价值体验与共鸣；是消费者的个人价值观、个人风格、个人行为方式与品牌价值理念的心理契合感。

生活方式品牌精神识别是消费者对于以思想为主体的品牌精神的个性化观念认知、认同、共鸣，直至品牌精神识别的最高境界——精神信仰。为了更好地体现品牌的生活方式，生活方式品牌必须创造一个深入梦境的品牌身份、一个品牌的 DNA。如果一个品牌只本地销售，这还比较容易，如果要销售到全球，打造的品牌精神就必须能跨越不同的文化和国界。

6. 生活方式品牌故事 所有成功的生活方式品牌和许多曾经是生活方式的品牌现在已经成为偶像，从创始人的传记开始到他难忘的事业。香奈儿是最早的生活方式品牌之一，"可可小姐"的生活，标志着赋予女性权力的真正里程碑，其本身就是女性自主最佳典范，也是最懂得感情乐趣的新时代女性。CHANEL 品牌提供了具有解放意义的自由和选择，将服装设计从男性观点为主的潮流转变成表现女性美感的自主舞台，将女性本质的需求转化为香奈儿品牌的内涵。

思考题

1. 生活方式市场潜力模型还有哪些影响因素？
2. 选一个你熟悉的生活方式品牌，谈谈这个品牌是如何设计生活方式品牌理念的。
3. 生活方式品牌如何满足当今消费者多变的消费需求？
4. 在消费需求变化中最活跃、最多变的因素是什么？

生活方式品牌营销案例

课题名称： 生活方式品牌营销案例

课题内容： 欧美生活方式品牌

日本生活方式品牌

中国生活方式品牌

课题时间： 4 课时

教学目的： 本章的教学目的是通过案例解读，了解欧美、日本、中国生活方式品牌的发展脉络与各自的特点。

教学方式： 讨论教学

教学要求： 1. 使学生掌握欧美生活方式品牌发展特点与趋势。

2. 使学生掌握日本生活方式品牌发展特点与趋势。

3. 使学生掌握中国生活方式品牌发展特点与趋势。

课前/后准备： 实地调研生活方式品牌零售实体店，进行课堂讨论。

第十九章　生活方式品牌营销案例

第一节　欧美生活方式品牌

20 世纪 70 年代以来，继宝洁、IBM 等功能性品牌之后，全球范围内兴起了以星巴克为先锋的生活方式品牌营销浪潮。现如今中国第三次消费升级大背景下，几乎任何一个品牌，都可以说自己卖的不是商品或服务，而是一种生活方式。根据马斯洛需求层次理论，自我表达是更高层次、更抽象的需求。生活方式品牌推广的本质是让用户通过品牌去表现社会属性身份，重新确定和表达自我，是一种增加商品价值的手段，更是提升品牌溢价的不二策略。从本质上讲，生活方式品牌迎合了消费者三种心理需求：第一，彰显社会地位，是身份的象征；第二，表现专业能力，是职业化标签；第三，展示价值品位，是自我的象征。

1970 年被看作全球现代品牌的分界线，与目前中国第三次消费升级极为类似的状况，曾经在欧美市场发生过。1970 年代之前的美国和欧洲，宝洁（1837 年创立）、福特（1903 年创立）、IBM（1911 年创立）、宜家（1943 年创立）、麦当劳（1954 年创立）和沃尔玛（1962 年创立）在当地人的消费结构中占统治地位（图 19-1）。这些品牌旗下的商品，可以满足大众基本的衣食住行需求，并通过工业化生产和规模化销售保证性价比，满足了大众消费者对物美价廉的追求。因此，我们称这一代品牌为功能性品牌。

直到 1971 年，舒尔茨创立了星巴克。星巴克卖的不只是咖啡，还有咖啡馆，再往本质上深挖，卖的是快时代的咖啡馆文化。紧接着，一些自带生活文化属性的品

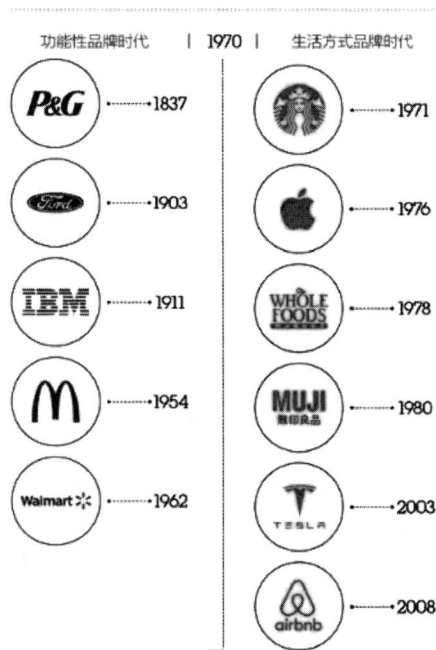

1970年可以看作现代品牌的分界线

功能性品牌时代	1970	生活方式品牌时代
P&G · 1837		★ · 1971
Ford · 1903		🍎 · 1976
IBM · 1911		WHOLE FOODS · 1978
M · 1954		MUJI 无印良品 · 1980
Walmart · 1962		TESLA · 2003
		airbnb · 2008

图 19-1　生活方式品牌与非生活方式品牌区分
（资料来源：2017-07-26 第一财经周刊）

牌相继诞生——苹果（1976年创立）在硬件中融入极简美学，在软件中融入大小逻辑；无印良品（1980年创立）在极致合理的生产工序中打造非常简洁的商品，追求终极的自由性。这些品牌自诞生之时就主动、直接提供"意义"给消费者，而且比文化产业的商品更加易得和易持有，满足了新一代消费者对高品质有意义生活的向往，我们称之为生活方式品牌。

快速消费品行业的咖啡巨头星巴克，因其独特的浪漫咖啡体验和温暖共享的感觉，迅速在餐饮行业崛起，不但符合市场需求，同时也获得了消费者的青睐。情感体验是以满足消费者正面情绪和感受为主，真正从消费者的感受出发，使顾客在消费时获得心理满足感。星巴克创始人霍华德·舒尔茨认为人生存的第一空间是家，第二空间是办公地点，而星巴克对应的第三空间是除此之外的另一个场所。它处于一种"非家、非办公"的中间状态，是使消费者感到放松、休闲的一个空间。

就行业业态的发展过程而言，不同的消费需求会催生相应的经营模式，大体上可将其分为三个阶段：第一阶段卖产品，第二阶段卖品牌，第三阶段卖的则是生活方式。对于化妆品行业来讲更是如此，当化妆品行业处于卖方市场时，为消费者提供性价比较高的产品利于其获得竞争优势。但是，随着消费需求不断升级，如何为顾客提供更多的附加服务，强化沉浸感、体验感则成为企业克服同质化的重要因素。

一个品牌，不论是卖产品、空间、体验感，抑或是生活方式，其最终目的应是得到消费者的价值、情感认同，让品牌与消费者之间产生一定的情感联系。换而言之，真正有情感诉求的门店，或许更容易打动、留住消费者。对此，因经受电商冲击而"遭遇中年危机"的星巴克，似乎颇有感触。此前，星巴克前董事长、创始人霍尔德·舒尔茨在清华大学演讲时，曾说道："因为亚马逊、阿里巴巴等企业的存在，每一家实体店都要因为线上电商而改变，这意味着零售业待一个大的调整，很多实体店会关门，我们必须打造出更好的，有情感诉求的、浪漫的实体门店。"

在 Airbnb 扩张的过程中，三位创始人，包括 CEO、COO 本身就是设计师背景，他们知道设计的价值、重视用户体验和设计感。他们希望在 Airbnb 工作的人会感到发自心底的愉悦，于是他们成立了一个内部设计部门。为了重新打造品牌形象，Airbnb 聘请了来自伦敦的 4 名 Design Studio 的设计师前往了 13 个城市，住了 18 间房子，横跨 4 大洲，当然包括中国，以此来更好的帮助 Airbnb 创造一个完美的品牌：人+地点+爱+Airbnb=新LOGO。如图 19-2 所示。

很多品牌都会将"生活方式"这个词用于宣传中，用以突出自己的产品能够给人们生活带来的巨大改变。可实际上，在各种领域商品都已高度同质化的今天，很多品牌的所谓"生活方式"，无非是一点点的差异化。生活方式营销是企业营销方法的突破，

图 19-2　Airbnb 海报

（人+地点+爱+Airbnb＝新 LOGO）

随着电子商务崛起，实体经济已进入了以生活方式为主流营销趋势的时代。各个商家都在主打"生活方式"。突破同质化，引发消费者共鸣。

从市场环境来看，当前市场早已从叫卖时代过渡到以消费者为中心的时代。每个人都在为实现自己个性化的生活方式而接受各种各样的产品和服务。传统的从企业自身角度出发的营销方式已经日渐失效，而重视顾客需求，并将其列为营销战略思考起点的生活方式营销才能更好地打动消费者。

生活方式营销的前提就是了解在一定社会形态下，目标客户的生活方式，要求企业时刻关注社会变迁与社会心理变化，用一种宏观的视角审视企业发展进程。当复杂的社会环境与企业经营管理有机结合，企业可以因势利导，做出有利的决策，从而避免纯粹经济行为可能带来的负面效应。

新时期，国人的生活形态呈现出个性且多元的特点。所以曲美家居在你+生活馆推出了"定制生活方式"的概念，并通过下午茶等活动形式，传达"休闲、自由、独立"的时代精神，使消费者准确无误地记忆并理解，从而产生认同。但是企业的改变如果以牺牲自我一致形象为代价，就会像"新可口可乐"的失败所展示出的那样，面临顾客的忠诚度危机。

随着市场不断饱和，最先进入者将获得巨大的市场优势，而后来者却少有机会立足。生活方式营销通过一种意义的建构，与其他友商展开竞争，竞争的本质不再局限于商业竞争，而是由品牌理念、品牌文化缔造的不同生活方式之间的竞争。这种竞争模式对任何品牌来说都是一个很好的时机。

尽管"生活方式"是一个非常抽象的概念，但近年来，越来越多的商家开始挖掘它的营销价值。从 H&M、ZARA 的家居系列，到 Louis Vuitton 的酒店，再到曲美家居的你+生活馆，这些人们印象里只卖单一产品的品牌，正在向生活方式服务品牌转变。每个人都有自己的生活方式。自由随性也好，高效匆促也罢，无论哪种生活方式，都是人们个性化历程的一种宝贵体验。每个人也都有自己的生活梦想和追求，理想的生活方式没有实现，就意味着有潜在需求。所谓的生活方式营销就是满足这一潜在诉求，将公司的产品或品牌演化成某一种生活方式的过程。

第二节　日本生活方式品牌

放眼全球望去，日本零售行业都是处于领先地位。如果说日本零售业的现在是中国零售业未来的话，那么对于实体店的未来应该是喜忧参半的。忧的是大卖场、百货店等传统业态持续衰落，未来难见回暖；喜的是以茑屋书店、NITORY、无印良品为代表的生活方式提案业态表现良好，它们对中国实体店转型具有参考价值。

商品极大丰富和零售渠道多元化的时代，消费者需要的不仅仅是商品，而是一套能够彰显价值主张的生活解决方案。实体店未来的出路是从单一的商品销售向贩卖生活方式转型。

东急手创馆创办于 1976 年，主营品类有各种家庭用品、文具、手工材料、家具、五金用品、电器、灯饰、玩具、派对用品、旅行用品、露营用品、自行车、宠物用品等共计约 30 万种商品。除了商品之外，东急手创馆也有自己的咖啡馆——Hands Cafe。Hands Cafe 延续了东急百货的 DIY 生活提案，以 "Shake Hands" 为经营概念，打造一个可以让顾客和店员互相交流的日式杂货风格的休闲空间，提供餐饮和杂货等多样化的服务体验。

无印良品有乐町店号称是它的 "世界旗舰店"（图 19-3），这家店于 2017 年 7 月 28 日扩建后重装开业。改建后的门店采用 LOFT 的形式将三层楼面全部打通，从一层可以看到二、三层的陈列商品和消费场景。一层是无印良品的首个生鲜卖场，还有部分是自营的烘焙食品；二层是服装、日用品、文具和图书，并且有一个无印良品自营的餐厅；三层是一些家居、智能产品、家用电器甚至还有自行车。

图 19-3　无印良品售卖蔬菜

茑屋书店代官山店是茑屋书店的集大成者，将以消费者为中心的卖场编辑技术发挥得淋漓尽致。CCC（Culture Convenience Club）公司的文化和便利本是背道而驰，CCC 的目标便是把二者融合起来。日本战后，为满足生存需求，日清做泡面，积水做住宅。待到人们安居乐业吃穿不愁，时尚产业开始出现，中产们穿起爱马仕、开起了名车，却依然对当下的生活方式不满足，"顾客价值" 和 "生活提案方式" 一直都是 CCC 的工作重心。在物资匮乏时代，食物、衣服等物资就是所谓顾客价值的体现。而当物资充足时代来临，顾客价值便开始往平台产业转变，从百货商店到便利商超再到电商业，平台开始泛滥。这个时候，顾客价值便是生活提案能力。"如果你具有生活提案能力，就没有必要做大规模的店铺，也没有必要做很大的投资，只要有自己的核心东西提供，消费者自然而然就会被吸引。"让书店成为一个通过书籍进行提案的场所，书店成为一个编辑的空间。对于一般店员来说，书籍的摆放只需要按照作者名、出版社名进行机械化的分门别类即可，而在茑屋书店，则需要站在顾客的角度，为他们提供各种各样的方案与建议，需要对书籍的内容拥有深刻理解。茑屋书店的 30 多位导购，有日本代表性料理杂志的前主编，有受到文学家信赖的传奇书店店员、也有撰写过 20 多本旅行指南的记者，他们通过选书、陈列、内容企划、顾客服务等全方位的服务，实现他们对顾客的提案。茑屋书店的内容提案，可以说就是由这些导购完成的，增田说，如果没有这些导购，大概就没有茑屋书店了。CCC 公司目前共拥有 124 家公司，而从去年 4 月便决定了今后只做三项工作——创造一个平台让消费者快乐；活用数据库让消费者快乐；提供内容让消费者快乐。

茑屋书店（Tsutaya）较早就以"书+X"模式构建体验场景，以"书"为核心，搭配"影音+咖啡+餐饮+文创"等配套，从细节入手为读者提供高品质、专业化、差异化服务，颠覆了传统书店单一卖书的经营理念，引领书店走入创新型、复合型和生活化的新时代。门店逆势扩张，开创全新书店经营模式。在网络书店以低廉的价格、便捷的销售模式搅动图书营销市场之时，茑屋书店的成功更像一个悖论。茑屋书店没有促销、没有广告，却拥有忠实读者群，更在社交媒体上成为话题，引发广泛关注。茑屋书店的成功又是必然的结果：经营方关注读者的体验，完美地将数据技术与人文情怀相结合，让读者在享受便捷的购买流程的同时，又能在与专家级导购的交流中，在同书籍、音乐和电影的对话中寻找到自我。这就是茑屋书店的独特卖点，也是它的成功之道。茑屋书店1983 年成立，开创了集"书籍+唱片+录像带"于一体的连锁书店模式，大获成功；2003年与星巴克合作的"Book & Cafe"模式也深受追捧；2011 年茑屋书店为在互联网围剿中突围，重构书店空间，融入咖啡、饮食、亲子、文体和慢生活，定位"生活方式提案者"，以丰富的线下体验和优质服务取胜。

打造以书为核心的复合式文化生活空间。与其说茑屋书店出售的是书籍，不如说售卖的是一种以图书体验为核心、以"影音+咖啡+餐饮+文创"等为场景的生活方式。

对比了无印良品和茑屋书店之后，不难发现它们在品类上的重合度越来越高：茑屋书店经营图书、美食、音像制品、创意小百货甚至服装等，而无印良品也经营上述品类，不同的是，无印良品的商品多为自己开发的自有品牌。为此得出的结论是，未来生活方式提案店将会向全品类扩张，延伸到衣食住行各个方面。无印良品和茑屋书店，这两个看上去风马牛不相及企业未来也会遭遇巷战。届时，消费者的取舍是，要选择像无印良品那样简约自然的性冷淡生活方式，还是选择茑屋书店那样优雅时尚的新中产生活方式，或者是兼而有之。

但在如今高度发达的都市生活中，人们愈发关心关乎生活健康的每一个细节，食物安全就是不可忽视的一块。某种程度上，也只有市民真正关心食物的时候，食物安全才能获得最大的保障和监督，从食物的来源到食物的加工。京都八百一作为一家生食超市，以一种独特的商业运营模式，将传统农业与现代技术结合，让城市居民与"食"这一最基本的生活要素建立起一种美妙的联系。其创业理念是为客人提供大自然的蔬菜和水果。店内贩卖的蔬菜水果都是自家农场栽培的，在日本有北海道、丹波、丹后、六角、京北 5个农场。保证蔬菜水果的质量和安全，因此这里的蔬菜水果受到很多日本人的喜爱。在二楼，他有一个咖啡厅，还有一些杂货出售，一个十分独特的蔬菜贩卖店。京都八百一的组织模式如图 19-4 所示。

在日本没有"新零售"，中国才是全球零售业的创新中心，去日本考察零售业的时候，不少人是奔着求解"新零售"去的。但日本访问之后却难免大失所望，因为，日本根本没有什么新零售，其电商发展状况与国内相比也处于低级水平。在移动互联时代，移动支付是电商最核心的部分。目前国内以微信、支付宝为代表的移动支付几乎普及，甚至路边小摊贩都可以支持移动支付。但在日本，移动支付应用率普遍不高。

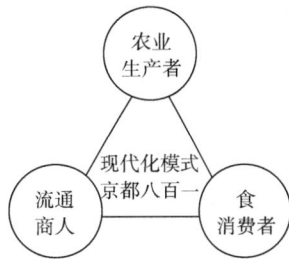

图 19-4　京都八百一的组织模式

另一个代表是服务最后一公里的落地配送，国内也要发达于日本。举例来说，中国以美团、饿了么为代表的第三方配送平台，已经覆盖到 80% 以上的实体零售终端。类似于永辉、大润发等大型零售企业，则通过自建配送团队竞逐最后一公里。另外，还有阿里、京东等零售巨头，通过菜鸟网络、京东到家布局"1 小时"落地配。

在互联网的应用层面，中国处于世界领先，由电商演化而来的"新零售"理念也处于全球前列。不久前，有国外媒体深度报道了盒马鲜生。这也说明，国外的零售同行也在向中国学习。目前来看，虽然中国实体零售业与欧、美、日等发达国家相比，依然处于落后。但从它的创新力度、市场容量以及未来增长空间方面来看，潜力巨大。

尽管"生活方式"是一个非常抽象的概念，但越来越多的商家开始挖掘它的营销价值。每个人都有自己的生活方式，在物质消费转变为精神消费的趋势下，需要的是抓住消费者的消费需求，突破同质化营销，引起消费者共鸣。如果说欧美地区是生活方式发展的源头，那么日本则是生活方式发展的集大成者。

第三节　中国生活方式品牌

"生活方式营销"就是以消费者所追求的生活方式为诉求，通过将企业的产品或品牌演化成某一种生活方式。这是一种身份、地位的识别标志，帮助达到吸引消费者、建立起稳定的消费群体的目的。近些年，当生活方式营销成为更高效的营销手段之后，越来越多的中国本土品牌也开展了自己的生活方式营销。

一、江南布衣生活方式品牌营销

JNBY HOME，是江南布衣集团旗下一个以"Live Lively"为品牌理念，提倡在自由积极的心境下探索高品质生活的生活方式品牌。我们认为，真实、生活与乐趣，是我们所在的大消费时代新的奢侈品。Live Lively，积极探索得对待生活，抱着一颗好奇的心去生活，可以有效得增加生活幸福感，为实现人生价值提供长久而稳定的支持。生活本来的样子，是我们眼中最有趣的生活状态。不刻意营造"完美"，而是致力于发现生活自带的趣味和美感，将细节和品位融入每一个真实的空间。专注于生活的主人，发现生活的故事。

JNBY HOME 一共有三个系列，取名为 1/2/3。1 系列为 BASIC、2 系列为 RETRO、3 系列为 LAB。

1 系列（BASIC）是 JNBY HOME 的基础品系列，以高品质的简约风格产品以及功能性产品为主。作为营造整个家氛围的打底单品，1 系列风格易于搭配，品类齐全，目前已囊括基础床品（被套、枕套、床单、床笠）、靠垫、毛巾、拖鞋、毛毯、被芯、枕芯、地毯等品类。在材料上，着重于经典高品质原材料的选择与开发，追求面料材质的舒适环保与经久耐用。目前已推出超高支高密长绒棉床品系列、新疆长绒棉毛巾系列、进口亚麻床品系列、蚕丝被、羽绒被、超高含绒量羽绒内胆等高品质的家居基础单品。

2 系列（RETRO）是 JNBY HOME 的主题系列，是设计师在主题灵感引领下的设计系列。依然以高品质材料为产品基底，加入原创图案设计与工艺研发，是 JNBY HOME 所提倡的生活方式和品牌风格的整体呈现。

3 系列（LAB）是 JNBY Fabric Lab（江南布衣面料实验室）的独立面料开发系列。作为 JNBY 集团鼎力支持的长期面料开发项目，JNBY Fabric Lab 自 2014 年成立以来，秉承对手工织布特有的质感风格的热衷及对手工创作的坚持，使用半自动有梭织机进行原创机织面料的开发，长期稳定的为公司提供原创织造面料设计。

从 2016 年开始，Fabric Lab 在 JNBY HOME 中建立独立产品系列，每一块面料均选用上等原料，投入了巨大时间及开发成本，与国内外最优秀的面料生产企业合作开发完成。目前品类已涵盖床品（被套、枕套）、靠垫套、毯类、毛巾、拖鞋、地毯等。

JNBY HOME 不仅限于家居用品的开发，对于生活方式品牌营销更是扩展到了酒店领域。据报道，JNBY HOME 和青年旅行文化酒店"瓦当瓦舍"达成合作，拟 2018 年年底在江南布衣杭州总部建成一家酒店（图 19-5），酒店大厅将作为 JBNY HOME 体验馆，引入江南布衣主品牌服饰，将生活方式营销进行到底。

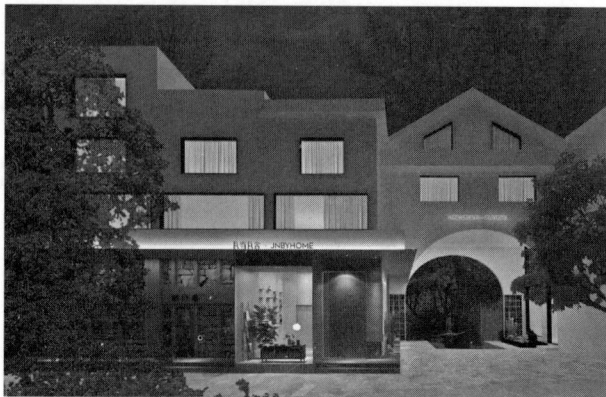

图 19-5　JNBY HOME×瓦当瓦舍酒店

由于受物业条件所限，酒店规模偏小，仅有 49 间客房。瓦当瓦舍负责投资和运营，酒店大厅将作为 JBNY HOME 生活方式体验馆，其陈设及主题房间内的软装、床品、浴袍、抱枕等用品则由 JBNY HOME 设计和提供。除了家居用品，生活方式体验馆还将引入江南布衣主品牌服饰入驻。合作过程中，瓦当瓦舍和江南布衣将打通会员体系，共享权益。

瓦当瓦舍创始人赖国平表明，江南布衣主题房定价不会高于正常水平，通过房费盈利并非目的，他们更希望品牌效应带来更高的入住率和更活跃的社区氛围。瓦当瓦舍是结合旅行服务与社交文化的线上线下一站式酒店服务品牌，通过云端定制化住宿预订平台，与线下酒店分享式的社交和旅行文化服务，实现个性化住宿产品的标准化管理。

从设计图上可以一眼看出江南布衣的气质——线条硬朗、色彩素净，追求简洁好用的舒适。这种理念也是瓦当瓦舍认同的，作为一个瞄准年轻人、以"与世界奇遇"为 slogan，注重结合在地文化的民宿品牌，它正好也讲究品质感，又不过分奢华。

二、网易严选生活方式品牌营销

网易严选是网易旗下原创生活方式类电商品牌。严选的商品以家居用品为主，比如家纺、厨具等，明年还会增加母婴产品、中国传统的原生态饮食、贴身衣物等，使得品类更为丰富。严选对消费品质的升级自有一番解读：好的生活，没那么贵。这个口号完全符合网易严选对生活方式品牌的定位。

新零售环境催化剂下，网易严选选择线上电商+线下酒店模式，而不是单纯的电商+物流+内容模式，以切入线下酒店模式，应对过去纯电商模式的升级，增加未来在"电商生活方式"品牌的核心竞争力。

网易严选电商平台打造线下互动营销——网易严选酒店，以酒店为入口，打造线下的强互动、强黏性、强植入。线下酒店让活动——提升情感与信任；线下酒店精神——卖的是生活方式，提升品牌美誉度；线下酒店让黏性——提高销量与品牌认可度。一个互联网品牌的产品线切入生活消费场景，正是新电商的走势。

这次网易严选酒店（图 19-6）是倡导"在路上"生活方式的酒店品牌亚朵合作，主打励志情怀卖点。网易严选以酒店方式切入更加加深用户共鸣的品牌升级，加深品牌形象的符号，这也是网易严选"在路上"生活方式的情怀品牌精髓所在，让整体品牌形象升级。

"丿"为起步创新，"亚"为小众个性，两者结合即为"严"，意指双方共同创造了一种新中产严选的生活美学。作为网易旗下自营 ODM 生活电商品牌，网易严选为用户提供物超所值的品质生活产品，倡导极简美好、返璞归真的生活美学，这也正是当今年轻人喜爱的一种生活方式。网易严选已经拥有九大品类商品，涵盖居家、餐厨、洗护、婴童、饮食、服装等产品，SKU 超过 7000 个，倡导的"三件生活美学""精致主义"等生活理念。

图 19-6　网易严选酒店

亚朵·网易严选酒店内的居住空间由亚朵和网易严选共同打造，酒店的日常运营则由亚朵负责。酒店注重空间的轻简美好，大量使用原木与灰白色构建极简北欧风，在酒店布局、设计及陈列上进行创新。酒店大堂使用三层 LOFT 设计，一层的墙上放满来自网易严选的黑胶唱片以及亚朵精选的书籍。二三层则陈列如家居、服饰、零食等严选特色商品，用户可在喝杯咖啡放松的同时，近距离感受严选的生活元素。精心布置了若干间"网易严选房"，寝具、洗护及家居等大部分用品均选自网易严选。

思考题

1. 中国生活方式品牌如何应对国际生活方式品牌的冲击？

2. 中国生活方式品牌如何走向国际市场？

3. 为什么当下越来越多的品牌，包括奢侈品品牌也在营造生活方式氛围？

4. 欧美的生活方式品牌不同于日本地区，试分析一下欧美生活方式品牌与日本生活方式品牌的区别。

5. 你认为生活方式品牌在日本得以很好发展的原因是什么？

理论应用
与实训

生活方式与时尚、奢侈品的关系

课题名称： 生活方式与时尚、奢侈品的关系

课题内容： 生活方式与时尚的关系

生活方式与奢侈品的关系

课题时间： 4课时

教学目的： 本章的教学目的是了解时尚是一种消费需求，而消费需求在一定意义上是生活方式的延伸。而奢侈品是生活方式的一种具象的体现，奢侈品带给消费者更多的是精神层次的享受，是一种懂得如何享受的生活方式。

教学方式： 讨论教学

教学要求： 1. 使学生掌握生活方式与时尚的关系。

2. 使学生掌握生活方式与奢侈品的关系。

课前/后准备： 通过资料检索与市场调研，分析生活方式、时尚与奢侈品三者有哪些共通性，进行课堂讨论。

第二十章　生活方式与时尚、奢侈品的关系

第一节　生活方式与时尚的关系

一、生活方式与时尚

"时尚"这个词已是很流行了，频繁出现在报刊媒体上。追求时尚似已蔚然成风。可时尚是什么？说到时尚，或许你会想到 T 台上那让人看不懂猜不透的另类服装，其实时尚远没有我们想象中那么高不可攀，我们的生活也经常会有一些充满时尚感的元素。每个人对时尚的理解都不同，有人认为时尚即是简单，与其奢华浪费，不如朴素节俭；有人认为时尚只是为了标新立异……现实中很多与时尚不同步的人被指为"老土""落伍"；然而，"时尚"是相对的，所以有其适用范围，对一些人来说是时尚的，对另一些人来说可以不是，如果"时尚"这个词被理解为绝对标准那就无法解释了。

中世纪时期，时尚与贵族阶层紧密相连。由于贵族阶层经济富裕，可以一掷千金，因此，他们可以雇佣著名设计师为其打造与众不同的时装，而这，在当时便成为贵族阶层的时尚。如今，时尚依然具有阶层性，而这种阶层性与中世纪的阶级性不同，它主要是指时尚在不同的社会群体、团体之间是互不相同的。正是由于时尚的这种阶层性，我们才必须更谨慎看待时尚。想要过时尚的生活方式，就必须先了解自己身处的阶层，既要了解自身阶层的本质与特性，又要了解自身阶层的经济、政治、文化等诸多方面。更重要的是，还必须了解阶层中的人所具有和向往的生活方式。因为，只有完全了解这些，时尚才能被他们所认可和崇尚，才不至于变得不伦不类。

二、时尚是生活方式的延伸

生活方式的时尚趋势，有专家预测，21 世纪人类生活方式的时尚化发展具有以下六个方面的变化趋势：生活方式的世界化和民族化在信息社会中，由于经济和技术因素的影响，世界正变成"世界社会"；注重物质生活和精神生活的平衡；呈现"健康第一"的生活观；确立"生态型生活方式"；家庭走向"复兴"；西方生活方式的影响力渐趋。

"时尚"又称"流行"是一种常见的心理定式，表现为社会或群体的成员在短时间

内，由于追求某种生活方式而产生的相互感染和模仿。根据相互感染和模仿时间的长短和规模大小，时尚可分为：阵热、时髦、时狂；从外延看，时尚容易在以下三个领域中出现：观念领域、行为规范领域、外化的物质形态领域。

时尚品牌是消费行为社会性的典型表现。消费行为的社会性，主要表现为人们受参照群体或其他因素的影响，通过相互攀比和炫耀性消费而形成的相互模仿和相互竞争。对时尚的追求是消费行为社会性的典型表现。

从这个意义上讲，时尚是一种消费需要，而消费需要在一定意义上是生活方式的延伸。生活方式不仅会影响抽象的消费需要，而且会影响具体的消费需要。时尚消费是一种消费行为，一种生活方式，更是一种消费文化。其中，蕴含着不同的审美心理。时尚消费是在消费活动中体现的大众对某种物质或非物质对象的追随和模仿，是人们对于消费活动的时尚张扬。它既是一种消费行为，也是一种流行的生活方式，是以物质文化的形式而流通的消费文化，因为，它的载体不仅是物质的，更多的是有深刻的文化内涵的东西。时尚是思想上、精神上的一种享受，它不仅体现了个人的消费爱好，更主要的是体现了一个人的价值观念和审美心理等内在的东西。

第二节　生活方式与奢侈品的关系

一、生活方式与奢侈品

奢侈的生活方式为奢侈品营销奠定了良好的基础。奢侈的生活方式是奢侈品营销的重要条件，只有人们采取奢侈的生活方式才会产生奢侈品需求，促进奢侈品市场的发展。因此，奢侈的生活方式为奢侈品营销奠定了良好的基础。同时，奢侈品的营销促进了奢侈生活方式的发展，奢侈品逐渐走进了人们的生活中，人们在自身经济允许的基础上，开始使用奢侈品来改变自己的生活。另外，奢侈品质量较高，能够提高人们的生活质量。

奢侈品满足了人们对美的需求。由于奢侈品具有设计优美、富含历史文化底蕴，从而使得很多顾客想要购买奢侈品。他们购买奢侈品一方面是出于对美的需求。奢侈品的优美会极大地吸引消费者的眼光，从而使消费者青睐于自己公司研发的奢侈品，从而勾起消费者的消费欲望。但是，这种追求美的欲望是建立在雄厚的经济基础之上的。

奢侈品满足了人们的炫耀心理。奢侈品最大的特点就是满足了人们的炫耀心理。对于经济价格昂贵的事物，佩戴在自己身上作为自身品味、显耀自身身份地位的象征。这种形式是人们借助奢侈品的稀有性和经济价格的高昂性使自身体会到与众不同。这种局面并不能够改变当前消费者的自身生活，但是却可以通过奢侈品消费改变自身在社会生活中的地位，从而使自己的虚荣心得到极大的满足。反过来，这种虚荣心会逐渐对当前消费者的生活方式产生一定的影响。由于奢侈品的使用会促使消费者在一定的场合内不做某种特定的事件，在为了减少奢侈品出现磨损或者使奢侈品与自己身份显得更加匹配时，都会使得消费者在特定的场合内出现特定行为。

二、奢侈品是生活方式的一种具象的体现

有数据表明，全球有 20%~30% 的奢侈品是卖到日本去的。专家认为，日本人喜欢奢侈品是有其社会学原因的。有 85% 的日本人都定位自己是中产阶级，同时，拥有豪宅和庞大的不动产是显示财富的最通常方式——但日本人口稠密，绝大多数人做不到，只好转而选择穿戴昂贵的服饰彰显自己的特色。日本人对奢侈品的爱好根深蒂固，而且由于深藏于民族性中的精致，日本人对它们的质量精益求精。这导致从 20 世纪七八十年代开始，夏威夷所有大品牌的免税店都是为日本人而建的——那是日本人最喜欢的度假和购物地点。任何奢侈品品牌决定全球策略的时候，都会先问日本市场对此的观点。换句话说，是日本人同化了奢侈品，将其推向全球。

日本人非常崇尚精良的手工艺，他们把这种手工艺当作艺术，爱马仕（HERMÈS）在日本的成功销售，是和日本人认同和尊重手工制品的价值有关，日本有专门介绍手工制品的杂志 mono 就非常受欢迎。爱马仕的经营者认为，从文化的角度讲，这种关系在日本社会中的根基是完善的。因此在银座建造第一座爱马仕旗舰直销店时，专门在大厦的第八层留给日本艺术家作为画廊，以表示爱马仕企业在艺术方面和日本消费者有共同的价值观。

与其他许多市场不同的是，在日本，奢侈品通常代表着一种中产阶级的生活方式，而非上流社会生活方式。日本最有影响力的时尚杂志和百货公司都不遗余力地吹捧奢侈品品牌，而正是这些杂志和百货商场左右着日本庞大的中产阶级中的大部分人对时尚的理解。为了能够买到设计师的品牌手袋和服饰，中产阶级消费者节省了其他方面的花销，例如，放弃旅游或昂贵的外出用餐。于是，日本奢侈品市场在 20 世纪 80 年代得到了繁荣发展，即使在 90 年代遭遇经济波动时，也没有停止增长。少数最流行的品牌获益颇丰。如今，根据不同的市场定义，在全球奢侈品销售中，日本占到了 10%~20%。如果把来日本的全球游客也计算在内，那么，该国就拥有全球最大的奢侈品消费群。

然而，根据麦肯锡公司的报告显示，如今的日本奢侈品市场正在逐步转变。日本消费者对于购买奢侈品更为谨慎，而且对于价格比任何时候都要更加敏感，有一点是肯定的，日本消费者正慢慢从沉睡中醒来，态度和行为发生的这些重大变化，他们正在消减支出，并且变得更具有健康和环保意识，转而注重商品价值。有人说，日本消费者变得越来越像西方的消费者。

现在日本人所认为的奢侈品，是一些高级的蔬菜，新鲜的空气，优美的自然环境，他们乐意花很多钱来获得这些东西。因为经历了日本大地震，许多人失去了生命，所以现在对于日本来说，更奢侈的是家庭之间的纽带和一家人齐齐整整的欢聚。

如今的日本奢侈品消费者，会在购买奢侈品或其他奢华体验（如度假、去豪华餐厅

用餐，或者花一天时间做 SPA）之间权衡一番。在各个年龄层次中，几乎都有近半数的受访者表示，与高档手袋、配饰或服装相比，他们更愿意把钱花在奢华体验上。

从国际范围的奢侈品消费，到大举进入中国市场，奢侈品从诞生的那一刻起，就是一种生活方式和生活态度的标志。中国的消费者在认识奢侈品和品牌方面尚处初级阶段，更注重物品方面的购买，而非服务。奢侈品不是购买来给别人看的，奢侈品品牌带给消费者更多的精神层次的享受，或者说，是一种懂得如何享受的生活方式。对于终日奔波于城市间，忙碌于工作中的大部分人群来说，悠闲地坐在街边咖啡厅的露天座位喝一杯纯正幽香的咖啡，不得不承认这样的生活方式确实也是一种奢侈品。

思考题

1. 生活方式与时尚的关系是否可以理解为时尚消费？
2. 生活方式与奢侈品有哪些具体的层级关系？
3. 生活方式、时尚与奢侈品三者有哪些共通性？

参考文献

［1］蒋敏. 时尚品牌——上海滩的配饰设计探究［D］. 上海：同济大学，2008：46-51.

［2］施鹏丽，韩福荣. 品牌的扇形生命周期分析［J］. 世界标准化与质量管理，2006，12（12）：20-21.

［3］潘成云. 品牌生命周期论［J］. 商业经济与管理，2000，（09）：19-21.

［4］黄嘉涛，胡劲. 基于品牌生命周期的品牌战略［J］. 商业时代，2004，286（27）：41-43.

［5］白玉，陈建华. 品牌生命周期的形成机理及其管理控制［J］. 武汉理工大学学报：信息与管理工程版，2002. 24（6）：117-120.

［6］蒋衔武，崔琳琳. 基于品牌生命周期的品牌策略［J］. 商业时代，2008，（09）：28.

［7］周志民. 品牌管理［M］. 2版. 天津：南开大学出版社，2014.

［8］孙丽辉，李生校. 品牌管理［M］. 北京：高等教育出版社，2014.

［9］堪飞龙. 品牌运作与管理［M］. 北京：经济管理出版社，2012.

［10］凯文·莱恩·凯勒. 战略品牌管理［M］. 卢泰宏，吴水龙，译. 3版. 北京：中国人民大学出版社，2009.

［11］帕特里克·汉伦. 品牌密码［M］. 北京：机械工业出版社，2007.

［12］哈丽特·波斯纳. 时尚市场营销［M］. 张书勤，译. 北京：中国纺织出版社，2014.

［13］陈桂玲，王秋月，韩雪. 时尚品牌推广方法［M］. 北京：经济日报出版社，2015.

［14］丹尼尔·兰格，奥利弗·海尔. 奢侈品营销与管理［M］. 潘胜聪，译. 北京：中国人民大学出版社，2016.

［15］程睿. 广告原理与实务［M］. 西安：西安电子科技大学出版社，2013.

［16］郭桂萍. 品牌策划与推广［M］. 北京：清华大学出版社，2015.

［17］张荣翼，杨子玮. 在消费与时尚语境中的文学问题［J］. 湘潭大学学报：哲学社会科学版，2013，37（6）：110-115.

［18］霍奕. 基于顾客体验的时尚品牌营销模式研究［D］. 南京：南京艺术学院，2016：56-59.

［19］杨梅. 论危机处理和危机管理［D］. 北京：对外经济贸易大学，2002：60-65.

［20］殷赣新. 论企业名牌的危机管理［D］. 南昌：江西财经大学，2003：32-33.

［21］周雅琴. 社会化媒体时代企业品牌危机媒体应对策略研究［J］. 经营之道. 2014，（7）：95-96.

［22］余明阳，刘春章. 品牌危机管理［M］. 武汉：武汉大学出版社，2008.

［23］刘晓刚，幸雪，傅白璐. 奢侈品学［M］. 上海：东华大学出版社，2016.

［24］睿意德. 兰蔻危机公关给品牌敲警钟，看看其他品牌的公关技巧［EB/OL］.（2016-06-15）［2018-05-14］. http：//cq. winshang. com/news-580928. html.

［25］于桂桂. 从"GAP问题地图T恤"看其背后的危机公关［EB/OL］.（2018-05-15）［2018-06-02］. https：//weibo. com/ttarticle/p/show? id=2309404239966531104186.

［26］唐唯嘉. 中国独立服装设计师品牌的发展策略研究［D］. 武汉：武汉纺织大学，2017：36-37.

［27］史小冬. 试论服装设计师品牌的"模糊属性"［J］. 艺术与设计，2012（10）：106-108.

[28] 赵平. 服装营销学 ［M］. 2 版. 北京：中国纺织出版社，2015.

[29] 乔雪峰，聂丛笑. 中国品牌知名度不高原因不一而足遭他国不公对待 ［EB/OL］. （2013-05-10）［2018-05-14］. http：//finance. people. com. cn/n/2013/0510/c1004-21433026. html.

[30] 刘晓颖. 中国本土化妆品品牌焕发新生 ［N］. 第一财经日报，2017-05-23.

[31] 牛继舜. 服装品牌国际化 ［M］. 北京：经济日报出版社，2017.

[32] 张倩，唐强. 网络购物时代精品买手店的情感主题——上海地区精品买手店的发展现状 ［J］. 中国市场，2015 （45）：101-103.

[33] 黄紫薇，施新芽. 品牌服装买手模式分析 ［J］. 浙江理工大学学报：社会科学版，2015 （34）：142-147.

[34] 中赫时尚. 买手职场杂谈：从零认识时尚买手 Fashion Buying 到底是做什么的 ［EB/OL］. （2016-12-19）［2018-05-14］. https：//www. cohim. com/article-event/news/fashion-buyer/201612/35310. html.

[35] 中国零售平台. 探访 11 家港台时尚买手店 ［EB/OL］. （2018-06-02）［2018-09-13］. http：//www. sohu. com/a/233851410_ 261465.

[36] 贝恩公司 （Bain & Co.）联合意大利奢侈品协会 （Fondazione Altagamma）. 贝恩：2016 年中国奢侈品行业研究报告 ［R］. 上海：贝恩公司，2016.

[37] 贝恩公司 （Bain & Co.）联合意大利奢侈品协会 （Fondazione Altagamma）. 贝恩：2017 年中国奢侈品行业研究报告 ［R］. 上海：贝恩公司，2017.

[38] 贝恩公司 （Bain & Co.）联合意大利奢侈品协会 （Fondazione Altagamma）. 贝恩：2018 年中国奢侈品行业研究报告 ［R］. 上海：贝恩公司，2018.

[39] 左丘明. 国语 ［M］. 上海：上海古籍出版社，2015.

[40] 大卫·休谟. 人性论 ［M］. 北京：台海出版社，2012.

[41] 李享. 奢侈品品牌与当代艺术家跨界合作分析 ［D］. 北京：中央美术学院，2016：44-46.

[42] 雷雅彦. 奢侈品与艺术的发展趋势分析 ［J］. 中国民族博览，2017 （9）：49-50.

[43] 余虹. 现代性与当代审美文化的结构 ［J］. 江海学刊，2006 （05）：192-198.

[44] 陶东风. 日常生活的审美化与文化研究的兴起：兼论文艺学的学科反思 ［J］. 南阳师范学院学报：社会科学版，2004 （05）：82-88.

[45] 吴兴明. 人与物居间性展开的几个维度：简论设计研究的哲学基础 ［J］. 文艺理论研究，2014 （5）：13-16.

[46] 罗佳. 浅论奢侈品品牌形象构建 ［J］. 市场论坛，2009 （7）：81-82.

[47] 乔纳斯·霍夫曼，伊万·科斯特·马尼埃雷. 奢侈品到底应该怎样做 ［M］. 北京：东方出版社，2014.

[48] Vincent Bastien, Jean-Noel Kapferer. 奢侈品战略：揭秘世界顶级奢侈品的品牌战略 ［M］. 北京：机械工业出版社，2014.

[49] 斯特凡尼亚·萨维奥洛，艾丽卡·科贝利尼. 时尚与奢侈品企业管理 ［M］. 广州：广东经济出版社，2016.

[50] 朱明侠，张小琳，蔡薇薇. 奢侈品市场营销 ［M］. 北京：对外经济贸易大学出版社，2012.

[51] 戴安娜·代尔瓦勒. 奢侈品品牌营销 ［M］. 上海：东华大学出版社. 2016.

[52] 青苗. 探析奢侈品行业的故事营销 ［J］. 时代报告，2017 （18）：107.

[53] 孙超. 视觉营销中服装奢侈品橱窗展示的应用性研究 ［D］. 石家庄：河北科技大学. 2015：34-39.

［54］周云. 奢侈品品牌管理［M］. 北京：对外经济贸易大学出版社，2010.

［55］米歇尔·舍瓦利亚，热拉尔德·马扎罗头. 奢侈品品牌管理［M］. 2 版. 上海：格致出版社，人民出版社，2015.

［56］刘晓刚，刘唯佳. 奢侈品学［M］. 上海：东华大学出版社，2009.

［57］王朝晖，潘励清. 试谈海外奢侈品的中国营销本土化问题［J］. 上海百货，2013（2）：22-23.

［58］米歇尔·舍瓦利那，热拉尔德. 马扎罗头. 奢侈品品牌管理［M］. 上海：格致出版社，上海人民出版社，2008.

［59］原田进. 设计品牌［M］. 南京：江苏美术出版社，2009.

［60］范亮. 奢侈品品牌的中国营销攻略［J］. 中外管理，2006（3）：79-80.

［61］Radha Chadha. 中国奢侈品消费群体的新动向［J］. 国际商业技术，2006（1）：35-38.

［62］凡勃伦. 有闲阶级论［M］. 北京：商务印书馆，2004.

［63］贾昌荣. 引领的力量：卖产品不如卖生活方式［M］. 北京：中国电力出版社，2013.

［64］吴春茂. 生活产品设计［M］. 上海：东华大学出版社，2017.

［65］柳贯中. 生活方式形态模型：从事理学的角度阐释工业设计［J］. 设计，2004（01）：93-96.

［66］曹高举. 消费者自我概念、生活方式与选购产品品牌个性关系的研究［D］. 杭州：浙江大学，2005：120-129.

［67］李翔宇，王笑梦. 基于消费文化背景下的生活方式中心设计初探［J］. 世界建筑，2013（08）：120-125.

［68］余强. 生活方式对消费行为影响的实证研究［J］. 经济研究，2012（5）：4-7.

［69］陈文沛. 生活方式、消费者创新性与新产品购买行为的关系：基于中国情境的实证研究［D］. 重庆：重庆大学，2014：89-97.

［70］席涛，戴文澜，胡茜. 品牌形象设计［M］. 北京：清华大学出版社，2013.

［71］周文敏. 品牌的力量：破解无形资产的密码［M］. 北京：北京工业大学出版社，2016.

［72］郭伟. 品牌管理：战略、方法、工具与执行［M］. 北京：清华大学出版社，2016.

［73］吴思远. 浅谈星巴克的体验营销模式［J］. 对外经贸，2012（8）：113-114.

［74］陆杨. GUCCI 逆流而上［J］. 时尚北京，2018（1）：121-122.

［75］时晨. 试析日本代官山茑屋书店的成功之道［J］. 编辑之友，2013（10）：117-120.

［76］唐文，邱志涛. 论无印良品的品牌形象［J］. 包装学报，2013，5（1）：64-67.

［77］熊赛. 生活方式与奢侈品购买倾向的因果关系研究［D］. 北京：首都经济贸易大学，2011：37-40.

［78］李璟，李璟. 奢侈品消费与绿色消费：中国消费者生活方式下的兼容性初探［J］. 中国城市经济，2011（06）：239.

［79］魏平. 时尚生活方式、自我概念对消费者购买意愿的影响研究［D］. 杭州：浙江理工大学，2012：41-43.

［80］赵越. 基于生活方式的家纺消费行为研究［D］. 北京：北京服装学院，2015：34-35.